本书获江苏师范大学

省重点学科（世界史）出版资助

澳大利亚华侨华人访谈录

（昆士兰卷）

张荣苏　粟明鲜　著

中国华侨出版社

·北京·

图书在版编目（CIP）数据

澳大利亚华侨华人访谈录.昆士兰卷 / 张荣苏，粟明鲜
著.—北京：中国华侨出版社，2023.8
　ISBN 978-7-5113-8821-6

　Ⅰ.①澳…　Ⅱ.①张…②粟…　Ⅲ.①华人—访问
记—澳大利亚　Ⅳ.①K836.110.5

中国版本图书馆 CIP 数据核字（2022）第 115808 号

澳大利亚华侨华人访谈录（昆士兰卷）

著　　者：张荣苏　粟明鲜
策划编辑：应　浩
责任编辑：桑梦娟
封面设计：姜宜彪
经　　销：新华书店
开　　本：880毫米×1230毫米　1/32 开　印张：9.375　字数：192 千字
印　　刷：北京中弘印刷服务有限公司
版　　次：2023 年 8 月第 1 版
印　　次：2023 年 8 月第 1 次印刷
书　　号：ISBN 978-7-5113-8821-6
定　　价：78.00 元

中国华侨出版社　　北京市朝阳区西坝河东里77号楼底商5号　　邮编：100028
发 行 部：（010）64443051　传　真：（010）64439708
网　　址：www.oveaschin.com　E-mail：oveaschin@sina.com

如发现印装质量问题，影响阅读，请与印刷厂联系调换。

·序　言·

口述史与生命历程交叉视角下的华侨华人研究

——《澳大利亚华侨华人访谈录（昆士兰卷）》代序

《澳大利亚华侨华人访谈录（昆士兰卷）》是江苏师范大学张荣苏博士于2019—2020年在布里斯班昆士兰大学访学期间，与粟明鲜博士合作，访谈22位当地华侨华人后整理而成的一部访谈体著作。本书特有的学术价值及贡献，在于其将国内社会学、社会史及若干其他学科中很多学者大力提倡的口述史与生命历程的研究方法和分析角度结合在一起，并具体运用到华侨华人研究中。

收到该书书稿前很长一段时间，我一直在关注国内社会学界口述史研究的各种动向及研究成果。使我感到惊喜的是，张荣苏博士与粟明鲜博士的这本新作在处理访谈材料、写作方法上，都与我近年来感兴趣的口述史和生命历程方面的研究有着惊人的巧合。这也就成了我对这本访谈体著作的第一个突出印象，也是我认为可以强调的第一个特点。

强调口述史研究方法的重要性，以及推广生命历程的研究角度或分析框架，在国内学术界已有几十年的历史。近年来一个很活跃的学术团队，是南京大学社会学院周晓虹教授领导的一个口述史课题组。新冠病毒感染疫情暴发前，周晓虹教授到访墨尔本，向我介绍了他们团队的研究计划，并邀请我参与他们课题组的部分活动。虽然后来由于新冠病毒感染疫情暴发，这一计划并未得以实现，但在过去两年的疫情防控期间，我不但收到过该课题组 2020 年研讨会的十几篇论文，而且还在不久前旁听了该课题组召开的 2021 年网上研讨会。

在通读张荣苏博士与粟明鲜博士这部新作书稿时，我联想起周晓虹教授在他撰写的《口述史与生命历程——记忆与建构》一文中提到的生命历程研究中两个重要的分析概念：第一是转折 (transition)，即由某些重要的生活事件所造成的人生重大转折。在国内，人们会用毕业、就业的时间，或经历的重大历史事件等转折点，将研究对象还原到原有的社会历史情境中。同样的特征也表现在华侨华人人群中，并且可以成为观察、分析他们的一个指导性概念及可操作的研究角度。第二是轨迹 (trajectory)，即一个重要转变给一个人、一群人后来的人生、社区生活带来的持续性的影响。生命过程的研究者们都认为，个人在以往生活中的种种经验和积累，无论是可利用资源，还是负面影响，都会对其后来的人生轨迹、生活进程走向、生活质量，以及可达到的人生目标，产生不可磨灭的影响。居住在原居住地、原居住国的人如此，移居他乡、他国的人也鲜有例外。

对于华侨华人来说，可能出现在他们生命历程中的例外，就是他们人生中的某些转折、轨迹会受到移民国各种物质生存条件、人文环境，以及居住国或定居国发生的重大历史性社会、政治事件的影响。而探索和分析这些特殊人生转折、轨迹的理想方法之一，就是采取口述史与生命历程交叉的视角，以便将华侨华人定位在他们人生的历程中，而不是他人的期望中、研究者的理论中，甚至旁观者的想象中。从这个意义上说，《澳大利亚华侨华人访谈录（昆士兰卷）》一书代表了一种新的、大胆的、有意义的学术尝试。

作为在同一国家、同一领域曾做过同样研究的研究者，我非常钦佩张荣苏博士与粟明鲜博士研究项目所覆盖的时空范围，即访谈的深度和广度。与我本人在 2015 年下半年以英文出版的《九十年代以来澳洲华人移民的创业精神》(*Chinese Migrant Entrepreneurship in Australia from the 1990s: Case Studies of Success in Sino-Australian Relations*. Oxford: Elsevier, 2015) 一书仅局限于 20 世纪 80 年代末到 90 年代初大陆新移民相比，这一特点尤其突出。因此，访谈覆盖时间长、行业范围广、访谈人数多是《澳大利亚华侨华人访谈录（昆士兰卷）》一书给我的第二个突出印象，也是这本访谈体著作的第二个特点及其学术价值所在。

书中所访谈的 22 位定居在澳大利亚第三大城市布里斯班的华侨华人，他们移居澳大利亚的时间从 20 世纪 70 年代到 2016 年，跨越了三四十年的时间。作为昆士兰州首府的布里斯班是一个处于迅速发展中的现代化新兴城市，布里斯班因其气候温和、自然环境优美，以及教育资源优质齐全，吸引了越来越多的中国人在移民澳大利亚后到此定居。与悉尼和墨尔本这两个华人移民历史悠久、华侨华人数量众多的城市相比，布里斯班华侨华人人口规模较小，目前仍然只有大约 10 万人，约占昆士兰州总人口的 4.5%，并且大多聚居在布里斯班南部的新利班区（Sunnybank）。

自 20 世纪 70 年代以来，华人移居布里斯班的历史也经历了一个变迁过程。首先是 70 年代大批越南华裔随越南船民潮逃难至澳洲，被安置在昆士兰州；随后是 80 年代来自中国台湾地区的商业移民和中国香港的移民，选择定居昆士兰州；进入 90 年代后，特别是新千年（21 世纪）以来，越来越多来自中国大陆的华人新移民也来到昆士兰州。从华人社区人口结构及分布的角度看，布里斯班的华人以新移民为主。他们主要通过商业投资、技术移民、家庭团聚移民等方式移居澳洲。接受访谈的 22 位华侨华人在布里斯班从事多种行业，涉及中澳贸易、房地产开发、教育和移民、养老院、中国民族品牌代理、华文报刊、中式餐饮等各个领域。另外还有三位参政的华人接受了访谈，他们分别属于澳大利亚自由党、工党和 90 年代中期以煽动反亚、反亚裔移民思潮而出现的"一国党"。其中一位曾当选为昆士兰州第一位亚裔州议员，并担任过昆士兰州多元文化部副部长及矿产资源部副部长等职务；另一位是布里斯班自由党议员；还有一位曾代表"一国党"参加过昆士兰州议会选举。

本书访谈内容主要包括这 22 位华侨华人移民澳大利亚的原因、来澳洲后的职业选择及主要经历、参加的当地社会和政治活动情况，以及他们对澳洲华人社区及当地主流社会的认知情况。通过访谈，两位作者不仅详细记录并分析了布里斯班市华侨华人社区的发展历程、现状和主要特征，还以昆士兰州，主要是布里斯班华侨华人为例揭示了整个澳洲华侨华人社区的发展，以及澳洲社会的政治生态。同时，部分受访华侨华人还详细讲述了他们移民后的经历。读者从中还可以看到近 40 年来中澳贸易发展历程，中国民族品牌打入西方市场、主流社会消费人群的路径与困难，以及中国特色餐饮在澳洲发展的困境与出路等问题。这部分内容不仅对学术界具有重要的学术价值、史料价值，而且还对有意从事外贸活动的企业及个人，以及对外贸政策的制定与实施，都有着重要的现实意义。

两位作者与我相识多年，并曾不断探讨过合作研究澳洲华人社区的机会。但由于近几年我本人一直忙于其他项目，使得我未能找到与两位作者合作的机会。但非常高兴见到他们合作的成果，并祝贺本书在国内正式出版。

我相信本书将有助于丰富华侨华人研究，为学术界同行、研究生、本科高年级学生，以及其他读者，提供宝贵的访谈史料，一种具有启发意义的、行之有效的研究方法及分析视角。

墨尔本大学亚洲研究所教授
高佳
2022 年 1 月 22 日

· 目 录 ·

下篇 21 世纪以来移民澳大利亚的华侨华人

上 篇

20 世纪 70—80 年代移民澳大利亚的华人

昆士兰州议员、贸易和多元文化部副部长
蔡伟民访谈录

访谈时间：2019年9月8日
访谈地点：布里斯班Southside Sports & Community Club
访谈方式：面对面
访谈人：粟明鲜、张荣苏
受访人：蔡伟民（Michael Choi）

受访者个人资料：

蔡伟民：男，祖籍广东潮州，出生于中国香港，1976年移民澳洲，信奉基督教。2001年连续四届当选昆士兰州议员，是昆士兰州第一位华裔州议员，并先后担任昆士兰贸易和多元文化部副部长、昆士兰自然资源、能源和矿业部副部长。现为昆士兰中华总商会永远顾问、昆士兰布里斯班市名誉大使、中国深圳市荣誉市民、澳中商会昆士兰州副主席。

访谈记录：

张荣苏：请问您祖籍哪里？为何移民澳大利亚并选择在布里斯班定居？

蔡伟民：我在中国香港出生，家庭很小也很简单，在香港也没有兄弟姐妹。我祖籍是广东潮州，祖辈、父辈以上都在

汕头，我父亲是当地的一个大地主，在离开中国大陆之前已经结过婚了，有原配，还有一个儿子两个女儿，共三个孩子。在1950年左右，有一天我父亲正在吃晚饭，有两个农民跑过来让他快点离开，说共产党要来抓他。当时比较有意思的是，我父亲问那两个农民是怎么知道有人要来抓他的，那两个农民说他们就是前哨兵，因为我父亲平时对他们家很好，所以特地过来告诉他最多只有半个小时的时间离开，否则要是被抓起来的话肯定没命了。我父亲没办法，只能抛下妻子儿女离开潮州，去了香港，直到他在澳洲去世都没有再回过家乡。后来我替他回大陆看看，见到了他的原配，我当时回大陆的时候是30多岁，我父亲离开的时候也是30多岁，我和我父亲长得非常像，所以我父亲的原配看到我后哭个不停。这是历史上的原因，很多家庭都有这种情况，这是没办法的事情。

我母亲是唱潮汕地区大戏的，我父亲在中国大陆的时候是有钱人，很喜欢中国传统文化，到了香港他就经常写电影剧本，认识了我母亲并结了婚。但很不幸，我母亲因为肺癌很早就去世了，那是1973年，我当时13岁，她才42岁。我父母很相爱，我母亲去世后，我父亲觉得香港是个伤心地，同时他也认为香港不是个读书的好地方，希望我移民到外国去，所以他就申请了移民，就这样在1976年我和我父亲移民到了澳洲。

我刚到澳洲的时候是当时典型的移民状态，我也常在演讲的时候向移民分享我的故事来鼓励大家。我们到澳洲最初是住在悉尼，因为我在香港要考试，所以我父亲比我早来三个月。等我到了悉尼，我父亲去机场接我，回到住处后，我发现自己有了独立的房间，我们在香港的时候家里不宽裕，这是我第一次有了自己的房间。接着我父亲给了我一套漂亮的西装，白色的衬衣，他说要带我去餐馆，我当时很高兴，因为父亲为我准备了衣服，还订好了吃饭的地方。那是悉尼一家很高档的华人餐厅，到了后很多人都和我们打招呼，我们径直走到厨房，然后父亲告诉我今天晚上我要在这里开工。我很疑惑开什么工，他说厨房里有什么工作就做什么。所以来悉尼的第一个晚上，我是在餐厅里面做侍应生。当时移民来到澳洲后大部分都会有这样的经历，现在不是这样的了。

我在餐厅里做得非常好，当时一小时工资大概三四块澳币，我一个晚上工资才二十块澳币，可是我的小费是工资的一倍以上，要知道澳洲人一般是不付小费的。后来老板开了一个新餐馆，还请我过去做经理。

我从1976年到1981年都住在悉尼，我也在那里读了大学，是新南威尔士大学的土木工程专业。但是我在新南威尔士大学只读了一年就转到昆士兰大学了，因为我在读大学第一年的时候，我父亲说他和朋友去昆士兰旅行，结果一个月后我接到他的电话，他告诉我他觉得布里斯班非常好，人也好，天气也好，悉尼他就不回来了。我虽然觉得家里就两个人，但还要分两地居住有些不好，不过我当时已经有女朋友了，注意力也不在我父亲身上，所以就留在了悉尼。但是到了那年年底的时候我接到了父亲医生的电话，他说我父亲得了癌症，可能只有半年到一年的时间了，所以我决定搬到布里斯班照顾他。当时我对新南威尔士大学土木工程系的院长说了自己的情况，院长人很好，立刻帮我办手续，只用了三天时间，我就从新南威尔士大学转到了昆士兰大学。这样在1981年1月左右，学校开学之前，我就从悉尼搬到了布里斯班。

来到布里斯班也是重新开始。我在香港的时候是我们学校的学生会副会长，总是有一群人跟着我，所以我来澳洲刚开始一两年很不习惯，话不会讲，人也不认识，还要被人家歧视，在悉尼花了五年时间很辛苦地才让我的社交圈子有了一点点成就，但没办法只能放弃，来布里斯班重新开始。当时有人介绍我参加大学附近的一个基督教教会，我就是从那时候开始信仰基督教的，1982年受洗，我算是一个很虔诚的基督徒。我1984年大学毕业，那时候我父亲还在世，他一直说"我们乡下没有一个念大学的，你是唯一一个"，他希望看到我毕业，我就让他祷告，结果我父亲真的撑到了我大学毕业，他在我大学毕业两个月之后去世了。在我大学毕业的时候，他又希望看到我结婚，当时我在这里已经有一个女朋友了，就是我现在的太太，我就带她给我父亲看，他觉得这个女孩子不错，所以虽然没看到我结婚，但也算了了心愿。

我大学毕业后就留在布里斯班了，第一份工作是在昆士兰理工大学（QUT）做助教，教土木工程。我其实还挺喜欢教书的。干了一年多之后，我觉得我一直干下去的话就要走上学术的道路了，但是如果我到外面去工作，还有机会回到学校教书，特别是QUT这种很注重社会经验的大学，我觉得最起码我出去做的话会有多一点的选择，所以我就离开QUT，到了一家很大的工程公司工作。但我进去后发现一个问题，因为公司太大了，老板只会让你专门做某一项工作，比如，我就专门做建筑体方面，像梁、楼板之类的设计，我是公司里面设计得最快的一个人，别人要做三天的工作，我一天就能做好。我觉得这样对我的职业发展并没有什么好处，所以就辞职了，从一个大公司跳槽到了一个只有一个人的小公司。在小公司里什么都要做，连厕所都洗，虽然很辛苦，但是我学到了很多东西。

1987 年年尾，我的华人朋友有发展项目，我就把朋友介绍给了老板。但是在合作过程中会存在东西方文化的矛盾，他们发生冲突的时候，我作为一个小员工，人微言轻，也没有去解决的能力和立场。有一天，我朋友告诉我他们无法忍受我的老板了，所以给我公司的项目要收回，但是他们对我做事的态度和方法十分满意，所以想给我一个机会，把项目直接交给我做。我觉得这个项目是我介绍给老板的，不能不经过他同意就私自接下来，这是最起码的道德标准。所以我对我朋友表示，我不仅要和我太太商量，还要和我老板商量才能决定。结果老板虽然有点生气，但是表示无所谓，我向老板要了同意书（release letter），这样以后他就不会对别人说我不道义，也说明他愿意让我接这个 case，所以我就自己出来创业了。

1988 年 8 月 8 日，我的公司成立了，当时我的办公室是我房子的车库，整个公司只有我一个人，过了不到一年，我太太过来帮我。从 1988 年到 2001 年，在我离开公司从政的时候，公司在十二年的时间里已经从最初只有两人发展到有七十多个人的规模了，这在澳洲已经算是很大的公司了。公司的业务包括项目管理、建筑设计、工程设计、城建等，是一条龙的业务。

张荣苏：您在从政前做过布里斯班中国城商会，也就是华丽商会的会长，请您谈一下在华丽商会的工作和经历。

蔡伟民：我做中国城商会会长可以说是机缘巧合，公司只有一两个人的时候可以在家里做，但是请了员工后就不可能在家里的车库工作了，我要出去找公司办公室。因为是小公司，我在找办公室的时候要考虑两个问题：一是租金不能太贵；二是不能离市区太远，因为很多项目申请、开会都是在市政府。布里斯班的 CBD 附近有个区叫 Fortitude Valley，中文叫华丽区，是中国城的所在地。在昆州历史上国家党执政了三十多年，执政太久，非常腐败，当时在华丽区黄赌毒盛行，一般了解布里斯班的人都不会去这个地方。可是我去找办公室的时候，这个地方很符合我的要求，虽然别人告诉我这个地方很复杂，但是我觉得我们只是找间办公室，又不在这个地方做生意，没有关系，所以我就在那里租了一个有 100 多平方米的地方做办公室。搬过去大概过了三个星期，一个白人来找我，说这里有个中国城商会，想邀请我参加，我觉得我们做生意的需要平台，要多跟别人交往，所以我就去参加商会的活动。之后不到一年，我就被推选为中国城商会的会长，一般被选为会长有两个原因：第一是我很有能力，别人拉我去做会长；第二是这个会长没有人愿意做，只有傻瓜才愿意去做。我能当上会长很明显是第二个原因，后来才知道在当时这是一堆烂摊子，没人愿意做会长我才被提名并当选。

我当时年轻，不知道天高地厚，也没去调查过这个商会是做什么的，只是觉得很好就去做了。结果当选会长三天后，我就接到了布里斯班市市长的电话，他要请我喝咖啡，我当时还想当这个会长不错，市长都亲自打电话请我喝咖啡。等我去了后，市长问我知不知道中国城商会的会长要做什么？商会的资金是从哪里来的？我这才知道整个澳洲的商会只有中国城商会非常特殊。其他商会都是会员制，会员交会费作为商会运作资金，而这个商会是昆士兰州州政府和布里斯班市市政府出钱资助的，并且资金很多，一年几十万。这笔钱在现在都是巨款，更不要说在二十年前了。因为这个地方太乱了，黄赌毒什么都有，政府不方便出面做一些事情，就资助社会团体来做，而且即使做得不好也不关政府的事，这是政治手段，无可厚非。所以我就明白了，作为会长，我不仅要为商会会员服务，还要把这个区的治安搞好，整治黄赌毒问题。

这个商会很特别，它不仅包括中国城，里面有很多中国人，而且中国城附近有一条步行街叫 Brunswick，这条街的希腊、意大利移民很多，中国人，还有来自东欧、南欧的移民都在这里混居。二十多年前的我是个工程师，只要有一台电脑，一天不跟别人说话都可以，现在强制性地要我跟喜欢和不喜欢的人谈话、交流，对我来说是个很大的挑战。但是我接受的家训是答应的事情不能言而无信，即使自己吃亏也要做下去。我做了六年中国城商会的会长，在这个位置上我要学的最重要的功课就是当不同文化背景、不同立场的群体之间发生冲突的时候，如何寻找妥协和平衡点，在中国城商会六年我也没有完全学会，现在仍在学习。除此之外，我还学到了其他三样功课，它们都为我以后从政做了准备。我讲几个例子你就知道我学到了什么东西。

第一件事情是，有一次我在办公室看到有几个妓女在街上拉客，我想她们居然跑到我门口的街上做生意，这个太过分了。我就让商会里负责洋人事务的工作人员写了一封信，想约她们在周五下午见面谈一下，不能让她们在中国城步行街上做生意，结果当天下午她们都没有来。几个星期后的一天晚上，我和我太太吃完饭，在回公司办公室的路上看到三个妓女站在路边等客，我们路过的时候，她们就喊我的名字，我太太很不高兴，让我处理完事情再回去。我就去找那三个妓女谈，她们用很藐视的态度问我："你就是 Michael Choi？就是发邀请信给我们的人？"我说："是的，但是你们都没有来。"她们接着就说粗话，说我是老几？我让她们来她们就来？还把我骂了一顿。我一想，她们说得也对，政府让她们去她们都不一定过去，我算老几？我约她们见面她们为什么就要过来？她们骂了十五分钟，我一直没出声，她们骂完后问我为什么不说话，我说因为我错得很厉害，不知道用什么方式道歉。她们的态度立刻就缓和了一些，其中一个女孩问我："你知道你自己有多嚣张吗？"我说我现在知道了，很对不起。另一个女孩说："你以为说对不起就算了吗？"我说是不行，我应该请你们喝酒，时间、地点你们挑，我付钱。差不多一个星期后，她们就打电话给我了，我就和她们碰面，告诉她们，我不是想阻碍她们做生意，但是我也有我的责任，这两条步行街是归我管的，我不打电话找警察，其他人也会找的，对我们双方都没有好处，大家考虑一下可不可以达成共识。后来她们就提议她们不来我管辖的地方，我说 OK，这样就妥协了。从这件事情我学到的功课就是：你是老几？当官的不是老大，不要把自己的身份看得太重。

第二件事情就是有一天一个老外来找我，向我告状，说他们的墙壁又被土著小孩儿涂鸦了。我就去找土著的长老过来谈，那个长老来和我一起到中国城 Spring Hill 这个地方跑了十五分钟，到了一个十字路口，他让我抬头看路牌，路的名字是边界街（Boundary Street），然后问我知道这条路为什么叫边界街吗？我说不知道，他就给我讲历史：白人来到这里屠杀我们，把我们赶走，甚至这条路我们都不能走进去，现在我们的孩子跑去涂鸦，是为了宣示这是我们的地方，我可以随便画。我说我明白你们的心态了，但他说你怎么可能明白？我告诉他明天我给你看一张照片你就知道我为什么能理解了。第二天我给他看了一张旧上海"华人与狗不得入内"的照片，他看后就哭了，他说他 65 岁了，第一次感觉到和别人谈这个事情的时候这个人是了解他的，我们马上就变成像是几十年不见的朋友一样了。我对这个长老说你们这样做是犯法的，如果被警察抓到的话还要受罪，这样不行，我们需要想解决的办法。这个时候他很愿意和我合作，回到家后我就想了一个解决办法：他们涂鸦可以，但是有条件，一是只能涂代表他们文化的东西，不能有粗话；二是在其他地方我不管，但在我管辖的范围内只能在指定的地方涂鸦。他们就答应了，所以全昆州第一个特别涂鸦墙壁 Mural Wall 就在这个时候诞生了。这件事情让我学到的功课就是：妥协的艺术，找共同点很重要，找到共同点很快就能达成协议。

第三件事情是有一天一个法国餐厅的老板跑过来向我抱怨，说政府太过分了，因为他的顾客坐在店外面喝咖啡，警察给他开了罚单。虽然现在有很多室外的咖啡厅，大家可以在外面喝咖啡，但在以前这是不行的，主要是因为卫生条例，在办营业执照的时候需要进行卫生检查，在营业执照规定的范围之外吃和喝是要被罚款的。我说这也没办法，但是他说他是从法国来的，在法国和意大利每一个人都坐在外面喝咖啡，他们的阳光、空气难道比我们好吗？我觉得他说得很有道理，我就去找市长。

市长也觉得在外面喝咖啡很好，他提出可以在我管辖的地方做试点，然后再推行，这样全昆州第一个户外咖啡厅（Outdoor Coffee）就出现了。这件事让我学到的功课是：不懂就要问，不要太早把别人的提议抹杀掉，要打开脑袋去学习，因为你不是什么都懂的。

我在中国城商会做了六年会长，当时我有一个理念就是不管我做什么生意，至少要有 10% ~ 15% 的时间放在社会活动上，在商会、华人社团、教会里面都可以，这是我对自己的要求，我当时也参加了不少社会活动，我那时候花在商会上面的时间要多过我在公司的时间，这点让我太太非常不满意。但是后来回过头看，才知道发生什么事情都是有原因的，可以说，在中国城商会的经历为我以后从政做了准备。

张荣苏：哪些原因让您走上从政的道路？

蔡伟民：波琳·汉森是我从政一个非常大的动力，我觉得我从政 70% 是因为她。2000 年年底的时候，发生了一件事情，昆士兰出现了一个女政客，就是波琳·汉森，她是"一国党"的领袖。在澳洲生活久了，会发现总有一小部分人是有种族歧视的，不管华人有多好，他们都不会认同你，所以我也不在意。但是在昆州大选中，89 个议席，"一国党"获得 11 个席位，我当时都不敢相信他们获得了昆州 25% 选民的选票。我是澳洲华裔，一个州里居然有 25% 的人赞同她的反华言论，那我们的孩子以后还能有生存的空间吗？我觉得这样不行。其实每次澳洲出现种族歧视的时候，反对最强烈的是那些白人，很多白人都义不容辞地认为不能这样对待像我们这样的少数族群，而我们华人自己被别人歧视的时候反而不出声，只是埋头赚自己的钱。别人在前面帮你去争取、去反抗，而你自己却躲在后面，这样是不对的，我们自己的命运怎么能掌握在别人的手里？我们起码要去参与。我们华人读书、做生意、做科研都很强，在两个领域里没有华人，一个是政治领域；一个是司法领域。但在西方政治体制里，大法官是政治家任命的，没有华人政治家怎么会有华人大法官？所以首先要进入政治领域，不管哪一个政党，都要有华人来保护我们少数族裔的权益。所以当时我就决定加入政党，因为只有参与才可以改变。

　　我想起我们有个参加了"一国党"的华人 Victor①，我和他有一个共同点，都是鼓励华人参政的，就像我刚刚说的，要想了解就要先参与。但是我并不认同 Victor，"一国党"领袖波琳·汉森是我从政的一个理由，她拿我们华人开刀没有成功，虽然有一部分人因为种族歧视不喜欢我们华人，但大部分人还是很温和的，因为我们华人整体来说比较富有，奉公守法，依法纳税，犯罪率也很低，大部分澳洲人对我们还是很认同的，所以波琳·汉森向我们开刀没有大作用……我曾找 Victor 聊过，如果他说"一国党"在对少数族群，特别是在华人问题上是不对的，所以我要加入改变他们，这样的话我会百分之百支持他，可是他对我说的却是：我们误会了波琳·汉森，她没有歧视我们。我和他聊过之后感到非常失望，我对他说在波琳·汉森刚出来，我们受到歧视的时候你还没有来到澳洲，而你来了之后从来都没有找我们了解过情况，你只是根据"一国

---

① 即 Victor Zhang，昆士兰"一国党"党员，曾在 2017 年代表"一国党"竞选昆士兰州议员，笔者在 2019 年 11 月 6 日对其进行过访谈，访谈录亦收录在本书中。

党"里一个白人老外的话就说我们误会了波琳·汉森，所以是我们错了，而不是波琳·汉森错了。我是真的希望有个人在"一国党"里，可是不是他。

张荣苏：在澳洲两大主流政党中，您为什么选择加入工党？

蔡伟民：我是一个做生意的人，两个政党都很熟悉，加入工党以后自由党还打电话给我，问我是做生意的，为什么不加入自由党。我加入工党有两个原因：一是我对工党的感情，100年前无论是工党还是自由党都排华，但是1972年工党总理惠特拉姆上台后就把"白澳政策"废除了，我是"白澳政策"废除之后的受益者，所以我对工党是有感情的；二是虽然我是做生意的，市场理念和自由党比较相近，但是我是一个非常讲社会公益的人，这个对我来说非常重要。虽然现在两个政党在多元文化方面做得都差不多，但从1972年到20世纪90年代，工党在社会公益方面做得比自由党好，它绝对比自由党更注重多元文化，保护少数族群，这是公认的，并不是因为我是工党党员才这样说。另外，我父亲对我的影响很大，他说如果遇到问题需要选择，当两者不能兼容的时候要从大是大非的角度看问题，而不是根据自己的利益进行选择。当时的大是大非就是社会公益、保护少数族裔，在这些问题面前，我把自己的考虑放在第二位了，就参加了工党。

我进入政界也可以说是机缘巧合，2000年，昆州是工党执政，因为我在华人社区里的活动，也算是侨领之一，所以和政府关系比较熟悉。当时的副州长Jim Elder，同时也是州外贸部长，他要去中国访问，我是前哨兵，提前三天去中国帮他安排行程，和我一起去的是Tom Burns，他是我的政治导师，曾经在 1972 年跟惠特拉姆一起访华。我们到了中国后在上海等 Jim Elder，但是一直都没有等到他来，后来我接到我太太的电话，她告诉我看到新闻报道说副州长辞职了。问题出在他很多年前的一次选举上，副州长的女儿以前是和他住在一起的，后来他女儿搬走，不住在副州长的这个选区了，但是她们还是投了自己父亲的票。其实严格来说，她们的票对整个选举没有任何影响，也不是太大的问题，但是政治上的事情可大可小，这件事被曝出来了，副州长只能辞职。

当时有五个议员因为这件事情被迫辞职，州长认为我们党现在遇到了很大的危机，唯一的解决办法就是进行一次大选，重新洗牌。因为议会中空出了五个席位，州长要去争取这五个议席，正常情况下候选人要经过党部、党代会的推选，要走很多程序。但现在因为面临危机，州长说没有时间，他要自己定五个候选人，当时党就给了他这个权力，这在平时是不可能的。我知道这个情况后对参选很有兴趣，就打电话给州长，当时是州长秘书接的电话，我告诉她我对这个有兴趣，估计那个秘书听到我的想法后肯定觉得不可思议，别人排了几十年的队都还没轮得上，我现在打个电话过去就想做议员是有点儿异想天开。打完电话后我等了两天都没得到回音，我想可能就算了吧，但是就在这时候州长打电话来了，问我是不是真对参选议员有兴趣，并约我去谈一谈。我去和州长、新任副州长见面后，他们问了我很多问题，之后我就被州长选定作为候选议员之一。过了两天党部打电话给我，说党部要对州长挑中的候选议员进行面试，让我准备一个十分钟的演讲，这个很合理，毕竟他们要看一下州长选的是什么人。到了面试那天，我记得是周五下午两点钟，我们五个新的议员候选人在州议会见面了，结果也没有进行演讲面试，州长就直接定了我们五个，当时可以说既高兴又害怕。

从我决定参选到正式选举只有不到三个月的时间，所以当时报纸上都说我是一个意外的议员。后来我问州长 Peter Beattie 为什么选中我，因为我们之前是认识的，我在中国城商会当会长的那段时间，他是当地选区的议员，当中国城商会有问题的时候，我们会交流，想办法共同解决，所以我们合作了五六年，他对我也有一定的了解。Peter Beattie 说我很特别，因为他是个律师，而律师的责任是通过合约，从法律的角度防止问题的发生，所以出现问题的时候，无论大小，律师都会觉得很失败。而他却觉得我正相反，我会在出现问题的时候很有精神，会为有机会找到解决问题的办法而高兴，所以他感到很奇怪。但是对我来说这一点都不奇怪，因为我是个工程师，工程师存在的意义就是解决问题，要想怎样才能把一件事做得更快、更好、更漂亮。所以出现问题的时候就是我们工程师有机会的时候，和律师是完全不一样的。Peter Beattie 说通过过去五六年的观察，他觉得我绝对适合做政治家，我说我没有经验，他说经验都是做出来的，他既然提名我了，就希望我好好做。所以说在中国城商会做六年商会会长，为我以后十二年的政治生涯打下了非常好的基础，后来我遇到了很多问题，很多人都很奇怪我为什么知道怎样去解决，主要就是那时候积累的经验。

张荣苏：在参选议员过程中有没有哪些事情让您认为华人在澳洲参政比白人更困难？

蔡伟民：我 2001 年 2 月 17 日当选州议员，如果你在我当选之前的两个月，还有当选之后的两三年问我，假如时光倒流，我是否还会参选？我会回答绝对不参选，因为实在太痛苦了，代价太大了，枪打出头鸟，特别是第一个出头鸟。相比其他州，昆士兰还是比较保守的，种族歧视比其他州严重，所以第一个华人出来参选议员，多少都会遇到种族歧视的问题，往我办公室扔鸡蛋、写字条这都是小事。他们不能直接说我不喜欢你是黄种人，但他们会用其他方法表达种族歧视。举两个例子：

第一件事是在我参选的时候，当时我对议员选举没有任何经验，州长虽然提名我去参选，但是他还是很紧张，如果我出了问题他也下不了台，所以他就派了一个非常有经验的顾问来帮我，这个顾问就是现任的州长 Annastacia Palaszczuk。有一次我和她一起回办公室，她接到一个电话后让我走后门进办公室，并且语气很不好，以我对她的了解，肯定出了很大的问题，一是她比我年轻；二是她性格也不是这样的，不会用这样的方式对我说话。到了办公室后，她也不让我从正门出去，然后就离开了。我当时坐在办公室里越想越奇怪，不知道到底出了什么事情，所以也不管 Anna 的警告就从正门出去了。在门口我看到有五六个人拉着横幅标语，说我欠他们几百万。那天非常热，我就去办公室拿了五瓶水给他们，其中一个人问我是不是 Michael Choi，我想你们都不认识我，居然会说我欠你们这么多钱。我回到办公室，心里感到很累，因为这已经不是第一次了。我性格里有一个非常不好的地方，就是我非常在乎别人对我的看法，我非常看重声誉，声誉对我来说比钱、比生命都重要，这是我的短处。

三年后，在一次社团活动上，有个人上来和我打招呼，说要向我道歉，他是那天在我选举办公室前拉横幅标语的人之一。我想起这件事情心里还是很难受的，就不想和他说话，他反而拉着我不让走，问我那天为什么要拿水给他们喝，因为他们是来给我搞破坏的。我那样做其实有两个原因：一是我父亲的教导，我父亲告诉我，对付你的敌人应该以德报怨，这才是一个领袖的胸怀；二是由于我的基督教信仰。但是我没有告诉他，我只是对他说因为那天很热，可他还是拉着我不让我走，对我说是因为有人付钱给他们，问我想不想知道是谁。他要开口说那个人名字的时候，我阻止了他，让他不要再说了，他感到很奇怪，为什么我不想知道那个人的名字。我告诉他，第一，如果我认识这个人，我以后会花很长时间去思考他为什么要来害我，甚至可能会去找他，问他为什么要这样做，你们已经害我一次了，我不想再有第二次；第二，要是这个人我不认识，我会花时间去找他，还要想他为什么要这样做，这些都需要花很多的时间和精力，现在我的时间不够用，我宁愿把时间放在社区、社会服务上，所以我不需要知道。

另一个例子，是我当上议员差不多四个月后，在一个周五的下午 7 点左右，我下班后准备开车离开的时候闻到了一股很重的汽油味。我当时很奇怪，想着今天没有加油怎么会有这么重的味道，后来想明白了，心里想不会真的来这一套吧？我下车检查，果然在车底下找到了一个塞着棉花和汽油的桶，桶上写了很多种族歧视的话。我是一个工程师，知道这个桶燃起来也不会爆的，很明显就是恐吓我，之前已经发生了很多类似的事，但还没有到点油桶的地步。这个已经是很严重的恐吓了，我没有感到害怕，只是很生气，我就拨了布里斯班警察局局长的电话，但还没有打通我就挂掉了。我回到家里对我太太说了这件事，她说我应该报警，但是我说如果报了警可能会带来三个后果：第一，我会受到 24 小时安全保护，甚至可能会对家人实施保护措施，我有三个女儿，当时她们分别是 12 岁、7 岁和 5 岁，如果这样做肯定会影响到我女儿的自由，还有她们学校的正常秩序；第二，这一定是昆州的头条新闻，甚至在其他州都会有报道；第三，就是这件事可能会被其他人效仿，因为当时波琳·汉森的言论出来后，在悉尼、墨尔本经常会出现种族歧视的暴力行为。可能普通人心里有一点种族歧视或者不满，政客们再一鼓动，这些人就会闹起来，政客们的言论就是他们的武器。所以我对我太太说，这件事如果闹大了，我们有人保护，但其他人没有人保护，如果真的有人因为我的缘故而受到伤害，我在良心上过不去。我相信这只是过渡时期才会出现的情况，这个油桶不会烧起来，也不会烧死我，只是恐吓，我们再等等看吧。我太太是个职业女性，很有个性和主见，但是她很有东方女性的美德，她说了一句话我永远都不会忘记，她说："你是一家之主，你的决定我一定接受，可是你要为你的决定负责。"像这种事情很多，都讲不完，我做了十二年议员，真正享受这份工作是在最后的五六年，后来这些攻击我的言论和行为都没有了，刚开始时真是应付这种偏见都应付不来。

张荣苏：根据您的经验，您认为怎样才能做好一名州议员或者做好一名政治家？

蔡伟民：因为澳大利亚是联邦制，有三层议会和政府，州议会是中间一级，州议员的责任有两项：立法员和民意代表。

立法是州议员一个重要的责任，在做立法决定的时候我会考虑三个问题，第一：是否有立这个法律的必要，每年议会里面有一百多个法案，可是很少取消以前的法案，法律只会越来越多，所以要问有没有这个必要；第二，要看除了我们州，其他州、其他地方或国家有没有类似的法律可提供借鉴；第三，这个法律有没有为市民提供足够的保障。我在社会公益方面非常偏向社会主义，在经济方面偏向自由党，在家庭观念上则是非常中国传统，我觉得在一个民主国家，最需要保护的是人民，必须受到限制的是政府，所以我要问这个法律有没有保障市民。

议员另一个工作是民意代表，我一直在想议员到底是民意代表还是领导？这是两个完全不一样的概念，一个是自己能说了算；另一个则是自己说了不算。我觉得如果议员完全是民意代表的话那还要议员有什么意义？现在科技这么发达，政府把下个月要讨论的事情列出来，每个月最后一个周末花一天时间讨论，大家把自己的意见通过手机或网络发送过去，公民投票后公务员去执行就可以了。所以我认为议员有时候是民意代表，有时候是领导，这要根据情况而定。为什么说议员也是领导？因为我拿到的信息，我关注和讨论的事情是普通民众没有看到的，普通民众也不可能知道，我有顾问团，我有更多的信息获取渠道，我看到的问题和普通民众看到的不一样，所以在某种情况下，我是领导者。举个例子，1996 年，澳洲发生了一次枪击案，死了四十多个人，当时是自由党和国家党联合执政，霍华德在政治上正处于困难时期，他的支持者有很多人是反对禁枪的，但是在这种情况下，霍华德政府仍然通过了禁枪法案，这是我非常敬佩他的地方。

　　所以有时候政治家必须做领袖（Leader），有时候则是做民意代表。问题就在于什么时候是领导，什么时候是民意代表？这个对我来说是个非常重要的问题。当时我想了一天终于想到了一个方法，可以说在过去十几年根据这个方法，我没有做过任何一个让自己后悔的决定。这不是一个标准，只是我个人处理问题的方法，我把事情分为两种：道德性问题和非道德性的行政事务。堕胎、安乐死、同性恋这些问题是道德观和价值观方面的问题，在这些事情上我要做领导；另一些属于行政方面的事情则要做民意代表。我举个例子：我的选区有块地，州教育局觉得选区里的学校在未来有可能需要扩建，所以在四十年前就用纳税人的钱把这块地买了下来。我做议员的时候，州政府认为这块地在未来五十年里都用不到，当时政府出现了财政困难，就想把我选区里的这块地卖掉。我的概念是既然这块地是当年政府买的那就是政府的了，但是卖地的钱应该给教育局，用于教育事业，而不应该给交通部或者其他部门，这个是我的意见，政府也接受了。结果做民意调查，大家都反对卖这块地，因为附近居民觉得这块空地绿化很好，是个公园，如果把地卖出去，就会有新的建筑出现，增加交通和人口压力。我的意见是这块地可以卖，因为理论上说这块地是政府的，不是附近居民的，并且地卖出去后是用来建学校，不是做其他用途，州政府以前用纳税人的钱买地，现在卖了地可以再为纳税人谋福利。但反对的市民是为了自己的利益而反对，这也无可厚非。我对市民说，我虽然反对你们的意见，但我还是会支持你们的意愿，因为我是你们的民意代表，我会努力向州政府争取不卖这块地。最后我说服了政府，这块地没有卖，那么在这个时候我做的就是民意代表。

另外一个事情就是同性恋合法化。因为我是中国人，接受的是中国传统文化和思想，我在同性恋、家庭观念上都很保守，但是工党在这些问题上比较激进。我做过的民意调查显示，68%~73% 的民众是赞成同性恋合法化的，所以如果我是民意代表的话我就要按照他们的意愿投票，但是我在州议会里投的是反对票。我告诉市民，这不是行政问题，我投反对票是我个人道德上的要求，是为我自己的价值观做决定。因为投票都是公开的，谁投了反对票大家都知道，我记得投票一星期后，有一个女同性恋过来找我，她说对我投反对票感到很气愤，她还专门坐车去议会旁听席，准备在我发言的时候起来骂我，我想我在议会里讲了 19 分 37 秒，没有人出声呀。她说她不同意我的观点，但她还是会选我，因为现在议会里有太多迎合民众，随风摇摆，没有任何原则的议员。这个是我没想到的，她给了我很大的鼓励。在做这个决定之前，很多人告诉我在我的选区绝大部分人是同意同性恋合法化的，如果我投了反对票很多人会找我麻烦，但是我仍然坚持我的原则，大不了不做议员。这个女同性恋离开后给当地的报纸写了一封信，向大家说明虽然她不同意我的决定，但是我的解释、分析是出于原则性的考虑，所以她非常理解并尊重我的决定，如果有更多这样的议员就好了，结果我变成了反对和支持同性恋的人都支持的议员。我经常对要从政的人讲这个事情，就是要告诉他们不要被政治改变了，要有自己的原则，否则当你离开政坛的时候自己都不知道自己是谁了，甚至连自己的狗都不认识你了。

张荣苏： 听了您做议员的经验，是否可以说在西方民主政治制度下，中国传统的政治文化也是解决政治问题的有效准则？

蔡伟民：我在中国香港出生，16 岁来澳洲，严格意义上来讲我是非常西化的，但是我特别喜欢中文。虽然我在香港读的是英文学校，但是我选修中国文学，所以做事情的时候会有很多中国的思考方式，年纪越大越觉得老祖宗的智慧很管用。比如，有一次我们工党议员在开会，州长说我们有三个选择方案 A、B、C，但是我告诉他还可以有 D 方案，州长就很奇怪我为什么会有别的方案。我觉得这就是因为我们的思考方式不一样，并不是说谁对谁错，而是大家思考的出发点不一样。

可能说出来我有自夸的嫌疑，但是如果问反对党，让他们从工党里挑两三个他们认为还不错的人，我认为我会是其中一个。我进议会的时候对自己是有要求的：第一不能给我们蔡家丢脸；第二不能给我们华人丢人；第三等我离开政坛的时候，朋友要比我进入的时候多。前两个是自己可以做到的，只要不犯错就好了，第三条是个很大的挑战，可是我觉得我做到了，这个很不容易。西方的政治行为是敌对式的，我解决问题很多时候是中国人的做法，我觉得没有必要的时候不会和别人争吵，有能力的时候还会帮助反对党，这在西方民主国家敌对式的政治架构中是不可能的事情，但是我这样做了。可以举个例子，我在州政府里做过多元文化部、能源和矿业部的副部长，管过多元文化、外贸、环境、能源这些事情，我管环境的时候准备从一个私人企业里买一块地，这块地从环保角度讲很重要，但这块地在反对党的选区里，如果按照西方的政治程序，正常做法是我们要到反对党的选区里宣传我们政府如何的好，买了这块地对大家有什么好处，而这些绝对不会通知反对党，他们一般要通过报纸才会知道有这件事。但是我没有这样做，我约了这个区的反对党议员见面，告诉他我手头上有一笔经费，我们有兴趣考虑你选区里的一块地，希望你去做两件事情：第一，在选区里找一块你觉得有环保价值的地，其实我们看中的那块地谁都知道有环保价值，他肯定是知道的，但我不会让他直接选定这块地，而是让他多选几块供我们考虑；第二，我提议他在选地之前必须征得社区的同意，并且告诉市民是他向政府建议我们买这块地用于环保的。他很不解我为什么要这样做，我说你是这个选区的市民选出来的，虽然我们政治立场不一样，但是我尊重你作为选民代表的角色。他问我会同意他选的地吗？我回答他我们尽量达成共识。所以我们中国人做事情比较中庸，像这样的事情根本就没有必要和他吵，也不用多花一分钱就可以解决。

张荣苏： 从您的叙述中能感受到您在政治生涯中获得了很多的收获和感悟，是否觉得这让您实现了人生价值？

蔡伟民： 每个人从政都希望得到一些东西，从政的动机和价值观很重要，在澳洲从政必须是完全服务社区的心态。很多市民真的是走投无路、求助无门了才会去找议员，当因为你是议员，能够帮助别人解决问题的时候，会有一种成就感，这和做生意取得的成就感完全不同。我记得有一次一对夫妇来找我，他们的父亲住在公共房屋里，因为有精神问题，会经常搞破坏，收到三次警告后政府就把他从公屋中赶了出去。老人家70多岁没地方住，那夫妻俩也不是住在布里斯班的，我知道情况后就去看了看。西方的政治体制是三权分立，虽然原则上是这样，但人都是有感情的，在中国因为太过注重感情所以出现了许多错误，西方国家在政治上虽然不注重感情，但不代表没有感情。我和房屋部的人关系还不错，所以我跟他们说，希望他们重新考虑一下具体情况，房屋部的公务员答应了我提的要求，那个老人可以继续住在公屋。当我把这个消息告诉那对夫妇的时候，他们就哭了，那种眼神是你用钱买不到的。在澳洲做议员真的是为人民服务，有人问我有没有怀念以前做议员的时光，我说有，但不是怀念和贪恋权势。实际上我做生意更自由，以前做议员去中国还要申请，哪怕自费都不可以，很不自由，赚的钱也比我自己做生意少很多。

2012 年，工党在昆州大选中失败后我离开了政府，也退出了政坛。工党在昆州执政时间太长了，一个月做错一件事情，十二个月就有十二件，工党执政十几年加起来也有一百多件了，所以这个很难避免。而且当时看民意调查，我们和反对党的票数越来越接近，但是当时的州长在大选投票前一周讲错了话，我们和反对党的民意调查支持率又拉开了距离。2015年，昆州选举的时候，现在的州长来找过我两次，希望我继续从政，我回去跟我太太商量，她说过去十几年我都在做我喜欢的事，她在后面支持我，她希望在未来我能陪着她做她喜欢的事。很多人都说孩子大了，应该更自由了，但是我太太说以前我做议员，很少在家，她照顾三个孩子，还要忙事业，我在不在家也没关系，但是现在孩子大了，左右都没有人了，我再不在家，那她的生活还有什么意义。我觉得她说得很对，也很公平，现在家庭更重要，所以就不回去参选了。

张荣苏：目前华人参政面临很多问题，昆州自由党内部成立了自由党华人党部，这个能否看作华人参政的另一种途径？

蔡伟民：两三年前昆州华人在自由党内部组成了一个自由党华人党部，很多人问我为什么工党里没有？我说有一个人坚决反对在工党里成立华人党部，而这个人就是我，我绝对不赞成这种做法。有句话叫"只见树木不见森林"，华人党部的意思就是你是华人才能参加，不是华人就不能参加，否则华人党部就没有意义了。如果华人党部只有华人才能参加，那是否可以成立一个只有黑人参加的党部？一个只有苏丹难民才可以参加的党部？多元文化的意思是什么？是你自己的族群关起门来自己讨论自己族群的事情，还是你打开门，不管什么种族、性别大家共同分享、讨论这个社会的问题？我们工党内有多元文化部，只要你对多元文化有兴趣，任何人都可以参加，这个才是多元文化的精髓，你不能为了那棵树放弃整个森林。

张荣苏：有人说自由党华人党部能够和自由党上层更方便地进行沟通，把华人的诉求和声音更直接地向主流社会反映，您是否赞同这一观点？

蔡伟民：要是自由党的体制需要他们这样做，那我只能说自由党的体制有很大问题，难道我们没有其他反映渠道吗？现在南区的华人社区有任何问题可以通过三个渠道向主流社会反映：第一是工党议员和党员，我们要向自己选区的选民负责；第二是我个人；第三就是政府多元文化部里面负责华人事务的工作人员，大家随时都可以打电话过去。所以我不赞成这种说法，这也是不可能的，他们的想法其实是如果成立一个华人党部，我们可以形成一个压力集团，尤其是可以通过经济实力来引起自由党上层的注意，对他们产生影响。我是坚决反对这样做的，从原则上就反对。

粟明鲜： 去年 Clive Hamilton 那本 *Silent Invasion: China's Influence in Australia* 在中、澳两国都引起了很大反响，联邦议会和政府中都不乏支持者，您认为为什么会出现这种现象？

蔡伟民： 现在可以说"反华"是澳洲政治中的政治正确，大的政治气候如此，其实这也是因为在澳大利亚议会和政府中没有几个人了解中国造成的。澳大利亚在政治上是西方的民主政治框架，政治家和公务员是两个系统，在任命政府部门部长的时候，有一个原则，就是这个部长不一定要懂这个部门的事务。比如，熟悉教育的人可能会让他去管交通部，而不会让他去管教育部，因为西方的政治理念是只有你对这个问题完全不了解，才能做出客观公正的判断，这和中国政府有很大的不同，在中国你管教育多少要懂教育。在这种情况下，一个部门的部长所了解到的信息就是下面公务员想让他知道的信息，而这些公务员接受的都是英、美国家的教育和政治理念，他们对中国的认知很有限。如果一个政治家稍微懂一点儿中国问题，就不会很快做出决定，至少会搁置一下，等思考过后再处理，可是澳洲懂中国的政治家太少了，他们很容易受公务员的引导。

张荣苏： 从您的经历来看，您认为华人从政有没有天花板的问题？

蔡伟民： 总体上来说，华人在政治领域遇到的歧视不会比其他行业更厉。其他党派我不知道，就澳洲工党来说，党内不是没有所谓的天花板，但是只要你有能力，其实是可以克服这个障碍的。我做了四届议员，在第三届的时候在党内考虑过我，可是领导给了我两个条件：一是无条件地支持领导；二是领导同意的法案必须支持。从领导和党的角度考虑这没有错，是为了党的策略，这很正常。关于行政方面的事务我支持没有问题，但是关于道德方面的事情我不能完全和领导的想法一样，我没有接受他们的条件。比如，当时关于同性恋合法化问题，党内领导已经知道我的立场，他们专门来找我谈，还有自由堕胎的问题，我不是不赞成堕胎，而是一个十三四岁的女孩子不跟家长商量就可以自由堕胎，像这样的法律我是不可能同意的。所以在这方面我们达不成共识，我也知道后果，但是我不能够妥协，这是原则问题。

张荣苏：您曾经担任过中国侨联海外委员会委员，这个身份有没有引起澳洲媒体的关注？

蔡伟民：有记者问过我参加侨联会议的情况，我就问记者，一个党在自己的会议上讲自己的好话，你们会觉得奇怪吗？没有哪个党派在自己的会议上说自己不好，我参加过很多政治性的会议，但从来没有参加过一次工党说自己不好的会议，我前几天和自由国家党（LNP）刚退下来的主席见面，他是我30年的好朋友。我就问他：你们LNP在年会上也不会说自己很差劲吧？他说我们只会讲自己的优点、贡献，绝对不会说自己不好。这和西方的会议有什么区别呢？

（访谈整理：张荣苏）

编者按：在进行此次访谈之前，我已经多次从当地华人那里听过 Michael Choi 的名字，很多华人对他能够在 2001 年当选州议员感到不解，因为在此之前，在布里斯班华人社会中，Michael Choi 无论是在社会活动还是在经济影响力方面知名度都不高，不少华人也认为他当选后也没有为当地华社做贡献。Michael Choi 在访谈中详细讲述了他的从政历程和政治理念，我想可以回答上述疑问，事实上，他从政之前在布里斯班华丽商会的工作经历为他日后当选州议员奠定了基础。通过对 Michael Choi 的访谈，让我对澳大利亚政治制度、政府和社会的运行有了进一步的认识，同时，也了解到海外华人参政存在哪些问题和困难。

澳大利亚养老护理业翘楚颐康园董事长陈楚南访谈录

访谈时间： 2019 年 7 月 23 日

访谈地点： 昆士兰颐康园（Jeta Gardens）安养院行政楼
会议室

访谈方式： 面对面

访谈人： 粟明鲜、张荣苏

受访人： 陈楚南

受访者个人资料：

陈楚南：男，1952 年出生于马来西亚柔佛州，祖籍福建漳州，1987 年移民澳大利亚。2000 年创办颐康园安养院。颐康园是澳大利亚第一所以东方文化理念进行设计、管理、服务的老年人社区，截至 2019 年 7 月，有 350 名老人入住，工作人员有 240 名，其中专业护士 30 人，护理人员有 80 人。2017 年被昆士兰州政府授予"地方多元文化冠军奖"，澳大利亚国家电视 7 台和中国中央电视台《朝闻天下》节目都曾对颐康园进行过报道。

访谈记录：

张荣苏： 您祖籍哪里？为什么选择移民澳大利亚？

陈楚南： 我祖籍福建漳州，祖上第 11 代时居住在福建漳州，第 12 代到了广东惠州、汕尾那边，我是第 14 代。我的生活其实很简单，1970—1973 年我在新加坡读书，大学毕业后就到马航工作，做一名工程师。后来我父亲中风了，我就回家照顾他，直到 1981 年他去世。我在照顾父亲期间自己做了一些生意，1981—1985 年，我在马来西亚的古来做了四五个生意，都做得很红火。但那时候亚洲经济不景气，所以感觉自己像困在笼子里的老虎，没有施展自己的才能。父亲去世后，我家乡有个人在新几内亚做木材生意亏本，他就找到我一起去做木材生意。我对木材生意不了解，想着先去实地考察再做决定。这样就在 1985 年去新几内亚考察，看木材品种、如何开发、离港口多远等。那里的条件很艰苦，我在那里待了半年，两个月就瘦了 14 斤，到现在我都不吃沙丁鱼，在那里就像泰山历险记，这些困难都不谈了。回来后我就觉得可以投资，当时我所有的资产七万五千马币都投进去了，这样我就一直在新几内亚做木材生意。

在新几内亚第一年的时候我太太和孩子就都过去了，但新几内亚社会治安很差，我觉得不可以让他们和我一起长期待在那里，就想让他们去其他地方。当时我考虑过新加坡，但是新几内亚去新加坡的飞机一个星期才有一班，要飞七八个小时。我一个朋友说澳大利亚布里斯班不错，气候很好，坐飞机三个多小时就到了，一个星期有三班航班。我觉得不错，1987 年就办商业签过来了，这样我太太和孩子一起来布里斯班，我则继续在新几内亚做木材生意，也经常飞布里斯班和家人团聚。到了 1995 年，我把木材生意卖给了一个上市公司后就定居在布里斯班了，也算是退休了。

张荣苏：您为什么会想到从事老人安养、护理行业？

陈楚南：1980 年我还在马来西亚航空公司做一名工程师，我家乡是马来西亚一个农村，那时候我爸爸 82 岁，后来中风导致半身不遂。作为一个华人的孩子，我很看重孝道，就辞职照顾我爸爸，当时也没有什么想法。照顾一年多一点儿我爸爸就去世了，这一年给我了很大的启示，孩子为了尽孝酸甜苦辣都尝到了，精神和身体压力都很大，没有照顾过老人家的没有办法体会这种压力。后来我姐姐照顾我妈妈十八年，我姐姐今年 71 岁，现在我照顾她。我姐姐为了照顾我妈妈牺牲了婚姻，我为了照顾我爸爸牺牲了事业，这些在华人家庭里面都是常有的事情。我后来就想，为什么要牺牲我的事业照顾我爸爸呢？应该有一个两全其美的方法，但是当时找不到一个很好的方法，那时候马来西亚的安养事业非常落后，没有人会送老人进安养院，只有没有子女的老人才会去那里。后面我来到澳洲以后，对如何安养老人这件事念念不忘，我参加了很多活动，像这边的佛光山中天寺、马来西亚协会、政府等各方面活动，让我了解到了这里的一切。我们的一些老华侨华人在年迈以后何去何从？他们一些人不讲英文、不吃西餐如何是好？像我是不吃西餐的，如果把我送到西方人的安养院去我会很难受。那时候我在新几内亚做木材生意赚了点儿钱，2000 年我就开始想着做老人安养院。

张荣苏：刚才您带我们参观了颐康园安养院，办起这样的安养院建设和运转应该需要很多的资金，这个对您来说是不是个很大的困难？

陈楚南：开始做的时候就是我自己和朋友投资的，最初没想到难度会这么大，我找了三十个朋友给我投资，总共一千四百万澳币，我把全部身家都押进去了，自己又向银行借款三千万澳币。我当时胆子很大，毕竟这边市场小，风险很大，但是就是非做不可，即使失败也要做。我们做的时候有两个目标，一是为我们华人、华社做点事情；二是如果能赚到钱那就是更好的事情了。所以这三十个人跟着我跑了十几年，但六七年前他们年纪也大了，有十个股东退出了，还好他们虽然没有赚到钱，但也拿回了本金。

我们三十个股东里有人要退出的时候我在想，这么多钱，怎么才能退给他们？我就想找个上市公司给我投资，我以前做生意有很多朋友，我是马来西亚柔佛州人，这个上市公司 KPJ 是柔佛州省政府下面的一个子公司，他们是做医院、医疗的，有二十三间医院，在亚洲算是很大的公司，当时他们也在寻找合作伙伴，正准备向国外投资。后来我和他们谈了两年才最终达成合作，所以算起来合作也有八年时间了。现在集团马上又要对资金进行重组，因为马来西亚那边上市公司要退出了。现在马来西亚经济不景气，新政府上台后他们要撤回对外投资。

张荣苏：除了资金以外，您在最初创建颐康园安养院的时候还遇到哪些困难？

陈楚南：还有观念问题，我们亚洲人，特别是华人非常重孝道。我们做颐康园让老人来住，是不是挑战了我们华人的文化传统？因为在传统观念中，孩子撑着老人，老人和孩子一起住才是孝道，现在（安养院）把老人家拉开，让孩子成为不孝子，这样不能，他们要抗议。我们亚洲国家老龄化很严重，但无论多先进都不敢踏实地做安养机构，如日本，虽然做了很多事情，但还是避重就轻，很多机构只做日间照顾（day care 或

home care），新加坡虽然有世界一流的机场、港口，但是安养也处在世界水平低端，也是因为卡在"孝"字上。普通人对"孝"的定义很简单，如果孩子跟父母一起住，别人会认为你是大孝子一个。但实际上，根据叶富强教授（昆士兰大学社会学系教授）的研究，父母和孩子一起住，父母会感到"无奈"，孩子则会有"负担"。这个负担并不是经济负担，而是精神负担，这说明两代人住一起不等于孝。我对"孝"的定义是作为子女能把父母安排妥当，在未来日子里他们能更快乐、更健康，没有忧虑和恐惧。

其他的困难就涉及具体的事情了，我开始做这一行业的时候只有激情，没有什么经验，我也不是医生，所以做事遇到很多困难。2004 年，我找了 Returned Serviced League Care 做我的顾问，它是一家有七十四年历史的非营利组织，这样我一下子就有了七十四年的经验，聘请他们帮我做澳大利亚亚洲老人的安养事业。另外，根据这边的法令，每个区有一千个超过 70 岁的老人可以得到一百个床位。我找到昆州文化部和卫生部部长，告诉他们我申请床位的困难，如果把全昆士兰的华人都算进去我们应该可以申请到五百个床位，但是华人比较分散，即使是华人集中的新利班区（Sunnybank）都达不到申请人数，更不要说在洛根区（Logan）了。我觉得不能完全按照他们的法令和文件来办，但是又没有解决办法。后来他们请来了当时联邦老年部部长毕晓普（Julie Bishop），[①] 当时很多华人社团都

---

① Julie Bishop，澳大利亚前外交部部长，2007 年至 2019 年担任澳大利亚自由党副党首。

参加了她的座谈会，也说了这个问题，大家一致支持创办一个华人安养院，就这样这个问题解决了，三个星期后床位就申请到了。万事开头难，接下来的事情就很顺利，如之前出去募款很难，在这之后也容易很多。

张荣苏：请您谈一下颐康园安养事业的经营理念？

陈楚南：我做颐康园的基本理念是可持续（Sustainable），很多华人对可持续不注重，我非常看重这一点。我的可持续理念主要涵盖三个方面：第一是商业可持续。假如你告诉我有块土地有善人捐款，义工来做，这样的项目我不做，因为可能明天如果善人不在了，义工跑了，那我安养院的老人怎么办？靠人家的施舍是靠不住的，这对亚洲的安养事业是非常重要的，因为亚洲的安养事业都是靠教会、义工来发起的，但这个是不可持续的。第二个可持续是产品的可持续。我的产品必须有四十年的使用期，每个行业都有新的发展，都可能被代替掉，产品必须适应市场，有能量维持四十年，不然就会被淘汰，投资这么大，像我们这边已经差不多投资 1 亿澳币了，如果要是频繁对产品更新那也不现实。第三个可持续是以老人为本，给老人的承诺要可持续。也就是我们可以照看你和你的伴侣一辈子。有些人可能看法和我不同，但是我看得远，二十年前我开始做，二十年后澳洲都没有第二家华人做这个行业。这不是赚钱的问题，这个行业吃力不讨好。

张荣苏：请您谈一下颐康园的安养模式？

陈楚南：我照顾我父亲有亲身体会、在这边做社会工作也了解这边老人家的苦，我在亚洲住了三十年，在澳洲也住了三十年，东、西方的优、缺点我都了解，我创造了自己的养老模式，也是颐康园的 4H 护理模式：

Home（家）：我建造、设计、运作一定要让人家感觉这好像是家。因为老人们不得已才离开家来这里的，至少我要给人家另外一个家。虽然比不上自己的家好，但是我们的家有我们的好。

Hotel（酒店）：家里服务不到位，我把酒店的服务、感觉、色彩放进去，没有医疗的味道。我们做这个行业的，要让老人转变观念主动买我们的产品。很多老人根本不想了解我们在市场上有什么产品，在很多人印象中安养院是被孩子抛弃的人才去住的，环境很差，他们的观念仍停留在六十年前，不知道现在安养院环境已经像酒店那样了。我们的工作就像和尚卖梳子，要让老人们自己愿意进来，所以将养老院营造成酒店的环境就很重要，我们的大堂经理是医生，护士穿的是服务人员工作装，大楼里没有药水味，老人就不会有进医院的感觉，很高兴住进来。

Holiday Resort（度假村）：就是刚才讲的可持续性，安养院未来规模要更大，要能容纳两三代人的需求，所以要有长远发展眼光，就像我们刚才看到的，整个护理院还有很大一部分没有开发。这三个"H"就给大家带来正能量，让大家对我们的安养护理有更积极的了解。

Hospital（医院）：我们其实是个变相的医院，我们有医生团队、护士团队，各科医生都齐全，这些都是为上面三个 H 服务的。

除了上面说的 4H，我们颐康园安养事业还有"A"和"EW"理念：

Ageing in Place（**原地安老**）：刚才我们讲环境很重要，但是我能对你的生命有保障，这个更重要。从 55 岁到 100 岁的这四十五年里，一对老夫妻在不同时期病倒、老化，最难的时候是 80 岁左右，男性老去得更快，压力就会在女方，等男方去世后，女方孤零零的一人怎么办？我们也考虑到了这一点。我们这边可以两个人独立住，老了以后，女的可以每天过来帮忙，也可以给一间房两人住一起，这样就团圆了。我们这边衣食住行、医疗全包，失智症、老人临终关怀我们也有，生病了各科医生都有，我们一切都为你着想。即使没有钱也不用担心，政府会养你，我们也会优先给你床位。这样你看到这里的环境很美好，现在生命也有保证，孩子哪怕去非洲做生意，老人和孩子都不用担心，因为他们知道老人能够得到很好的照顾，所以也是帮孩子创造更多的机会。

East Meets West（**东西文化交汇**）：澳洲的医疗护理系统在全世界能排进前三，并且为了适应社会变化还在不断修订中。当我们在其他国家采用颐康园养老模式的时候要改三个东西：一是一定要让人负担得起，不能太贵，因为很多国家政府不贴钱；二是宗教、文化敏感度，这个一定要修改，否则不符合本地的民情；三是有些地方还缺少孝道文化，我把东方五千年孝道文化放进西方高科技的管理中去，这就成为全世界最平衡的一个模式。

我经常问那些做安养事业的专家，你们做这一行在卖什么东西？我卖的是感觉，因为我照顾我父亲，有这么多年和老人打交道的经验，我知道他们要的是什么，他们要的不是奢侈，而是要被关心、被爱的感觉。所以他要这个，你就卖这个，其他的东西，如设施、环境都是为了配合这个，让它卖得更好。这个要用心来卖，所以从聘请人、培训、企业文化这些不能缺其一。这样才能 Coming Together as One Happy Family。

张荣苏：您对颐康安养院未来发展有什么规划？

陈楚南：在澳洲颐康园未来规划中我们要打造一个社区，有急性护理医院区、退休公寓区、协助护理区、培训区等，还有托儿所，因为目前我们工作人员已经有 240 名了，等颐康园外面的居住区住满人了，设托儿所一是因为研究表明失智老人在听到音乐，看到孩子和宠物后会高兴；二是让我们年轻的员工可以安心工作。医学培训部我们和这边的大学、TAFF 合作，他们学生毕业后来我们这边再另外培训一些与老人安养相关的课程。

除了颐康园，还有颐康阁和颐康环球。四五年前我就觉得我年纪也大了，希望我所学的能够传承下去。六年前我就让我儿子去马来西亚家乡柔佛州去做颐康阁，这是第一家在海外的澳洲式安养院。亚洲国家和这边情况完全不同，亚洲国家政府没有（养老）法令、没有资金支持，和这边（澳洲）做起来不一样，这边政府有资源，也就是说这种模式在澳洲成功了，但在亚洲国家不一定。像我在马来西亚的颐康阁没有政府提供的土地资源，我就用我父亲留下的一幢四五十年前的旧楼，投资几百万进行改造，建成了颐康阁，目前有 80 个床位，做得也很成功，已经做了六年。我可以说颐康园的模式无论政府是否有资源，在商业上是站得住脚的。这就证明颐康园的模式在不同政治、社会制度的国家中都可以成功，所以我准备将澳大利亚的养老企业带向国际，在亚洲国家，主要是马来西亚和中国推广颐康园养老模式。

颐康环球就像希尔顿酒店，一百年前希尔顿只有一间酒店，就像我二十年前开始的那样，今天希尔顿酒店就太多了，我是希望把颐康环球打造成全世界安养的"希尔顿"，这是对外的规划。颐康环球集团和颐康园是不一样的，颐康园有太多的股东，这些股东不一定跟着我的脚步，这个颐康阁就是我自己的，我家族和一两个得力的助手一起来推动，把颐康园的模式介绍到全世界，让我们的长者，尤其是亚洲、中国的长者能够享受到我创造的这个特别模式。颐康环球目前在马来西亚雪兰莪赛城、柔佛新山、公主港，中国陕西汉中、杭州正在投资兴建颐康安养院。

张荣苏：您在其他国家建立的颐康园安养院是怎样运作的呢？

陈楚南：我们跟酒店是一样的，首先提出策略及概念；接着对规划、设计进行评估；然后进入开发及建设阶段；最终进行管理和运作。我们做的最终是管理，也就是知识产权和品牌许可证（IP/Brand License）由我们给，我们只需要派总经理和护士长过去管理，其他工作人员都是在当地培训。现在我们管理找不到人，做酒店找管理的人很容易，但做安养院管理比较头疼，管理不好容易出事故，像国内没有照顾好老人被亲属人身攻击的也有。目前颐康团队老、中、青三代都有：设计、规划和执行是我儿子，三十多岁；组织规划和执行是我侄女；另外聘请管理和医疗团队。

张荣苏：颐康阁在马来西亚也取得了很大的成功，您认为在马来西亚经营颐康园式安养院有哪些具体的困难？

陈楚南： 在马来西亚做的难度比这边（澳洲）要大很多，在我还没开始做之前，我在澳洲巡回演说三年，向别人介绍并说服他们接受我的安养理念，在马来西亚我只花了三个月，因为我这个已经在澳洲成功了，有了样板模式。如果先在马来西亚创办这种安养模式根本不可能，他们根本不明白我的理念和管理。

在马来西亚办的颐康园养老模式的第一个难度是马来西亚没有安养、护理法律，整个亚洲包括中国都是这样的，因为没有安养法律，只能用医院的法律来管理。但是医院法律很严格，因为它是对病人，而我们是对老人，这其实是两回事，但没有办法。这样对我们来说就很难做事，因为医院法律要求很高，如对床位的要求等，我们就只能去和政府谈判、妥协。第二个就是政府不会对进安养院的老人提供经济补贴，每一分钱都要个人出。

张荣苏： 除了政府法令方面之外，在社会文化方面有没有隔阂？如何克服这些困难？

陈楚南： 亚洲"孝道"文化更浓。一般有两种人会进我们的安养院：一是有需要的老人，佛教讲我们只渡有缘人，老人这么多，肯定有这方面需求，一千个老人里面肯定有五六个、七八个老人需要，而且他的家里人也认同我们的产品，这就足够了。二是能够负担得起安养院费用的老人。把这两个因素放进去其实已经有足够的人来住了。

张荣苏： 在您的未来规划中，想将澳洲的这种颐康园养老模式在全球推广，那么在这一过程中必然要寻求当地合作者，请问您如何在国际上寻求合作伙伴？

陈楚南：澳洲政府下面有个贸易投资委员会（Trade and Investment Commission）会向全世界外销我们的服务产品，我们在演讲之后如果有人感兴趣就来跟你谈。后来我们知名度高了，特别是中央电视台《朝闻天下》节目播出后，来自中国的电话就不停。但这其中也有些问题，你听我讲过、也看过我们的环境，会觉得我们的产品很好，认为在中国可以推广这种安养模式。但是很多人找合作伙伴不是这样想的，因为我们这个投资很大，国内企业找合作伙伴往往优先考虑世界知名企业，我们对他们来说太小了。

张荣苏：澳洲政府对您的安养事业有什么支持吗？

陈楚南：澳洲政府支持主要体现在宣传上吧。比如，上次中央电视台《朝闻天下》来这边采访安养院，澳洲政府就推荐了我们。还有就是不止我们这一行业，其他行业也是如此，当我们出去宣传的时候，澳洲政府会补贴一半的费用，因为我们促进外销了。

张荣苏：最后总结一下，请您谈谈做了近二十年安养事业有哪些感受？

陈楚南：从个人来讲，我做这个事情风风雨雨实在太多了，我们所做的带给社会什么样的影响？第一，我们海外华侨华人在洋人眼里，做出来的东西一定是输给洋人的。这有很多原因，既有发展水平原因，也有文化差异。我希望我做的事情能改变他们的看法，这是华人做的，做得比他们更好。我不看建筑材料这些表面的东西，而是看内涵，看管理。第二，我们也为海外华人提供了一个可以安度晚年的地方。还有就是制造了很多工作机会，我们想把我们澳洲成功的产品外销，对澳洲社会、国家也是有所贡献的。

粟明鲜： 您还参与了很多社会活动，曾经担任佛光山中天寺昆士兰协会会长，能谈一谈这段经历吗？

陈楚南： 我在新几内亚最后一年的时候，我太太在布里斯班得了重病，一些佛教界的朋友过去帮忙。我是无神论者，当时卖掉生意也有这个原因，觉得人如果不在，赚再多钱也没用，我就回来了。为了感谢和感恩，我就去中天寺做义工，一年之后中天寺的住持觉得我是人才，就让我做佛光山中天寺分会长，两年后又做了佛光山昆士兰协会会长。我是怀着感恩之情去做的，从1995年到2000年，做了五年的会长。现在每年5月的第一个星期日是浴佛节，是昆士兰州法定的节日，这是从1997年我做会长的时候开始办起来的，我也是浴佛节成为法定节日的重要推动者之一吧。当时波琳·汉森的"一国党"歧视和排斥亚裔，我们认为要对她的这种行为表示抗议。当时我们在市里面举行浴佛节，差不多有两三千人参加，那次浴佛节的主题就是尊重和包容。其实汉森的这种行为从佛教上理解就是她很无知，她对亚洲人根本不理解，她也从未去过亚洲。后来我们把浴佛节放在市中心的南岸（southbank）举办，那里洋人很多，现在每年差不多有二十万人参加了。刚开始做的时候很困难，但现在浴佛节已经是推广华人文化的一个重要节日了。

张荣苏： 根据您的社团和社会活动经验，您怎样看待当前的华人社会？

陈楚南： 马来西亚华人是比较中立的，我和来自中国大陆、中国台湾地区的华人交情都很好。从我个人来说，第一，我们很乐意看到越来越多华人来布里斯班；第二，最近几年来自中国大陆的华人很多，我们马来西亚华人也有一万多人，但人多了也就出现了一些问题。华人本身带来自己的风俗，华人尤其喜爱建立、设立社团。因此，造成华社有过多社团的现象，这不利于华人社会的团结。

（访谈整理：张荣苏）

编者按：初次见到陈楚南先生，感觉他精力充沛，说话中气十足。他带着我们参观了颐康园的室内和室外环境。颐康园内修建了独栋别墅、公寓和关怀楼等不同格局的住房，入住的老人可以根据年龄、身体状况和经济状况选择不同的住房和服务项目。在这所澳洲老人护理院里不仅有中式亭园和小桥曲径的别致景色，也有户外生态园，这可以让入住的华裔老人在西方社会中感受到中国文化和社会的气息。

颐康园的细节设计处处体现了安养院的人文关怀和人性化管理。退休别墅与公寓的房间装修和设计都按照老人的生活习惯和使用要求完成，并安装了呼叫按钮和感应器。护理楼中的电梯为了照顾行动能力缓慢的老人，电梯关门速度也很慢，并且电梯门有皮肤感测识别功能，以防电梯门碰触老人造成损伤。护理楼一楼大厅设有一个 ATM 机，陈先生说很多老人其实用不到什么钱，更不要说用 ATM 机，但很多老人不希望因为年纪大而失去财政自主权，ATM 机就是让老人觉得自己还有尊严。另外，失智老人病区与外面的走廊相连成椭圆形，即使老人走出门最终还是会回到病区的客厅，这样老人就不会走丢。

　　访谈结束后，笔者感慨颇多，一方面由衷地钦佩陈先生对海外华人安养事业做出的努力和贡献，想到国内的养老事业还任重道远；另一方面则是在短暂的接触和访谈中，从陈先生身上感受到了我们中华民族的传统文化精神以及他们在海外拼搏的劲头。

布里斯班华裔退伍军人纪念委员会主席 Lewis Lee 访谈录

访谈时间：2019 年 7 月 12 日

访谈地点：布里斯班 Underwood，Lewis Lee 设计室办
　　　　　公室

访谈方式：面对面

访谈人：粟明鲜、张荣苏

受访人：李孟播（Lewis Lee）

受访者个人资料：

Lewis Lee：男，1963 年出生于马来西亚沙捞越州，祖籍福建福州，1983 年来澳大利亚留学，1991 年移民澳大利亚，在布里斯班从事建筑设计。2007—2008 年，担任慈善组织布里斯班华人狮子会会长，2011 年，获得了澳大利亚勋章 OAM，现任布里斯班华裔退伍军人纪念委员会主席，被昆士兰移民局聘为顾问，多次组织和主持公民的入籍宣誓。

访谈记录：

张荣苏：请您简要介绍一下为什么选择移民澳大利亚？

Lewis Lee：我来自马来西亚，出生在沙捞越州的一个小城市泗里街，我小学、中学都在马来西亚读的，1983 年去新

南威尔士读公立中学。我父亲是一名教师，那时候他在马来西亚卖了家里一套房子准备送我出去留学，我从小喜欢音乐、画画，当时想去的是英国，可是英国留学费用太贵了，我父亲的房子只卖了十七万马币，我去英国读书的话钱可能不够，后来就选择了澳大利亚。我在澳大利亚读公立中学是免费的，大学学费一年也只要一千多块钱，最后算下来我在这边花了十一万马币。1985 年中学毕业后，我就去新南威尔士大学读建筑专业，1989 年毕业，但是因为申请学位有个等待期，所以1990 年才拿到的学位。我们那时候没有 Master Degree，只有Bachelor Degree，所以读五年半的时间也只能拿到 Bachelor Degree，现在是读三年可以拿到 Bachelor Degree，再读两年就能获得 Master Degree 了。我们那时候最后一年要做一个Topic，我的 Topic 是东方风水和西方 geomancy（占卜）的比较研究。

毕业后我就回马来西亚了，因为当时我们毕业后要等两年才能申请这边的 PR（永居权），回去后我就在沙捞越州一家木材公司工作。公司其实蛮不错的，但是我做了八个月之后感觉不是我想做的，这个工作我也不喜欢，生活跟我以前在悉尼的时候完全不一样，我们那时候来这边读书，租房子、买车，都是自己一个人，很独立。1991 年后，我就回澳洲了，来到了布里斯班，因为当时我太太拿到了澳洲的绿卡，我就以配偶移民的身份过来了，在这里做 architect（建筑设计师）。

张荣苏：您移民之后就开办设计师行了吗？

Lewis Lee：没有，我刚开始在一家建筑公司里面做设计，接的第一个项目是来自马来西亚沙捞越州的客户许如经先生

（Rii Ging Hii），他对我拓展社会人脉的帮助很大。许先生的太太卢姝锦女士（Jenniwaty Luhur Hii）担任皇家布里斯班女子医院基金会（Royal Brisbane and Women Hospital Foundation）理事会里的董事，这个基金会里面有个亚裔推广委员会（Asia committee），我在她的介绍下参加了这个基金会，并成为亚裔推广委员会里的六个成员之一。就是在这个时候，通过基金会里的工作和委员会，我认识了很多热心做公益的人，还有政府里面的人，这样就有了自己的network。随着接触的人越来越多，很多来自马来西亚沙捞越州、中国台湾地区的华人都找我设计，后来老外也来找我设计，慢慢地客户就越来越多，一个人也做不来，就开始请人做，就这样开起了自己的设计师行。

后来我还成立了一个做石膏板生意的公司，有三个合伙人，这个生意一直忙到现在，澳大利亚也没有几个做这种生意的，我是总经理，平时一般10点钟左右到那边的公司。2008年，我还和别人合伙买了一家银行，这边银行是可以买的，做了五年半的时间就不做了。

张荣苏：您从事建筑和设计，当时为什么想到要买一家银行？

Lewis Lee：我那时候还担任布里斯班华人狮子会的会长，去找sponsor（赞助人）很难，我们就想自己有个银行赚了钱，自己去做公益会很方便。但是后来我眼睛受伤，做了十一次手术，银行里又有很多琐事，我就想银行的事情就不做了，就退出来了，目前我主要经营一家设计师行和一个石板厂。

张荣苏：您这两项事业目前经营状况和规模如何？具体如何运作？

Lewis Lee：我们主要是做小包，就是帮大的承包商做。无论是设计还是石板的生意，我们都要去投标，每个月都要去投，我的原则是一年做二十四个项目就可以了，也不要太多。因为如果太高的中标率可能说明我们的报价太低，并且也做不过来。我们竞标的时候要计算成本，这边的人工很贵，如这边石膏板工人的工资，一小时至少四十块钱，这些都是要控制成本的。投标有专门的团队去做，投标对象里政府、私人的客户都有，我们客户大部分是政府和比较大的公司，私人的或者小的公司不太做，因为他们很可能会出现财务问题，这样我们也会受到牵连。一个项目一般会有七八个公司去投标，有十几个去投标的话我们也不用去争了，没有机会，我们一年的中标率在 10% 左右就可以。

张荣苏：据我了解，您经常担任一些社区活动的主持或司仪，请谈谈您参加的社会和社区活动。

Lewis Lee：我在这边参加了很多慈善团体的活动，如在20 世纪 90 年代参加了皇家布里斯班女子医院基金会，2003 年我又参加了布里斯班华人狮子会，并在 2007—2008 年担任会长。我们狮子会做了很多慈善工作，包括为太平洋岛国地区老人捐献眼镜、为第三世界国家捐书、为受灾地区筹款等，我觉得所有的慈善活动都非常有意义。我在 2003 年左右认识了Graham Perrett，[①] 他那时候是联邦议员候选人，虽然在 2003 年的竞选中输了，但在 2007 年他赢了选举，他在选举中的竞选活动以及后来的很多筹款活动都是我帮忙组织安排的，请哪些

---

① Graham Perrett，来自昆士兰 Moreton 区的联邦工党议员。

人参加、安排哪些人发言都是我来做，那时候他找不到人来做这些，我是出于朋友关系帮他的。除了慈善活动，我还是昆士兰移民局的顾问，主要工作是组织和主持公民的入籍宣誓，到现在已经做了三十九次了，像邀请哪些人参加、贵宾讲话内容、安排座次都是我来决定和协调。所以我对这些活动都比较有经验，了解具体流程和规则，后来市议员、州议员有活动都来找我做。除此之外，我还参加了很多协会，都是做荣誉会长、荣誉顾问之类的，主持很多不同的大型活动。因为我在组织活动方面比较有经验，一般都担任organization（组织者）和coordinator（协调者）的角色。我在2011年获得了澳大利亚勋章OAM（Medal of the Order of Australia），这个是为了表彰在社区服务方面做出重大贡献的公民，我是因为布里斯班华人狮子会的活动而被提名获得勋章的。

　　张荣苏：之前您多次提到了布里斯班退伍军人俱乐部和华裔退伍军人纪念碑，请您介绍一下这个活动。

　　Lewis Lee：退伍军人俱乐部的活动是我最喜欢的一个社会活动。2009年的时候Graham Perrett和一些退伍军人来找我，问我可不可以在新利班区澳大利亚退伍军人俱乐部里做一个华裔退伍军人的纪念碑，我认为可以，然后我们就和格里菲斯大学合作，开始筹划这个项目。当时是我们提出方案和主题，请格里菲斯大学设计专业一年级的学生设计草稿，我们从中选择优胜者。当时除了格里菲斯大学的四十三名学生，还有学校之外的两名参赛者，共有四十五人参加了澳洲华裔军人纪念碑的设计比赛。我们澳华军人纪念委员会成立了一个五人组成的评审小组对参赛作品进行评审，我是评委组主席，考虑到成本、可行性、象征意义等因素，最后格里菲斯大学一个女生的设计作品获胜，委员会奖励了她一千元奖金。当时学生的设计稿只是样式图，具体的设计图要有专门的设计师来做，最终决定后是我们公司帮忙做的设计图，就这样澳洲华人参战纪念碑于 2010 年动土，2011 年完工。

除了这个纪念碑，我们还有一个澳大利亚华裔军人纪念奖学金项目，我们委员会每年为每个学校提供一千元的奖学金，一般是在每年的 10 月或 11 月份发放。这些学校主要有 Sunnybank State High School、Runcorn State High School、MacGregor State High School、Stretton State College、Calamvale Community College 和 St Thomas More College。每笔奖学金都会以不同的参战退伍军人命名，如 Billy Sing、Caleb Shang、Jack Wong Sue、Harry Moo、Mavis Moo、Arthur Moo 和 Aflred Scotford。这些人是曾经参加过第一次世界大战、第二次世界大战以及之后历次战争的海陆空军人，他们的背后都有一段当时参加战争时的故事。我们每年定一个主题，让这些学校的学生写一份两页纸的作文，每年主题都不一样，但都是关于这些澳大利亚华裔军人的故事，如 Billy Sing 奖学金，我们就会让学生去查找与他相关的资料，我们希望通过这种方式让学生了解这些华裔军人的故事。

张荣苏：澳大利亚华裔军人纪念碑这个活动在澳大利亚社会产生了哪些影响？

Lewis Lee：影响非常大，虽然我们华人在第一次世界大战中就参军，为澳大利亚而战，但华裔军人的贡献却一直没有被承认。在第一次世界大战的时候只有澳洲人才可以参军，因为"一战"期间在澳参军需满足的一个重要条件就是外貌上看起来要像欧洲人后裔，这种情况直到第二次世界大战太平洋战争的时候才有所改变。所以参加第一次世界大战的华裔基本上都是混血的，他们从外表上看像是欧洲人。现在布里斯班退伍军人俱乐部里，参加过第二次世界大战的华裔军人已经没有了，如果活着的话也都八九十岁了，年纪太大了，目前布里斯班退伍军人俱乐部里面的华裔退伍军人主要是从巴布亚新几内亚过来的华裔军人。我们做这个活动的目的就是想告诉澳大利亚主流社会，在澳大利亚的国家发展进程中我们华裔也是做出过贡献的，是参与者。

很多政要对我们这个华裔退伍军人纪念活动都很感兴趣，之前没有总理来过新利班区，吉拉德总理是第一个来的，我们的华裔军人纪念碑在 2011 年 4 月 6 日举行落成典礼的时候，吉拉德来参加了这个揭幕仪式，之后她又来了三次。很多联邦级别的政客都过来参加纪念仪式，他们很乐意过来了解情况，以前这种仪式每年一次，现在要做很多次。这个活动对其他族群也产生了很大的影响，我们华人是第一个做少数族群退伍军人纪念碑的，其他族群看到我们这样做了之后也想效仿。比如，2015 年的时候印度协会来找我，他们希望做一个印度裔的退伍军人纪念碑，我因为比较有经验了，就按照华裔退伍军人纪念碑的流程帮助他们做了一个，我们华人军人纪念碑的设计大赛当时是四十五名参赛者，印度的这次参赛选手有九十八个，说明这个事情影响力在扩大。我也是做他们的评判员，最后选择了一个优胜者，接着帮他们做工作图，现在这个印度裔退伍军人纪念碑也已经落成了。目前土著也打算做他们的退伍军人纪念碑，我们已经在谈了。

每年 ANZAC Day（澳新军团日）的时候，一些中学的校长会请我去他们学校做演讲，我以前专门讲华裔军人的故事，讲他们在第一次世界大战和第二次世界大战中如何为澳大利亚做贡献。但是现在也讲其他族裔的故事，我在学校里每年讲的主题也不一样，有关于护士、红十字会、厨师等不同方面的贡献，从不同方面反映澳洲军人在国家建设、发展和国防安全方面所做的贡献。现在我也经常做活动，像在很多嘉年华和白人的活动上我都担任司仪，我一般会在开场的时候花 1~2 分钟用英语为我们华裔退伍军人俱乐部做宣传，告诉他们我们有个华裔退伍军人俱乐部委员会，这个委员会负责两个项目：一个是华裔退伍军人纪念碑，这个纪念碑已经在 2011 年完成并举行了纪念仪式；另一个是奖学金项目，我们在一些中学设立了以华裔军人命名的奖学金，这些学校的数量一直都在增加，我们每年都会举办奖学金筹款晚宴，将所获募款作为奖学金给每个学校的十一年级和十二年级的两名学生。很多人都非常支持我们，如今年 7 月 6 日我们举办了年度筹款晚宴，澳大利亚的各级政要，昆士兰主流社会和多元文化社区领袖有两百多人参加了这次筹款活动。

张荣苏：您还参与了圣乔治社区华人纪念碑的活动，这个活动和华裔退伍军人俱乐部有什么异同吗？

Lewis Lee：圣乔治的华人纪念碑是 Jack Sun（孙健）他们圣乔治华人社区纪念委员会做的活动，我主要担任顾问的角色。圣乔治华人纪念碑是为了纪念 1848 年从厦门过来的第一批契约华工的，这批华人从新南威尔士来到昆士兰圣乔治，在那里做牧羊人和工人。2011 年，我们华裔退伍军人纪念碑落成后，联邦议员 Graham Perrett 和 Jack 找到我，说了圣乔治那边华人的故事，我祖籍是福建福州的，这批华人是从福建厦门过来的，所以我很乐意帮助他们去做这个项目，就按照退伍军人纪念碑的活动流程也做了一个纪念碑。圣乔治这个项目和华裔退伍军人纪念碑项目一样，都是为了说明我们所有华人是澳大利亚历史发展、国家建设的参与者，为澳大利亚经济社会和多元文化做出了贡献。

（访谈整理：张荣苏）

编者按：Lewis Lee 很热心，做事也非常有激情，他积极参加当地社会的各种活动，不仅华人社区，白人和其他族群的社区活动也经常请他担任主持或司仪。他参与组织的华裔退伍军人纪念碑和圣乔治区华人纪念碑活动向澳洲主流社会展示了华人在这片辽阔的土地上所做的贡献，他们也是澳大利亚历史发展、国家建设的参与者。

布里斯班市议员黄文毅访谈录

访谈时间：2019 年 9 月 5 日

访谈地点：布里斯班 Garden City，黄文毅议员办公室

访谈方式：面对面

访谈人：粟明鲜、张荣苏

受访人：黄文毅（Steven Huang）

受访者个人资料：

黄文毅：男，出生于中国台湾，1988 年随家人移民澳大利亚，现为昆士兰布里斯班市 MacGregor 区市议员。

访谈记录：

张荣苏：请您自我介绍一下，以及为何会选择从政？

黄文毅：我 1988 年的时候跟家里人移民澳洲，来这边已经三十一年了。那时候我 12 岁，来这边前十年都是在求学，先读公立的中学，后来在私立学校毕业，大学在昆士兰大学读的，本来想念法律专业，不过因为读书不够认真，申请法学专业的成绩不够，就去读了政治经济专业。读完第一年之后，因为数学不好，就不读经济了，专攻政治学。因为我母亲参加了很多活动，我要跟着去帮忙，所以在读书的时候我参加了很

多社团活动。在这个过程中我认识和接触了一些政治人物，他们觉得我这么积极地参加社团活动，可能以后会有兴趣考虑参政。其实我在他们提我参政这个主意之前，我是没有参政的想法的，那时候大家都是学生，谈论的话题也都与学业相关，还没考虑到以后要做什么。

我第一次参加竞选是参加1998年的州议员选举，这边选举都是由政党提名，当然也有少部分独立候选人，但是独立候选人一般选上的概率不大，并且要在这里有深厚的背景，像我们并不具备这种条件。在一些前辈的鼓励下我加入了自由党，并参加了党内的初选。那时候虽然我大学还没有毕业，但因为学分已经够了，并且成功申请了去读公共行政的硕士学位，所以在大学最后一学期我一边读本科的选修课程，一边读硕士课程，同时还频繁参加了很多活动，希望在初选中胜出。结果我就通过了党内的初选，那时候我才21岁。

我通过了党内的初选，但是当时出了波琳·汉森和她的"一国党"事件，在整个澳洲影响比较大，自由党在昆州的选举很糟糕，我也落选了。2001年的时候我想再试一次，结果那一次自由党选举的情况更糟糕，之后因为我母亲身体不太好，我就没有出来参与一些公开正式的活动，更多的是在党内帮忙，自己也做些小生意。2011年，当时市长去竞选州长，副市长接替了市长的位置，这样就有了一个机会，去接副市长空下来的议员的缺，我去参加市议员竞选，就一直干到现在。

张荣苏：在两大主流政党中您为什么选择加入自由党？

黄文毅：有两方面原因：第一，是从社会价值观上来说，自由党是比较保守的，我觉得更符合华人的社会价值观。举个例子，自由党认为犯罪的人应该受到惩罚，工党就比较偏左派，他们认为犯罪是社会原因，所以不应该惩罚犯罪的人，而应该去改造社会。我认为人如果做了坏事应该要受到惩罚，而不是放任，个人应该对自己行为负责，而不是把自己的错误都归咎于社会，因为在同样的社会环境里，为什么别人没有犯罪，只有你犯罪？我觉得这是个人的责任，所以在这方面自由党的价值观和我们华人传统的价值观念更合拍。我个人不太认同工党将犯罪行为归咎于罪犯的家人、朋友、社会这种价值观。第二，从经济上来说，我家里是做中小企业的，自由党支持低税率、小政府的经济理念对经济发展有益，从经济管理上来说我觉得自由党比工党强很多。

张荣苏：如果说自由党社会价值观与华人传统文化价值观更合拍，那自由党能否代表澳洲主流社会？如何解释那些支持工党的华人的社会价值观？

黄文毅：我认为澳洲是一个很社会主义的国家，澳洲人经常讲 fair go，他们讲的不是平等的机会，而是平等的结果。可是平等的结果是违反人性的，因为每个人的条件、素质有很大差异，强迫每个人都有平等的结果，这是不合理的。让一个早上 7 点出门工作，晚上 10 点才回家的工人和一个早晨 9 点出门，下午 5 点就回家的人拿一样的工资，这是不公平的。现在澳洲就偏向这种情况，但是我认为天道酬勤，应该多做多得。在澳洲的这个社会氛围之下，自由党做得还是不错的，把国家从这种情况中拉回来，工党有自己的政治理念，他们要求的不是一样的机会，而是一样的结果，就澳洲本身来说，它已经很社会主义了，如果再做这样的事情只会阻碍社会的发展。举一个例子，我有个朋友是开发商，他说非工会的瓷砖工人连工带料每小时七十块钱，工会工人连工带料每小时一百七十块钱，可是他不敢雇非工会的工人来做，因为得罪了工会要有麻烦。我不喜欢用一种利益收买的方式来补贴这些人，这已经是政治和经济结构的问题了，所以我当初选择自由党，因为它的政治理念可以矫正当前澳洲社会的政治偏向，而且它的经济措施也有助于澳洲经济发展。我记得在我读高中的时候澳洲失业率是11%，那时候工党总理说澳洲应该有个经济衰退时期，当时很不理解他的话，但是从1996年霍华德执政以来，澳洲到现在一直都维持着经济的增长，所以我觉得参加自由党是一个很正确的选择，无论是社会价值观还是经济理念都和我比较契合。

我也认识不少支持工党的华人，我觉得他们选择工党主要有两种情况。一种情况是emotion touch（感情牵绊），在20世纪80年代末90年代初，很多来自中国台湾和中国香港地区的华人移民到了这里，那时候在联邦、州、市里面都是工党在执政，90年代初很多中国大陆的华人也因为工党的政策才能留在澳洲，这些华人对工党很有感情，他们有很多工党的好朋友，这种友谊一直在维持，所以他们支持的不是工党，而是工党里的这个朋友。另一种情况就是利益上的关系，工党执政的时候会提供一些机会，如就业机会，自由党是根据才能来选拔人才，但是工党可能会根据族裔，因为你是华人所以我给你提供机会，所以有一批人是因为在工党执政下能够获得比别人更多的好处才支持工党的。我认识的支持工党的华人大部分就是这两种情况，但也不否认有一些人是认同工党理念的，如很多人本来就是劳工，工党执政的话，虽然我每小时一百七十块钱的工资里有九十块钱要交给工会，但是我还是比非工会工人多拿一点儿，而且工会可能会给我排好一点的班。

这里工会的势力非常大，如一个火车司机一年可以拿到二十几万的工资，和市长工资差不多了，很大一部分原因就是工会给政府的压力。布里斯班火车司机底薪是一年十二万，在两年前，昆士兰工党政府就被告知昆州缺火车司机，但是工党政府没有采取任何解决措施。一年多前，大家去上班的时候发现火车停运了，因为没有司机，这个时候是不是应该培训或招聘火车司机？但是工会不让招聘司机，这样原来的司机就要加班，加班费非常高，一个火车司机一年就可以拿二十几万。所以工会在澳洲政治上是一股非常强大的势力，特别是在工党里，即使是自由党执政，我们在谈工资的时候也要和工会协商，只是我们有一个底线，不能让他们漫天要价。

张荣苏：工会力量这么大，两党政府通过哪些方式协调和工会的关系？

黄文毅：因为我们是地方政府，和工会对抗的力量有限，没有办法立法限制工会，只能通过谈判和协商。但是工会不止有一个组织，不同行业有不同的工会，我们会想办法先跟比较 reasonable（理性的）工会谈判，有些工会的要求已经超过我们的底线了，感觉不是我们在管理这个社会，而是他们在管理，像这样的情况我们会用不同的方法和他们协商。在联邦层面，霍华德执政时期就曾经通过立法来削弱工会的势力，因为澳洲有些行业在工人入行时强制他们加入工会，所以当时出台了法案，规定工会不能强制工人加入工会，工人可以自由选择是否加入，那时候工会会员人数一直在减少，工会的影响力就比较小。我认为应该这个样子，实际上对工人来讲，他们加入工会并没有得到很大的好处，反而是养活了一批工会里的工人贵族，工会势力已经大到像帮派组织那样了。

张荣苏：既然大家都认为工党在昆州做得不好，为什么工党却能够在昆州长期执政？

黄文毅：开玩笑来说，我觉得昆士兰人好像习惯工党了，觉得再差也不过就这个样子了。实际上昆州情况比较复杂，工党能长期执政有历史因素，在20世纪90年代之前一直都是国家党在执政，工党长期以来就是反对党，自由党在昆州力量一直都比较弱。后来在20世纪80年代末90年代初的时候，国家党势力衰弱了，工党就成为昆州政坛的主力。但我认为就目前来说主要有两点原因，一是我们自由党在州这个层面一直没有很好的人才，我们在联邦议会里有很多很杰出的议员，可能是我们长时间没有在州里执政的原因，在州议会没有培养出很优秀的人才出来，自由党现在缺少一个很有魅力的领导人带动选举。二是工党很有选举策略，像上一次选举，他们利用昆士兰北部那个阿达尼矿（Adani），指责自由党和国家党是破坏环境的凶手，工党给选民传递的信息就是选自由党就是破坏环境，投票给工党才能给我们下一代留一个美好的环境。工党很有选举议题操作的能力，这点是自由党需要加强的。

张荣苏：您是2011年当选的市议员，请谈一下作为市议员，您的管辖范围和具体工作有哪些？

黄文毅：在澳洲布里斯班是比较特殊的，悉尼和墨尔本的市政府都很小，我上次碰到悉尼来的一个市长，问他拿了多少选票，他说拿了一万多，而我也拿了一万多，悉尼和墨尔本的市和布里斯班一个选区差不多大，从管辖范围上来说，布里斯班市政府跟国内市政府比较相似。昆士兰立过一个特别法叫 City of Brisbane Act，专门规定了布里斯班的城市地位，布里斯班是澳洲最大的地方政府，也是南半球第二大的城市，不仅地理范围最大，有一千多平方千米，而且作为地方政府也最有影响力。布里斯班地方政府的影响力一是来自它的人口基数，这保证了它有足够的税收资源，有了自己的税收就可以做很多事情；二是它的管理范围非常大，有些州政府不愿意做或者州政府没有顾及的事情，都由布里斯班政府去做，这包括一些重要的基础设施建设。在过去十年里，由于州政府连年财政赤字，州政府没有给布里斯班市财政拨款，也没有对布里斯班未来发展进行规划，所以布里斯班所有重要的基础设施建设，像地下通道、桥梁、道路、公共交通等，都是布里斯班市政府做的，而这些在其他州都是州政府管辖的范围，是州政府去做。

市议员也分执政党的议员和非执政党的议员，作为执政党议员除了要为选民服务之外，还要参与市政建设政策与计划的讨论。我之前担任交通委员会副主席，巴士、道路规划、渡轮都是我们管辖的范畴，我现在是基础建设委员会副主席，布里斯班重大的基础建设都由我们委员会负责。我们还有环保委员会、民政委员会等各种 standing committee（常设委员会），作为执政团队一员分管不同的事务。平时我们更多的时间花在选区，如要确保路要平、灯要亮，规划当地的发展，还有处理邻里之间的纠纷。非执政团队只要做选民服务就可以了。

选区的事务非常琐碎，我跟人开玩笑说我们的头衔是 Councillor，很多人会看成 Counselor，其实有时候我们做的真的是心理咨询师的工作。例如，昨天有一个洋人老先生跑来，他说那个 Upper Mount Gravatt 路牌设计太难看了，能不能换个好看的。我们也讨论过这个问题，觉得是可以设计得更好看一点儿，但是这不是很重要的事情，没有什么结论，所以就先放在一边。设计路牌的花费不是太大的问题，我的想法是如果换路牌的话，希望能够开放设计给选区内的中学生设计，让选区内的居民进行评选，激起大家对社区活动的参与感，让他们觉得自己能够决定社区的事务。这个老先生还跟我提 Logan Road 两边很单调，可不可以做些装饰，我告诉他环保委员会已经开始着手做这个事情了，准备在 Logan Road 种两排路树。他还说 Garden City 旁边的高速路旁边堆了很多垃圾，都没有人处理，我说这个我也知道，可是那条路的绿化是属于州政府的，我们没有办法处理，我只能写信给州议员，让他去处理。上个星期还有一个台湾来的母亲，她的孩子有多动症，但是她很想让她的孩子去读这里的私立学校，也过来找我帮忙，我给学校打了电话反映这件事，学校说他们已经把她放在 waiting list 里了。所以不管什么事情，我们都要协助解决。

张荣苏：这么看您需要做的事情确实很多都非常琐碎，作为市议员，您认为最大的成就是什么？

黄文毅：有两件事情我感受很深，我以前办公室在新利班，在我办公室旁边有个路口，那里有个火车站，几乎每个星期都会出交通意外，当地居民就来找我，说想在路口放个红绿灯。我告诉他们如果装红绿灯会有两个困难，一是资金，在这个地方装红绿灯起码一百五十万澳元；二是这个地方虽然经常出事故，但与其他需要装红绿灯的地方相比，这里交通流量太低了，很难争取到经费。我说我可以去争取，但我觉得在未来五年内我争取不来，当时我一家一家去敲门做调查，虽然得到的反馈就是大家都希望有红绿灯，但实际上因为资金、人流量问题，我觉得不可能成功，所以我就建议在这个地方先盖一个小圆环。在当年的年中，也就是7~8月的时候开始修建圆环，到年末建成，在这半年的时间里只出了两次事故，所以从每个星期都有事故到半年只有两次小事故，这对我来讲是个很大的鼓励。本来我也可以按照居民的要求，每年都去争取预算，争取不到你们也不要怪我，但是我告诉居民，我们先做着看看，结果做了之后问题基本上就解决了，所以我觉得我做了一个正确的决定。

还有一个事情，之前有一个母亲找我哭诉，她的孩子有残障，她除了照顾自己孩子，还照顾其他残障的孩子，她说我们这边都没有适合残障小朋友玩的游乐设施，我告诉她建一个供残障儿童玩的游乐设施很贵，一般公园游乐设施只要几万块就可以了，但是这种特殊的需要三十万澳元。但是后来我还是想办法解决了这件事，花了不少时间去争取预算，最终在公园里做了一个残障儿童可以使用的游乐设施，在设施完工开幕的那天，那个母亲激动地掉下了眼泪。所以我觉得当我做的事情可以让当地居民的生活状况得到改善，这就是我最大的成就。

张荣苏：作为布里斯班第一个华裔市议员，您怎样看待自己的华裔身份？

黄文毅：我觉得自己作为华裔很幸运，我觉得澳洲社会是非常友善也非常包容的，我们对自己的身份定位不仅是我们努力争取的结果，也与这个社会的整体氛围有很大关系，正因为这个社会很包容，所以在澳洲这个国家会让你觉得身为少数族裔是一个值得骄傲的事情。

张荣苏：您认为华人在澳洲参政有没有劣势？

黄文毅：我们华人参政的劣势或者说障碍就是文化、语言、理念问题，这是我们需要努力提高的部分，我觉得我们华人来到这边后还没有很好地认识到我们是澳洲人，要想让澳洲社会接受、认可你，首先你自己要认为自己是澳洲人，不要让别人觉得你和他们不一样。所以我觉得重点是能融入这个社会，这才是长久的做法。

张荣苏：华人社区对华人参政往往都有特别的期待，您怎样看待这个问题？

黄文毅：我觉得华人参政还不够，应该鼓励年轻的一代积极参与，让大家认为华人参政是一种正常现象，而不是一种特例，就是说应该把华人参政视为一种理所当然的事情，并且要有更多的人出来参加竞选，而不是说我们现在有华人参政了，是一件很棒、很值得高兴的事情。现在我们有人可以当市议员，我们也应该有能力来推一个人去当州议员、联邦国会议员，这才是重要的事情，就像这次在维多利亚州两个联邦候选人都是华人，如果她们能够在不同选区出来的话可能会更好点。① 在这里，我们有了好的开始，还应该把下一代更积极地推出去，现在自由党在找候选人的时候，我也向他们积极推

---

① 2019 年联邦众议院选举，在墨尔本奇瑟姆（Chisholm）选区，自由党和工党先后推出两位华裔女性候选人，分别是出生于中国香港的 Gladys Liu（廖婵娥）和中国台湾的 Jennifer Yang（杨千惠），最终廖婵娥当选，成为澳大利亚联邦下议院首位华裔女议员。

荐几个比较年轻的华人。但是可能华人没有参与政治的传统，或者说政治领域对他们没有什么吸引力，目前我们还在努力当中。

张荣苏：这次联邦大选，维多利亚州在同一选区推举两位华裔候选人，在竞选过程中出现了很多问题，如错误引导选民投票、微信散布不实消息等，甚至有人认为在大选后可能会导致当地华人社会的分裂，您怎样看待这些问题？

黄文毅：事情都是两面的，虽然这可能会导致这个选区的华人出现分裂的情况，但换个角度想，这次两个政党在 Chisholm（奇瑟姆）选区的做法，会让无论选举结果如何，在这个选区都会出现一个华人联邦议员，把政治放在一边来看，这是华人族群在澳洲社会的一个胜利，就像我上次选举的时候，对方党派也推了一个中国台湾地区来的华人，也姓黄，这是故意要混淆视听。两党都推出华人候选人，这就说明在这个选区只有华人候选人才有胜算，不管哪一边赢都是华人做议员，只是不同党派而已。Gladys Liu（廖婵娥）我不认识，但是她是我们自由党的，她的对手 Jennifer Yang（杨千惠）我认识，如果她赢了我也会很高兴，因为不管怎样，这都是华人在联邦国会下议院有了一席之地。

至于说选举过程中出现的一些插曲，这就是政治，我觉得这没有什么问题，就像我刚刚讲的，上次工党靠一个阿达尼就把我们打败了，这是人家策略高明，我们输得心服口服。这次维州 Chisholm 选区的情况也是一样的，只能说明他们的宣传很厉害。即使上诉到法院，只要法院判决这种行为不是违法宣传和错误引导，只是选举的策略，就是没有问题的。选举就跟球赛或战争是一样的，技术高的就能打赢，这是游戏规则，类似打"擦边球"的现象，通过打"擦边球"赢了那也没有办法，输了就输了，除非是明显的犯规行为。

（访谈整理：张荣苏）

编者按：通过短暂的接触和访谈，笔者感受到黄文毅（Steven Huang）先生是一个非常善良和充满爱心的人，他能够以极大的耐心处理社区内烦琐的事务，倾听选区内选民的诉求，并积极予以反馈，是一位优秀的选民代表。黄文毅先生在访谈中提到了澳洲工会的影响力，并结合自己的经验介绍了昆士兰的政治生态以及他对华人参政的看法和认识。

中澳生物（Sino-Aust Biology）董事长阳云访谈录

访谈时间：2019 年 5 月 24 日

访谈地点：布里斯班，阳云博士办公室

访谈方式：面对面

访谈人：粟明鲜、张荣苏

受访人：阳云

受访者个人资料：

阳云：男，壮族，1958 年出生于云南文山壮族苗族自治州，1987 年来澳大利亚留学，后移民定居布里斯班。2015 年，中澳生物（Sino-Aust Biology）在中国于云南省砚山县的国家现代农业示范园内投资建厂，占地面积一千五百亩，公司以生物资源可持续性发展为导向，主要创新项目有特种有机肥的研发与生产、生态修复、土壤改良及石漠化治理、三七与药用植物专用肥的研发与生产。

访谈记录：

张荣苏：请简单介绍一下您为什么选择移民澳大利亚以及移民后从事的主要工作？

阳云：我大学毕业后到广州中国林科院工作过四五年，因为与澳洲有合作项目，获得了澳大利亚政府农业研究中心奖学

金来国立大学（ANU）做研究，读博士。毕业后转到昆士兰北部汤斯维尔（Townsville）的土壤研究所工作八年。在项目完成后，我把自己掌握的技术产业化，于是就来到了布里斯班，在布里斯班一边打工一边寻求投资机会。后来我与国内同行合伙，组建现在的公司（中澳生物），以生物技术为核心，在中国投资。到了 2015 年，公司发展到顶峰，于是在中国正式投资建厂，厂址设在云南文山。

张荣苏：您现在的公司规模如何？产品主要销售市场在哪里？

阳云：现在企业规模很大，占地一千五百亩，投资三亿元，采用股份制经营。在中国工商总局注册中澳生物，国家有相关奖励和税务政策。我主要入技术股，也有资金股。国内合伙人资金股占 60%，由中方人员进行管理。另外，国内合伙人是煤老板，正好可以利用他们不需要的废料，即矿区废物的资源化和合理利用化，实现废料的无害化和资源化处理。

主要市场是中国，澳大利亚、新西兰和马来西亚也有销售。中国工厂每年产值约六亿元人民币，但只有四个工人在管理。产品在国内市场与澳新市场的销售比例大概为 9 : 1。

粟明鲜：这就是 20 世纪 80 年代末 90 年代初来澳华人将技术与资金结合，寻求机会进行创业，取得了商业上成功的一个例子。

张荣苏：这样来说您的生意主要在国内了，那您在中澳两国之间停留时间大概如何分配？

阳云：我大部分时间在澳洲，一般一年时间里有三分之一在国内，三分之二在澳洲。

张荣苏：您的工厂设在中国，您在澳洲这边主要负责哪部分？

阳云：我主要负责澳大利亚、新西兰的销售。采取不同销售模式，以前是自己销售，现在交给经销商销售，主要是本地洋人经销商，他们销售成绩和效果更好。在这边进入大的经销商网络系统后，可以全世界销售。

张荣苏：您在这边销售的时候有没有困难或障碍？

阳云：有一些困难，如语言障碍（Language Barrier）、文化背景差异、族群隔阂、商业模式（Business Pattern）都阻碍了销售网络的发展。交给洋人经销商，邀请他们去工厂参观、了解产品、建立感情，抓住几个大的经销商，在维多利亚、西澳等全澳境内销售。

张荣苏：您对中、澳两国营商环境应该都比较熟悉了，请您谈谈澳洲政策环境对商业发展的有利和不利因素？

阳云：我认为在澳洲做生意的困难一是无法去深入了解当地市场情况；二是我们华人不善于和政府打交道，不了解政府资金和优惠政策，所以交给当地经销商比较好。但好处是政府政策比较稳定、透明，出现问题容易进行交涉，行政干涉少。在中国则是政府政策经常大起大落，行政审批太烦琐，更多时间在和行政部门打交道。之前一些朋友，包括云南的大企业来澳投资，他们面临的一个问题就是不了解当地的法律、制度等情况。比如，在澳洲加班是不允许的，每天工作时间不能超过10个小时，员工福利要发足，不能有性别歧视。但这些来自中国的投资者往往带着中国的思维和价值观来这里做企业，很多人都失败了。就像把长在中国的一棵苗连根拔起，然后种在这里，就会水土不服。

在澳洲做生意还必须融入主流社会，做洋人生意，毕竟他们人口是多数，市场庞大。如果局限在华人客户群体，生意发展会受限制。我目前生意与华人没太多关系，虽然他们也会买，但只是非常小的一部分。我的生意已经进入澳洲主流市场，只有进入主流市场才能冲出澳洲，走向世界。

张荣苏：您对自己企业的未来发展有哪些规划？

阳云：有三条规划：一是扩大中国市场；二是通过加强和经销商合作、加快产品更新换代，增强产品在澳大利亚和新西兰市场竞争力；三是借助"一带一路"倡议进入东南亚市场。

张荣苏：您准备进军东南亚市场，有什么具体的行动计划和渠道吗？

阳云：以越南为例，虽然还没有开始销售，但已经建立了商业联系。我们这次随中国政府代表团去越南雇了一个人开发越南市场，这个人是中国人，但越语讲得很好，他找到越南本地经销商，去谈合作。另一个渠道就是政府层面，政府牵线搭桥。越南也是社会主义国家，政府在经济发展中也扮演着很重要的角色，我们跟着政府代表团去，代表团有商业对接，进行双边会谈。在我发言的时候我就介绍自己是做什么的，希望在哪些方面建立联系，对方就会派出相应的人员进行会谈。

张荣苏：谈了您的工作之后，我们想问一下关于社会生活方面的问题。虽然您在这边生活了这么多年，但经常在中国和澳大利亚两边跑，您怎样看待自己的身份问题？

阳云：我没有明确的认同感，但无论走多远，在我心里面的祖国仍是中国。虽然在身份上是澳洲公民，但从根源上、文化上我仍是中国人。我们没办法融入这个社会，与我们非常强烈的中国人认同感有很大关系。到了华人移民第二代会好一些，下一代更能融入这里的主流社会。

张荣苏：您认为融入主流社会的标准是什么？

阳云：没有非常明确的标准，但至少你的生活、工作与主流社会之间没有太大的障碍，与洋人之间要有一个圈子，沟通很顺畅、来往很多。比如，要有一些洋人朋友、商业伙伴来share experience and benefit。

张荣苏：澳大利亚联邦选举在即，在之前大选中您投了哪一党的票？

阳云：我投了 Morrison 的票。因为联盟党注重经济发展，重视商业生意；工党注重员工福利。在我们看来就是联盟党挣钱，工党花钱。我们做生意的，希望联盟党上台搞好经济。

张荣苏：最近中澳关系比较紧张，您怎样看待这一问题？

阳云：最近两三年中澳关系不太好，但是在中层或低层方面，我们的交流还是很多的。比如，我们的公司去年10月份正式运营，澳大利亚驻成都总领事馆总领事来给我们剪彩，两国关系基本不影响经济上的互动，除非特别限定某些行业，如最近禁止进口澳大利亚煤炭，限制留学生等，只对特定行业产生影响。作为合资企业，政府很支持，只要我们需要，无论是澳大利亚驻华大使还是总领事馆都会站出来支持。

张荣苏：您也积极参加这边的华人社区活动，具体有哪些？

阳云：我是昆士兰中国人协会副会长，这是1995年成立的昆士兰州第一个由中国大陆来的华人组成的社团。宗旨是弘扬中华文化，促进中澳之间文化交流。每年主要活动是举办中华文化艺术节，市政厅、州政府、联邦政府都提供资金支持。还会搞一些小型活动，如昆州乒乓球比赛、举办专题讲座（养生、医疗、科技）。

张荣苏：这边华人社团很多，您觉得华人社团及其活动对华人社会有什么影响？您与当地政府打交道时，社团是不是提供了一个平台或中介？

阳云：华人社团活动主要是让华人感受中华文化，在异国不会有陌生感，凝聚华人社会。我主要是以社团领袖身份与当地政府打交道，因为只有在社团办活动的时候才会邀请当地政府官员参加，在商业方面与政府关系不是很大，打交道最多的部门是昆州和联邦多元文化事务部，市政府主要是市政厅。

（访谈整理：张荣苏）

编者按：阳云先生是新时期华人新移民回国投资的典型代表，他们 20 世纪 80 年代出国留学，在海外有技术和专利优势，赶上 21 世纪中国经济转型，各地政府从"招商引资"转向"招才引智"，并搭上中国"一带一路"的东风，他们得以进一步拓展东南亚市场。

SUPER RACK 中澳贸易公司董事长 Dony. Liu 访谈录

访谈时间： 2019 年 8 月 6 日

访谈地点： 布里斯班 Mt Ommaney，Dony Liu 家中

访谈方式： 面对面

访谈人： 粟明鲜、张荣苏

受访人： Dony. Liu[①]

受访者个人资料：

Dony. Liu：男，出生于中国吉林长春，1988 年来澳大利亚，现经营 Sunnylew Trading Pty Ltd，主要从事中澳贸易。

访谈记录：

张荣苏： 请您介绍一下为何移民澳大利亚以及来澳初期从事哪些工作？

Dony. Liu： 我是吉林长春人，1982 年大学毕业的，开始是学外语，后来学外贸。大学毕业后在外贸公司工作，做进出口生意。刚开始来澳洲什么都想做，一开始去的达尔文，想

---

① 相关人名应受访者要求仅以英文名称出现在访谈记录中。

做牧场，也去过悉尼学习做房地产，后来因为没资金，也都没做起来，一两年后我就回国待了三个月。回国后我就想来这里留学，就这样 1989 年春节前后我又回来了，联系学校的时候我对国际公法比较感兴趣，后来研究觉得这专业很不切合实际，学了之后找不到工作，自己英语也不是很好，肯定没人雇我。我后来了解到这边比较好找工作的就是焊工、木匠之类的工作，我就去 TAFE 学了五六个月的焊工，同时我一直找工作。来了将近一年，我做过推销员、联系过饼干厂，清洁工的工作也做过，我有个同学在大学食堂里做清洁工，有几次他生病了，我就替补他去做，给他的工资他再给我。还在市里的一家牛排店洗过碗，这个工作工资还可以，但是从晚上开始干，一直干到半夜 1 点钟。我还找过老师的工作，我记得那时候 Indooroopilly 区的小学在招老师，我就去了，最后面试只剩下我和一个台湾人，后来因为我当时还是工作签证，正在申请 PR，那个小学就没雇我。我还找过卖房子的工作，当时自己也没车，房子也很难卖，所以这个工作也没做成。后来有一次我找到一个家具店工作，老板是西澳来的，通过聊天他觉得我懂外贸方面的事情，他就让我在大陆帮他找人临摹古典名画。我以前学过油画，所以他一说我就明白他的标准了，我找国内朋友帮他临摹了一些，他看中了其中的《蒙娜丽莎》，这样他就说愿意雇我，但因为工资没谈拢，也就没去。不知道为什么那几年澳大利亚的工作特别难找，我从早到晚就是打电话找工作，过得比较艰难，不过我想那个时期整个华人群体都是这样的。当时我就想这个地方不是想象中的那么好，一切都很美好，可是没有一样东西是自己的。

　　有挺长一段时间我都没找到工作，后来有个女儿同学家长来看我，看到我房间里有很多从大陆带来的玩具、礼品的样品，她告诉我这些东西可以拿到当地工艺品市场去卖。周末的时候我们俩早上四五点就去了 Rocklea 市场，还是借的桌子摆的摊位，结果没到 10 点钟东西就卖完了，我记得那一天卖了四百多块钱，在当时是一笔很大数目了。后来我就想既然这些东西在这边市场都能卖，我自己进点东西继续卖好了。我就对国内的朋友说你的东西在这边挺好卖的，还有没有货，他说他那里正好还有四千美元的货压在大连港，可以给我发货，这样我又拿到了三十多箱货。当时我是和人家合租房子，也没有库房，只能把货放在房檐底下。我接着就联系布里斯班各个市场，人家告诉我这个 Rocklea 市场不算太好，里面太多卖旧货的，在河边有个市场，是卖手工艺品的，我就联系了那个市场，对方说没问题，但是市场要求卖的东西第一必须是自己手工做的，第二必须是有工艺品价值的东西，我就想我的东西都是工艺品的鸟，正合适。我们周日早上 4 点多就到了，自己做了两个桌子，很容易就卖了五百多块钱。卖的时候一些老外就说这个鸟很好，但是太单一，能不能再加工一下，如找个风化的木头，或者编个柳条，让小鸟站在上面，增加自然的美感。后来我没事就去西区 MT Coot-tha 山上锯木头，在河边的市场当场给他们做，这样就卖得很快，有时候一天能卖一千多块钱，最好的时候能把市场通往河边的一条通道堵了。之后我又想，市场能卖商店肯定也能卖得不错，我就拿着样品到各个商店去推销，有人觉得不错，说这东西可以批发卖，这样我就给几家批发商供货了，同时商店也卖。

商店、批发商都卖，当时有十多家都是我在供货，这三十多箱货卖得挺好，我就可以勉强维持生活了。我就想既然澳大利亚这边工作这么难找，我干脆自己做算了，就这样周一到周五我开车到各商店挨家推销，黄金海岸、阳光海岸都去过，那时候很困难，去这些地方推销回不来，晚上就在车里睡了。差不多卖了一年多，我感觉挺有信心，开始准备成立公司，这里成立公司很简单，我是小生意，成立个无限公司，花了几十块钱办了营业执照。公司名称一直用到现在，就是Sunnylew，只是后来我给改成"Pty Ltd"了。做Business就要正规了，卖给批发商要发票、上税，一切都按正规来做。那个工艺鸟卖光后，我继续从我朋友那里进货，那时候进货规模就比较大了，但是也还没到用集装箱的程度，后来我就成了澳大利亚工艺鸟批发最大的供应商。除了工艺鸟，我还进其他工艺品，像粘在花上的青蛙，别在裙子上的蝴蝶，当时都很流行。我记得手指甲这么大的青蛙一箱一万多个，我一进都是十箱，我从大陆进是六分钱一个，商店卖一块钱，是十倍二十倍地赚。

后来我觉得总卖一个东西会感觉逐渐不新鲜，我在摆市场的时候，把我朋友从国内南方做的木玩具，像木头火车之类的智力玩具也拿去卖，没想到反响挺好。市场里有个德国人，他也卖这些木玩具，但是他真的是自己做的，一个木火车卖四十块至二百块不等，一个木制卡车也卖五六十，我的才卖十块、二十块。我卖了两次之后他就不让我卖了，我也管不了那么多，我就继续从国内进这些玩具，自己在现场喷漆，重新包装，这个木玩具生意非常好，后来才知道这是大生意。当时国内的木玩具设计毕竟很有限，我就在澳洲这边看很多资料，还在图书馆研究国外的智力火车是怎么做的，然后把图片传到国内，那时候还没有互联网，都是用照相机拍，或者自己画出来邮往国内或者发传真，然后和同事商量怎么做。这样做了几次之后，大概 1991 年左右就开始用集装箱进木玩具了，我记得那时候我住在 Toowong Miskin Street，租了两个车库，我进的集装箱根本没有库房放，就放在车库里。当时一个买我工艺鸟的荷兰老太太来我这里，看到这些木头智力火车后觉得不错，我给了她六个让她去卖，六块钱一个给她的。没过两天，她就过来要了五箱，一箱是二十四个。那时候我的任务就是占领各大市场，一个市场里只要有卖我东西的我就 OK，澳大利亚人当年最多的地方就是市场，这比商店要好得多，因为澳大利亚商店周末是不开门的，大家只能去市场。我那时候非常忙，周一到周五做批发，周六我自己到市场上去卖一天。卖玩具赚的钱就多了，我记得圣诞节一天最多卖了四千多块，我那时买了面包车，有时候拉一趟过去卖光了，回来装一车再去卖。我在市场自己卖二十块钱一个，国内批发价大约是几美元，大点的火车卖二十五，一天很轻松地就能卖二三十个火车。从那些年过来之后就觉得澳大利亚生活这么容易，我周六去河边市场，周日就去 Eumundi，但是那几个德国人垄断了市场，我只能在那里卖工艺鸟，后来觉得 Eumundi 市场这么远，自己钱也挣得差不多了，我就不去了，这样我就专卖木玩具了。

我卖木玩具的时候国际红十字会曾经是我的一个大客户。有一次我在河边市场卖木玩具，国际红十字会的人来了，觉得我这些东西很不错，他们看过我车库里的货后直接下了订单，订单很大，一个货号要了几十箱。给了他们之后我的货基本上就没了，有的甚至都不够。国际红十字会买了我的货好几年，这是个大客户，不过我给他们的价格也比较便宜。后来有人建议我去参加展销会，我参加的第一个展会是在布里斯班Entertainment Centre，卖得挺好。从那之后，我又去悉尼展销会，因为机票比较贵，我都是开车去悉尼，晚上就在Darling港的车库里睡觉，当时也没觉得多辛苦。这是我第一次去正规的展销会，整个展销会基本就三个半大陆人，除了我之外，还有一个来自北京、一个来自上海，另外还有一个嫁给白人的女性，再就没有大陆来的了，当时的市场被澳洲人占领，台湾人、香港人也比我们活跃，现在再去悉尼展销会一半都是大陆人。

到了1992年左右，我变得非常忙，也赚了不少钱，当时觉得总是租房子和车库也不是长久之计，我那时候就在Brisbane Market后面租的Self storage，有四个车库那么大，也在Kenmore买地盖房子了，可以说我是布里斯班大陆华人中比较早购置房子的人。到了1993年公司也成立了，库房也有了，我卖的东西也就不限于木玩具了，我开始做古董车，有一段时间中国做的木质老爷车非常好卖，风行了好几年，现在广交会还有卖的。我那时候只要是手工艺品、属于艺术品类的、价格又利于批发的，我全部都进，一年能进五六个集装箱。后来觉得库房太小了，并且周围都是修车的，环境不好，我就租了个有十二个车库那么大的地方。那时候生意做得大了，河边市场看我一天卖这么多，他们就开始找我麻烦，说我的东西不是自己设计和自己做的，后来闹了几次后就把我挤出河边市场了。我想这可能是老天安排吧，之后我开始走正规批发商渠道，集中做批发，大陆的什么东西好卖就进什么。

1994 年，我拿到了 PR，第一件事情就是去广交会进货，接着又跟供货商去了浙江看工厂，我这才知道原来我卖的这些玩具都是在浙江泰顺做的，我一看那里也没有车间厂房，就跟生产队作坊一样，才明白那些东西为什么这么便宜了。业务员和我到了后，当时乡书记把各家召集到村委会办公室后就开始分配任务，这家负责做火车轮子，那家负责做车厢，另外一家负责做车头，都做好后由一家负责组装，我是真没想到我卖的东西是这么来的，不过那时候木火车是真便宜，现在价格都已经涨了十倍，可以说我是见证了改革开放以来中国企业一路走过的历程。从泰顺买完玩具后就去了丽水，云和的一位老板仿照德国工艺做飞人玩具，因为专利的问题，他们在广交会上不敢卖这些飞人，我看到这个玩具非常符合澳大利亚人的审美和品位，就从他那里进货，当时批发一个价格是十二块钱，市场上疯抢，货都供不应求。

当时市场上还流行工艺船，我在广交会上认识了一位来自浙江外贸公司的汪小姐，她对我说现在市场上中国工艺品卖得最好的是木帆船，浙江工艺 80% 的订单都是做船，四十厘米的工艺船整柜进货七美金一艘。我当时就觉得这个价格这么高怎么能卖出去，但是她说这个比木玩具还好卖，整个嘉兴市光做木帆船和配件的工厂和家庭作坊都有几百家。她给我介绍了几款卖得非常好的木船，在悉尼展销会上我就把飞人和木帆船一起卖，这个船卖得非常好，一个款式六箱，一箱四个，没等一小时就卖光了。这时候我就敢跟浙江工艺订货了，都是成集装箱地订货，后来还参加墨尔本展销会，卖得好极了。

　　那个年代也不知道工艺品为什么这么好卖，也许是经济好，电费、汽油价都便宜，人们口袋里有闲钱。我那时候生意做得风生水起，木玩具卖得非常火，各大超市从我这里进货都是成卡车地订，我们自己派人去卸货，都不用上货架。生意越做越大，我的仓库也从十二个车库大的地方换租到了两千多平方米，就在 Brisbane Market 对面。后来我还卖小孩儿玩的拼图玩具 Puzzle，这个本来是给布里斯班最大的玩具批发商 Aldi Toy 进的货，我进了一个集装箱，里面有上千箱拼图，结果估计老板看进得太多，怕卖不出去就不要了。我没办法只能自己去市场卖，结果歪打正着，卖得特别好，我在市场卖三块钱一片，澳大利亚人都卖十块钱一片，后来我涨到五块，这样澳大利亚有几家公司的拼图玩具几乎都叫我包了，这也可以说是意外地赚了一笔 。拼图、木玩具、各种工艺品，再加上木帆船、其他船模型、海洋方格装饰品等，这些是我的主营产品。我那时候干劲也很足，不断开发，自行设计了很多产品，在国内开公司，《泰坦尼克号》电影出来后，我觉得这个船肯定能火，就查资料、自己设计，接着到国内去做，那时候我带着泰坦尼克号船模型到广交会展销的时候，很多外商都围上来咨询，我的船卖得特别火，几乎成为澳大利亚的"船王"了。

　　那些年我对世界工艺品市场发展潮流如数家珍，那时候没有几个中国人做，又赶上了中国改革开放的好时机，江浙、广东的工厂多，澳大利亚也没有人做，正好我赶上了。2000 年左右我做得非常火，不仅在澳大利亚卖，还开始往国外卖，有时候我在美国接了订单，就在澳大利亚发货，相当于中转一下再卖到美国。后来在上海买房子用作办公室，就往外贸方面发展，想在上海设计产品，在浙江做，然后去参加香港展销会，当时年轻，无知无畏，我做得一年比一年好。后来我在国内租的厂房不够用了，就在嘉兴置办厂房，主要就做这些工艺品。2004年左右，美国的民间工艺 scrapbook 火起来了，就是手工制作的怀旧相框、相册这样的民间工艺，所有产品都由自己开发设计、自己生产，我现在都还有样品，这个又畅销了几年。当时在广州展销会一趟下来，嘉兴的工厂至少能干半年，忙的时候雇了几百人，生意很火爆。那时候船已经不是重点了，我接触的都是这一行当的人，大家都能看出来今年流行什么，什么火我们就做什么。我就这样两边跑，差不多一半时间在中国，一半时间在澳洲。上海那边的办公室主要用于接待，客人来到上海后就带着他们去嘉兴工厂，2004—2007年生意都非常不错，特别是在广交会上，有不少客人下单。

　　这样一直到了2008年，工艺品生意就开始下滑了。做这方面生意的人也多了，我记得澳洲光做木玩具的华人开始就有几十家，再加上美国反倾销，我就彻底不做木玩具了，就专注做船，后来船也开始走下坡路了。我那时候是想做美国、全世界的生意，要看国际上哪些好卖，因为澳大利亚毕竟市场太小，要保证嘉兴那边的工厂正常运行，所以这些不做之后就想了很多，户外家具、欧洲宫廷雕花镜子这些都做过。但后来发现礼品生意下滑得很快，我们在展会上的摊位越租越大，但营业额却在下降。我就觉得不太对劲，2013年开始我就从礼品业转出来了。

　　张荣苏：您来澳洲后的经历非常丰富，也很有意思，您是如何感知到市场变化的呢？

Dony. Liu：刚开始我都不承认会出现这种状况，真正让我感觉到的是在展销会上。2011年两次大的展销会，一次是2月的悉尼展销会，一次是8月的墨尔本展销会，这两个展销会以往我们一般都雇六个人写订单，基本上从周六上午开始写就停不下来，收到一大摞订单，我们忙几个月没问题，可是这两届明显客人变少，单子不多。后来逐渐感觉产品不行了，市场产品开始变化得少了。我觉得最后几年我没做好，一是变化不够快，竞争太激烈了；二是整个大的市场不行了，人们口袋里的闲钱少了，水、电、油价什么都涨，现在再想做只能看不能用的装饰品，像拼图、火车之类的肯定不行，再说现在儿童也不玩这些东西了，都是玩iPad、电子游戏，整个概念都变了。

张荣苏：现在转行后您的公司主要做什么？

Dony. Liu：我现在做的东西比较多，主要是大宗的货物，主要是建筑材料、铝型板、铁件材料、栅栏、建筑工地围栏、商用货架等。这些仓储设备、家里用的围墙、农场用的围牛、马栅栏，这个量很大。

张荣苏：您当初为何会想到转向建材和仓储设备生意？

Dony. Liu：这么多人总要开工吃饭，到现在我们还没解雇过谁，工作人员一直都比较稳定，像布里斯班这边的经理都在这里干了八九年了。这么多雇员在这里，营业额下滑了，怎么活呢？这肯定要想办法。并且这个潮流你能感受到，我感觉到的时候都已经晚了，其实应该再早一点儿转行。别人问我为什么能做到现在这个程度，我说如果早年来澳大利亚能找到工作，我就不会做这个了，我就老老实实打工了。

张荣苏：这些建材还是从国内进的吗？

Dony. Liu：大部分都是从国内进的，近几年也从东南亚进很多。国内嘉兴那些做船的工厂在 2008 年之后基本倒闭了，我现在国内的工厂主要作为中转站。因为我进的都是一些铁的东西，量比较大，从南方订货后到江浙的工厂重新包装、贴标签、检查质量。我的货全是从国内发的，但是去年澳大利亚当地企业告我们倾销，这是大宗产品，一年上百万的贸易额，现在澳大利亚跟着美国与中国进行贸易战，前段时间对我们铁件产品征收 109% 的关税，我现在只能在东南亚重新找工厂，跟他们谈合作、出设计、开模具、重新做检测，这个产品做检测非常贵，一样就要四万澳币，但也没办法。

张荣苏：您的产品主要是在澳大利亚销售吗？

Dony. Liu：以前做工艺礼品的时候也卖往周边岛国和美国市场，我往南太岛国卖礼品，主要是工艺船，这个比较符合他们的文化和审美，澳大利亚所有水上博物馆、黄金海岸的 Sea world 和电影世界里的船都是我卖给他们的，那几年做得风生水起，感觉澳大利亚机会太多了。后来工艺品生意不做了，现在这些铁的东西主要在澳大利亚卖，我发现这边的市场也可以。以前礼品生意毕竟有限，但现在卖的这些建材、铁、铝材、栅栏、货柜只要你开工厂就得用，再加上澳大利亚农场也很多，围牛、围马都得用，这个量非常大，我们现在做的东西种类很多，根本做不过来。我现在进货量比以前开工厂时大得多，我在墨尔本那边还有个库房，比在布里斯班的库房还要大。

张荣苏：现在您的公司规模有多大？

Dony. Liu：现在大约营业额八位数，雇员几十个，华人和洋人雇员都有。

张荣苏：中澳在政治、经济上的关系对您的生意有什么影响吗？

Dony. Liu：影响非常大。上个月政府以反倾销的名义，对凡是从中国进口的钢架产品加征109%的关税。我们前几天和墨尔本几家大的公司联手起诉政府，就这个关税问题申诉了很长时间。前段时间墨尔本的一家公司一个订单有11个集装箱，就因为反倾销进不来，后来中转越南，从越南往澳洲进。这种情况对国内的企业很有影响，对国内的企业打击很大。别看澳大利亚国家小，但订货、购买有持续性，订单在量上虽然不如美国，但只要谈成合作，他会一直跟你买，很持续。现在中国的工厂也跑到越南了，如和我合作的国内南方、广东几个大公司都在越南开始买地建厂房了，他们一搬厂，我的产品就要重新做检测，这都是很大的花费。我和中国的工厂合作已经做得很成熟了，但没办法。另外，我们也很关心贸易战，这个毕竟涉及我们的切身利益，如果中国经济不好，工厂都倒闭了，我们跟谁去买？甚至到现在这种情况，我们还是坚持从国内江浙、安徽、广东的一些工厂进货。我们也联合澳大利亚几家做同一行业的公司，希望通过法律手段把他们所谓的反倾销取消掉，实际上我们也没倾销，投诉告状的是土耳其公司，他们干了三十几年，我们才入行不到十年他们就竞争不过我们，因为他们太贪心，卖得贵。

张荣苏：您在国内珠三角、长三角地区都有合作企业，您是如何找到这些合作企业的？

Dony. Liu：很多都是他们找到我们的，有的是在广交会认识的，有的是他们来澳洲展销认识的，现在互联网也很方便，大家可以互相找合作伙伴。我们找合作伙伴一定是要找原工厂，不找中间商，我们的货必须从原工厂进，直接和工厂联系，这样好沟通，而且也快。我们到他们工厂去参观考察的话，一般都是老板去广州接，然后去订货，订完货就直接走了，有时候连饭都不吃，紧接着就去下一家，很简单。我现在去得少了，都是业务员去越南、柬埔寨、马来西亚。

张荣苏：您觉得与东南亚国家合作和与中国合作有什么不同吗？

Dony. Liu：马来西亚这个老板也是华人，在贸易战之前他竞争不过中国的企业。他们的价格比我从中国进的价格贵，但再贵也不至于贵 109%，所以现在只能转到他那里了。跟东南亚人做生意问题一是他们速度太慢，他们有宗教信仰，遇到节日就不做了，我们订的一些产品按道理顶多一个月就能出货了，但他给我们做六个月了；二是他们胆子小，而且不够灵活，像超市里的商用产品我们在国内做，一个电话对方就明白怎么做了，到了东南亚那边要沟通很久。要不是有贸易战我根本不会和他们做生意。

张荣苏：有没有想过怎样改善这种贸易环境？

Dony. Liu：作为一个商人来说我也改变不了，只能这里不行就去那里吧。

张荣苏：现在中国政府推行"一带一路"，您作为跨国贸易商人对此有什么感受吗？

Dony. Liu：第一，我们不参与政治，我觉得我们现在生意做得好还是靠祖国，没有中国改革开放我们也做不起来，你看我们现在进口、经销的都是中国货；第二，这个"一带一路"主要走向的是几个"斯坦"和非洲，我从2000年开始每年都参加展销会，一年都能参加十几个，来自世界各地的商人很多，非洲来的根本都没有订货的，真正的大订单都是来自欧洲、美国。比如，我们当时订货往美国卖，只卖一家Hobby Lobby，这是美国最大的工艺品连锁商，那时候光Hobby Lobby就跟我们订上百万的货，还跟美国的Target、J.C.Penney、沃尔玛这些公司做生意。我没跟非洲做过生意，他们一是不下订单，二是付款也不好。

张荣苏：从文化心理上来说，您觉自己得有没有融入澳洲社会？

Dony. Liu：我觉得我没有完全融入这个社会，我整天忙忙乎乎全在生意上，我是个工作狂，所有兴趣都在工作上。我现在每天还去公司，虽然也没什么要我干的，但新产品开发还是要管，订货、付款这些还是要我做，整个行业情况我还是要不断学习充电。我在这里没什么政治远见，说怎么爱这个国家之类的一点都谈不到，就是谋生，同时能证明自己，毕竟从刚来的时候什么也没有，两手空空，看到一切都是通过自己努力挣的很有成就感，我是澳洲籍，但我一直认为我是中国人，一直深爱着自己的祖国。我是中国人这点是肯定的，在展销会上如果有人说中国不好我们就要问他中国哪里不好？现在中国和我们当时来这里的时候完全不一样了，中国人在这里成功的很多，像这边做电商这一行的大部分都是中国人，我们经常接触到这些人，如在墨尔本有一家营业额上亿澳元的电商，做得非常成功。①

张荣苏：您觉得为什么华人会占领澳洲的电商领域？

Dony. Liu：一是背靠祖国，借国内改革开放的好时机；二是他们接受新生事物快，胆子大；三是商品种类多，就没有不卖的东西，他们现在最大的一块是卖办公家具、桌椅。我们其实也是做电商、物流，雇几个人专门做线上生意，我们有的订单是网上接的。展销会我们也在做，这个礼拜我们就到澳洲最大的悉尼农产品展销会去，两百米的摊位，但主要去做宣传。不过一些大的订单还是靠传统的合作商谈，这些是老顾客，他们和我们合作了几次后觉得挺好就一直在我这里买。

张荣苏：您的市场嗅觉非常敏锐，您是如何做到时刻了解市场走向的？

Dony. Liu：这是这么多年练就的，在澳洲当老板不像在国内，用不着和政府搞关系，但必须务实，什么都得会，忙时也得跟着做，在这边搭台、摆展会、卸集装箱什么都做。我在下面做的时候经常能感觉得到商业的气息，现在市场行不行大致一看就知道了，还有这个人到我们公司来，买不买东西一看大致也知道。我今天给你讲的就是个大致的脉络，我卖一个产品就是一个故事，这些年国内浙江、江苏大的工艺品公司的产品销路是怎么走过来的，我都经历过，可以说我见证了中国改

---

① 这家电商是 Oz Plaza，它是 New Aim 公司在 eBay 上的店名，公司老板是两位华人合伙人，36 岁的 Werner Liu 和 37 岁的 Fung Lam。New Aim 公司在网上出售床垫、组装家具、链锯和玩具等各种商品，在 2018—2019 年收入为 1.8 亿澳元，其中约有一半来自 eBay，另一个重要收入也是来自著名的电商平台 Catch。在 2019 年的《澳洲金融评论》青年富豪榜上，两名创始人每人的财富都超过 1.4 亿澳元。New Aim 现在在墨尔本有 5 个仓库，共 5.5 万平方米。

革开放以来乡镇企业的发展历程，也见证了中国贸易如何走向世界。现在这些工艺品公司都不行了，他们也都不做了，浙江原来几百家做工艺船，现在可能一家都没有了。

张荣苏：您了解现在浙江这些工艺品工厂、企业都转做什么了吗？

Dony. Liu：他们都改行了，有的去投资地产，有的去开矿了，有的回家养老了，我认识的几个比较大的老板有去做家具、也有去做门的，反正都有事做。我以前合作的一个做船的老板，那时候他的船卖到全世界，一年能销售几个亿，现在不做了，有好几家4S店。这些人都是中国改革开放后富起来的，他们以前有推销领带的，有拎着包贩卖铅笔刀的，还有是在工地上搬砖的，基本上都没有什么文化。在改革开放以后，他们对金钱的意识很强烈，也非常聪明，他们也没什么大道理跟你讲，但是在实际工作中只要图纸一画，他们就明白是怎么回事，也知道你想要什么。我是东北人，但大学一毕业就离开了，后来开工厂都是在南方，我现在在安徽也有一些工厂，因为浙江那边人工贵了，就挪到安徽了。现在也不仅仅是贸易战的问题，而是整个中国经济在转型，20世纪70年代中国台湾地区和日本也都经历过这些。

张荣苏：最后请您根据自己的经历，谈谈您对澳洲社会的认识？

Dony. Liu：作为在澳大利亚的华人，刚来的几年我们都觉得挺困难，后来觉得澳大利亚这个国家其实挺好，自然环境好、人际关系简单、生活相对容易、机会均等，机会还很多，就看你弯腰怎么捡，只要你聪明，敢于承担风险，你没过好，没挣到钱，不要怪别人，怪你自己。我接触到那么多成功人士都是这样，我认识的一个墨尔本华人，是河南人，维多利亚州长亲自给他发奖状奖励他的贡献，他在墨尔本做Fence，就是工厂用的那种黑色的围栏，一年能赚上千万。他就很能找到商机，像一般卖栅栏、篱笆就是供货，但是他还亲自上门去安装，在安装的时候他发现没有人做那种自动铁门的生意，他就开始做四米、五米、六米宽的大铁门，接着又把自动铁门的马达也做了。他最初也是进口Fence，后来直接从当地别人那里买了，我们给他供货，他去安装，现在他就只做这个门和马达，做得很成功，但也付出很多，很辛苦。在这里只要你努力，都可以成功，都有机会实现自己的梦想。

（访谈整理：张荣苏）

编者按： 通过对刘先生的访谈，我们看到在20世纪80年代出国潮中走出国门的大陆移民在海外为了生活不断地奋力打拼。刘先生从事的中澳贸易经历了数次商品更迭，他也见证了改革开放40多年来中国制造业，特别是江浙小商品制造业的发展历程，刘先生凭借敏锐的商业嗅觉，每次都抓住了转型的机会，从而获得了商业上的成功。

皇家布里斯班与妇女医院基金会筹款经理
杨弘访谈录

访谈时间：2020 年 1 月 10 日

访谈地点：布里斯班 Runcorn 杨弘家中

访谈方式：面对面

访谈人：粟明鲜、张荣苏

受访人：杨弘

受访者个人资料：

杨弘：女，祖籍山东莱芜，1959 年出生于广州，毕业于广州中山大学，1989年 3 月赴澳留学，后定居于昆士兰州布里斯班市，曾任布里斯班第一份中文周报《昆士兰华商周报》创刊编辑，现任皇家布里斯班与妇女医院基金会筹款经理（Royal Brisbane and Women's Hospital Foundation）。

访谈记录：

张荣苏：在布里斯班有新、旧两个华人社区，位于市中心附近的华丽区（Fortitude Valley）的老中国城的中国味道已经非常淡了，反而在布里斯班南区的新利班（Sunnybank）非常热闹，华人新移民到布里斯班后也主要聚居在此，形成了新的华人社区。您曾在华丽区的华丽商会工作过，请谈谈新、旧华人社区经历了怎样的发展历程？

杨弘：华丽区老中国城的兴衰与布里斯班城市的发展是密切相关的。Fortitude Valley 这个名字来源于一艘船的名字。1848 年，一位名为 John Dunmore 的医生向当时管辖布里斯班的新南威尔士政府递交了一份申请建立新移民点的计划，但 Dunmore 医生未待计划获批，便迫不及待地返回英国组织了一批手工艺人、小商贩和农夫来澳拓殖。当第一艘载着英国自由移民的船只在 1849 年 1 月抵达莫顿湾时，却被告知 Dunmore 的计划未被批准，无法在市区落脚，这批移民只能沿着布里斯班河而上，在靠近城市的地方登岸，然后他们中有些人从土著手里买了一些地，在 Breakfast Creek 附近非常荒凉的地方开垦种地。这些英国自由移民在这块地方建房子、做小生意，慢慢地就形成了小村落，并以载他们来这里的船 "Fortitude" 命名该地，所以这块地就被称为 Fortitude Valley。但是华丽区一直发展非常缓慢，直到 19 世纪 80 年代才迎来了发展转机，有两个人对华丽区发展的影响非常大。一个是 Beirne 先生，他在布里斯班南区的 Wooloongabba 经营羊毛和百货商店，但是 1889 年的一场大火将他的生意化为灰烬，两年后他在华丽区重建 T. C. Beirne 公司，并且生意非常成功，因此吸引了许多商家在华丽区陆续开业。另一个关键人物是 McWhiter 先生，他在 20 世纪二三十年代来到澳洲，最初在 T. C. Beirne 公司任经理，后自立门户，并以自己的名字作为其商号的招牌。先不论他对华丽区后来发展成为一个繁荣的商业中心贡献有多大，但他对华丽区的影响却一直持续至今。1912 年 McWhiter 先生在 Wickham 街和 Brunswick 街的交会处新建了一座大厦，此后不断扩建，形成我们今天看到的 McWhiter 大厦，除了最近十年新建的高楼以外，McWhiter 是华丽区最壮观的商业楼宇。

华人来布里斯班要到澳洲淘金热消退以后了，并且他们最初落户的地方也不是在华丽区，而是在市中心的 Roma 街、Albert 街和 Queen 街，主要经营家具店、餐馆、洗衣店。在20世纪20年代初的时候，因为"白澳政策"和排华运动，华人的日子越来越难过，生意也受到冲击，他们就往华丽区迁。"Valley"这个单词广东人读起来像"华丽"这个词，所以华人就叫这里华丽区了，亦即布里斯班中国城所在地。但是这个时期华人在华丽区主要经营果栏（水果批发商店）、洗衣店、餐馆，规模都很小。"二战"之后，华丽区的华人商业才有了大的发展，当时许多在布里斯班的美国大兵喜欢中餐，还有一部分澳洲军队去过亚洲作战，对亚洲食物也有了了解，他们携带家人亲友到中餐馆吃饭，这样华丽区的商业进入了一个新的发展时期。1949年之后，不少香港华人移民到布里斯班，还有一些在战争中服役的华裔水手也没有回去，留在了当地。进入50年代后，因为"科伦坡计划"，一批东南亚优秀华裔学生留了下来，这些人都是精英，但是总体来说规模都不是很大。华人大批来昆士兰是70年代之后了，20世纪70年代首先是大批越南华裔逃难来到了这里，随后是80年代中国台湾地区的商业移民，随着越来越多的中国香港、中国台湾和新马地区的华人进来，华丽区的华人商业也为之大振。当时布里斯班的郊区没有发展起来，想吃点儿好东西、购买亚洲食品和消费还是要去中国城。曾经所有大的零售商在华丽区都有商店，在当时那里算是布里斯班第二大商业区，而且除了百货零售以外，还有汽车零售店，所有大品牌的汽车都能在华丽区找到销售店。再加上华丽区离市中心很近，交通很方便，火车、船、有轨电车都经停那里，从布里斯班市南区和市中心到机场都要经过华丽区，所以 20 世纪 70—80 年代华丽区还是非常繁荣的。

但是随着城市郊区化的发展，特别是 20 世纪 60—80 年代，汽车普及到家庭，人们从市中心向外迁徙，布里斯班的老城区就在逐渐衰退。与之相对应的，布里斯班郊区的购物中心，如 Garden City 这些购物中心都慢慢发展起来，人们在当地就可以购物，不需要再去市中心或者华丽区消费了。在 20 世纪 90 年代，新利班还不能和华丽区平分秋色，但进入 21 世纪以后，新利班发展就比华丽区快很多。虽然现在华丽区也很发达，但是除了汽车零售以外，那边已经没有大零售了。我们 90 年代初刚来的时候，华丽区中国城里各种大型的超市都还是有的，现在只有小零售了。我们现在也很少到华丽区去，虽然有火车、公交车可以到，但不如自己开车方便，而那里的停车费太高了。我 1995 年开始在华丽商会（Valley Business Association）工作，在那边工作了三年，停车费是一天三块五，现在一天至少四十至五十块。

张荣苏：所以布里斯班华人社区的发展变迁与布里斯班城市发展以及华人社会的变化有着密切的联系。华丽商会曾是华丽区一个重要的组织机构，请您具体介绍一下华丽商会。

杨弘：进入 20 世纪 90 年代后，随着布里斯班城市的郊区化，内城区的居民外迁，再加上新型购物中心在郊区设立，前来华丽区购物的人大大减少，根据当时人口普查数据，在 1991 年，华丽区只有 1300 多名常住人口。许多商家也纷纷清盘走人，当时华丽区平均每月都有一家小生意倒闭。区内的建筑物由于年久失修，显得破败不堪，市面冷清、区内的阴暗势力也开始抬头，聚赌、酗酒闹事、吸毒、抢劫等事件时有发生。所以这时候政府发现郊区的路铺好了，房子建起来了，但是老城区越来越破败，并且整个城市发展很分散。在这种情况下，政府计划对老城区进行改造和重建，以加强城市的凝聚力。1991年，市政府将华丽区纳入重建东北内城区计划，华丽商会也在此时应运而生，于1991年成立。

华丽商会的主要职责是协助市政厅与华丽区不同族群的商家进行沟通，同时进行推广宣传，提高华丽区的商业吸引力。华丽商会的会员是由来自不同族群的商户组成的，只要你在这个区有商铺或者办公室，就可以成为华丽商会的会员。然后由会员选举出一个十来个人组成的常设委员会，并推举一名会长维持和管理华丽商会的日常运作，即指导三位受薪雇员的工作。华丽商会的运作，包括我们员工的工资都是市政厅提供财政支持的，而市政厅的钱又来自华丽区商户缴纳的一种叫promotion levy（推广宣传税），所以我们华丽商会最主要的职责就是搞活动、吸引更多的人来这里消费，创造更多的收入。市政厅在华丽区有办公室，并且还派两名员工和我们一起工作，他们主要负责收税之类的管理工作，但并不干涉华丽商会的工作，我们也不用对他们负责。

早期的时候华丽区华人比较多，1987年在华丽区正式建了中国城的牌坊，以配合次年在布里斯班南岸区举办的世界博览会之需要。布里斯班华丽区的中国城与悉尼、墨尔本的不一样，它们是华人聚居在此，然后逐渐形成了唐人街，但是华丽区却是按照图纸建造的。1995 年在老城区改造时，市政厅为了吸引更多的游客和消费者，邀请华人专家重新设计和改建华丽区的中国城，加建了后门牌坊、假山流水、和一个可充作舞台之用的美轮美奂的大花亭。当时的布市中国城曾被誉为世界上最美丽最干净的中国城。在 2000 年以后，政府又改建过两次，但不知道为什么反而里面的中国味道越来越少了，虽然也有一些活动，但数量和质量都在下降，如有一次中秋节活动居然把中秋节的日期搞错了。这可能与华人新移民更倾向于在新利班周围聚居，而华丽区族群越来越多元化有很大关系吧。

通过市政府的改建计划，内城区又焕发了生机，现在我们看到在市中心以及 Valley、Kelvin Grove、Southbank 这些内城区有很多公寓，这都是最近十几年建起来的。随着城市发展和转型的完成，华丽商会的使命也告一段落，我 1998 年离开华丽商会，2008 年还能听到华丽商会的消息，2010 年后就再也没有它的消息了。

张荣苏：我们都知道西方的慈善事业非常发达，您在皇家布里斯班与妇女医院基金会工作多年，之前还组织筹办了 Butterfly Ball 慈善活动，这是布里斯班华人参加的一个重要慈善活动，请您介绍一下这个基金会以及布里斯班华人的慈善事业状况。

杨弘：澳洲的慈善机构或者叫非营利机构将近六万个，但真正有资格开可退税捐款收据的只有五千多家，在这五千多家慈善机构里排名前二十的有十一家是大学的基金会，七家是宗教组织。澳洲人捐款最喜欢捐给宗教组织，其次是国际组织，排在第三位的就是医疗机构，平均每人捐款七百多澳元。

在澳洲每一个医院和学校都有基金会，大部分都是在 20
世纪 80 年代和 90 年代成立的，像大学和中学都有自己的基
金会，现在很多大的公司也有了。我现在工作的基金会是皇
家布里斯班与妇女医院基金会（Royal Brisbane and Women's
Hospital），简称 RBWH，这是 2003 年昆士兰两家大的医院
Royal Brisbane Hospital 和 Royal Women Hospital 合并之后成
立的。我最初是在 Royal Women Hospital 基金会工作，它成立
于 1985 年。至于 Royal Brisbane Hospital 的基金会，大约也
是在 20 世纪 80 年代中期成立。所以现在我们在追溯皇家布里
斯班与妇女医院基金会成立时间的时候一般就采用 1985 年这
个时间点。

基金会成立早期没有华人参与其中，直到 1995 年才有华
人加入。1991 年，医院从墨尔本引进了一个国际知名的产科
专家 Paul Coldiz 教授，他过来后就在 RBWH 成立了一个围产
期研究中心（Perinatal Research Centre），这个中心是由医院
和昆士兰大学医学院联合成立的。Coldiz 教授的项目最初得到
了政府的资金支持，但是几年后没有经费了，Coldiz 教授就向
他的马来西亚华人同事求助，希望能够找到人资助。于是这位
医生就找到了同样来自马来西亚的杨忠勇博士。杨先生早年在
马来西亚做建筑业非常成功，20 世纪 80 年代中期商业移民澳
洲，他人也非常慷慨，热心公益。后来就给这个研究中心提供
资金支持，医院的基金会也因此和杨先生熟识了，并邀请他加
入成为基金会理事会的理事（所有理事皆为义务工作者，不受
任何薪资）。1996 年，来自印度尼西亚的华人卢姝锦女士也加
入了基金会理事会。杨先生和卢女士动员了二十七位来自东南

亚比较有钱的华人来支持这个项目，主要都是他们自己的亲戚朋友，每人每年为这个项目至少捐赠一万澳元，为期三年。这个项目就这样维持了下来。到了 1998 年，有位当年通过"科伦坡计划"来到这里的马来西亚妇科专家邱思吉教授，同时他也在昆士兰大学医学院任教，计划做一项针对 40 岁以上妇女健康状况的跟踪研究，研究期限是五年，这个项目也需要资金支持。由于之前资助的围产期研究获得了很大成功，杨先生和卢女士对这个项目也很有信心，他们就扩大募捐范围，设置了一个为期五年的捐助项目，参与此捐助项目的捐助者，每人每年捐款一千至一万澳元不等。这个项目里佛光山的信众帮了很大忙，他们把自己更多的亲戚朋友拉进来，其中还有很多是当地白人，主要是一些会计师、律师这些中产阶层人士，也有一些商业机构和社团组织。

在 20 世纪 90 年代，华人踊跃参加慈善活动其实并不多，我们就想怎样才能让更多的人知道这个项目并参加进来？最后大家决定搞个筹款活动，让社会上更多的人知道这个项目，就这样在 2001 年举办了第一届 Butterfly Ball（春蝶舞会）。选择"春蝶"这个名字是因为它是一个很美丽的生物，当它老去后会变成虫茧再重生，会更美丽。而邱教授进行的这项中晚年妇女健康跟踪研究，也是希望能探索知道是何时何种原因致使妇女开始老化，这种老化过程能否延缓，避免或减轻妇女因老化所带来的一系列问题，所以就给我们的慈善活动取了 Butterfly Ball 这个名字。到现在这个慈善活动已经办了二十年了，中间有两次中断，2001—2005 年做了五年，2006 年、2007 年没做，因为当时项目已经完成了。2008 年时，Coldiz 教授又找过来，希望我们继续支持他的关于早产儿与病婴脑部救治与康复研究。由于这个活动最早是由华人发起的，所以它的筹备委员会成员也大部分都是华人，而后来活动中断了，当 Coldiz 教授再找来的时候，筹委会里虽然仍有一些华人参与，如我仍在那里工作，但是筹委会里的华人已经不多了，所以我们就找了一个当地的白人做筹委会的负责人。她曾在我们医院里生了一对早产的双胞胎，得到很好的救助治疗，对医院深怀感激之心，对宣传和支持院方相关活动总是倾力参与。因其既热心，又有经济和管理能力，也带动了很多当地的白人支持这个项目。大体上说，因为筹委会成员的变化，他们找的人际圈子肯定也就不同了，所以你那天参加 Butterfly Ball 活动看到很多白人，但其实还是有很多华人参加的。

这边华人比较活跃的基金会除了皇家医院基金会外，我知道的还有 Mater Hospital 的基金会。我们医院和中天寺的关系比较好，Mater 医院则与慈济会的关系比较密切。慈济会也是台湾地区一个很有影响力的佛教组织，同时也是慈善组织，他们在台湾地区有慈济医院。在这里他们也秉承了这个传统，慈济的会员和筹款主要是支持医院。台湾地区有几个比较大的宗教和慈善团体，佛光山、法鼓山和慈济会影响力都很大，他们主要是支持医院和学校。与西方类似，宗教组织和医院、学校都有密切的关系。香港移民也有捐助当地学校和医院的，大陆来的移民也有，但相对较少。我认识的，长期支持慈善机构的有黄勇的"勇地产基金会"，他们的基金会为中国的地震、水灾筹过款，在布里斯班"勇地产基金会"资助过我们医院的多种项目。不仅支持我们医院，他们还资助导盲犬基金会，及青少年戒毒中心。

张荣苏：我在上次举办的 Butterfly Ball 做义工，参加完活动后觉得这种筹款方式的成本花费其实很大，去掉成本后能有多少款项用于实际的资助中？感觉活动更多的是社交功能，您怎么看待这个问题？

杨弘：这次总共筹款有十几万块，但是要去掉成本花费，真正到手的、能给医院研究用的也就四万多块钱。其实这种慈善活动的意义除了筹款以外，更重要的是把我们的形象推出去，让医院和社会建立联系。早期的活动筹款经济目的更多一些，现在更多的是在社会影响力方面，如果不办活动的话别人不知道你有资金需求，你要告诉别人你是谁？你在做什么？每年都要到市场上去 show 一下，活动的社交功能是非常必要的，你的影响力有了，就会有后续的筹款。从效益上说，举办 Gala、宴会这样的活动确实并不是最好的筹款方式，现在线上筹款反而更好。

我之前看过数据统计，澳洲的 Fundraising Industry（慈善筹款行业）一年总额可以达到 135 billions，但是只有 8% 是社会筹款，一半以上还是政府给钱。为什么政府愿意给钱？因为这个行业的就业人口占澳洲就业人口的 10%。实际上，澳洲 94% 的社会慈善筹款是由 6% 的澳洲基金会或者慈善机构筹到的，也就是说虽然慈善机构很多，但是能筹到钱的并不多。政府允许这种现象存在，因为要保证就业率，在这一行业就业人员数量达到 1.3 million，这还不包括数量众多的志愿者，仅拿薪酬的就业人数就有这么多。

张荣苏：您刚说中国台湾地区来的华人在这边参加慈善活

动比较积极，香港也有不少慈善团体，很多人说来自中国大陆的华人不热衷做慈善，您怎么看待这个问题？

杨弘：我觉得这是因为他们接受的教育和大环境不同造成的。我们来这里有三十年了，算是比较早的一批大陆来的移民，但是这批人里有钱的并不多，经过三十年奋斗也就是个小康之家，温饱不愁而已。真正有钱的人是 21 世纪进来的商业移民。他们是抱着什么样的心态移民这里的？是仅将移民当成跳板，坐完移民监，拿到身份就回去，还是想真正融入当地社会？还有他们在国内接受的是什么样的教育？这些都与他们愿不愿意做慈善有关系。中国人的传统理念是救急不救贫，我了解到的国内慈善机构、筹款活动大多数是为了某一个紧急的事件，如发生一个灾难的时候会有人捐款，或者有人重病的消息发出去后也有人捐款。但是在澳洲这边，80% 的成年人终生都在持续做慈善捐款，或是参与义工服务。我觉得这更多的是一个教育理念的问题，比如，中天寺，我很欣赏的一点就是它在"施与受"的问题上做得非常好。我困难时接受了别人的馈赠和帮助，当我有能力时，我也要施舍出去，再帮助其他有需要的人。人要懂得感恩，要懂得回馈社会，关心他人，才会让人感觉到人间的温暖与美好。中天寺现在正在扩建二期工程，它其实是非常需要钱的，但每年浴佛节它仍然坚持捐两万块钱给当地的三四个慈善机构，我们皇家医院基金会就是其中一个，已经作为它的受益机构十九年了。

张荣苏：我觉得这可能还与中国一直是一个大政府的国家理念相关，如您刚刚提到的医院研究项目，在国内政府和医院都会有资金支持，很少向社会募资。

杨弘：澳洲这边研究项目政府也投钱，但是在项目刚开始的时候很难拿到经费，要等到你研究的东西在国际知名刊物上发表了几篇文章，有了一点儿回响，政府才愿意投钱。为什么各个医院都有自己的基金会？因为政府给医院临床研究的投入不多，但给基础研究投入多，所以昆士兰医疗研究院就能拿到大笔的政府经费，而我们医院的医生、护士、研究人员想做研究，那就要等到有前期成果后，才能从政府拿到经费，而在这之前，就要靠医院基金会去筹款支持。

（访谈整理：张荣苏）

编者按：杨弘女士是粟明鲜老师的夫人，她在布里斯班参加和组织了很多社团、慈善和宗教活动，与来自不同地区和国家的华人都熟识，正是通过她的介绍，我才有机会访谈到多位不同来源地的华人。也是因她的推荐，我很荣幸在皇家布里斯班与妇女医院基金会的 Butterfly Ball 筹款晚宴中做义工，卖 Raffe，亲身参与了澳洲社会活动。通过对杨弘女士的访谈和社会体验，我对布里斯班华人社会有了进一步深入的了解和认识。在此对粟老师夫妇表达真挚的谢意，非常感谢在布里斯班时他们对我的帮助。

中 篇

20 世纪 90 年代移民澳大利亚的华人

昆士兰中国人协会会长陈帆访谈录

访谈时间： 2019年7月22日

访谈地点： 布里斯班Sunnybank Hills陈帆家中

访谈方式： 面对面

访谈人： 粟明鲜、张荣苏

受访人： 陈帆

受访者个人资料：

陈帆：男，1957年出生于新疆乌鲁木齐，1991年移民澳大利亚，曾在昆士兰政府矿业部和布里斯班市政府工作，后从事矿山设备和演艺咨询工作。澳大利亚昆士兰中国人协会创始人之一，曾获澳大利亚联邦政府颁布的"澳州联邦建制百年勋章"，以表彰其对澳大利亚多元文化社会发展的贡献，现为昆士兰中国人协会会长，每年组织筹办"布里斯班中华文化艺术节"活动。

访谈记录：

张荣苏： 请您简要介绍一下为何会选择移民澳大利亚。

陈帆： 我是1991年1月份来澳大利亚访学后留下来的。我们家是1949年王震的部队解放新疆的时候跟着过去的，然后定居在那边，我也出生在新疆。我出来之前在新疆环保局工作，当时已经是科室主任了，也算是重点培养对象，来到这里后在格里菲斯大学做访问学者，主要从事生态环境方面的研究。那时候看到很多人出国，我也有了出国的想法，就争取一下去考了英语。当时考英语是准备走美国的一个留学合作项目，但后来项目取消了，国家就说你们可以去其他地方，就这样我选择了澳大利亚。所以没有什么特别原因非要来澳大利亚，只是因为形势的选择就来到这儿了。我在格里菲斯大学水生生物系做生物系统研究，项目做完后我又拿了奖学金，在格里菲斯大学读研究生，做的研究题目就是环境与人口。我在国内是新疆大学生物系毕业的，后来在环保局干了十年，到这里又研究环境，所以也没有离开老本行。

张荣苏： 从格里菲斯大学毕业后您在澳洲做了哪些工作？

陈帆： 毕业后我就去了州政府矿业部，当时昆士兰新的环保法颁布后，需要增加一批新的环境官员来执行，我去申请这个工作就被录用了。我觉得我能成功拿到这个工作有两个原因，一是我有这边相关专业的学历；二是我在国内一直在环保局工作，有这方面的经验。虽然我大学学的是生态，但当时生态环境问题在国内还不是很受重视，所以我们一毕业大部分人做的都是工业环境保护，像污染、治理、评价之类的，而这正是这边需要的。而且我在国内的研究项目得过自治区一等奖、国家二等奖，他一看你的 Qualification 和 Background 是绝对够的，但如果你没有这边的学位，你也很难拿到，正好我在这边格里菲斯大学毕业了，当时面试的时候我还是相当有优势的，就这样拿到这个工作。

张荣苏： 您在州政府里面工作了多长时间？后来为什么想到辞去稳定的工作而选择去创业？

陈帆：从1995年开始，我在州政府里面做了将近三年。后来我又回到布里斯班市政府，因为在州政府矿业部要经常去很偏远的地方出差，那地方是昆士兰最大的矿镇Mount Isa，在西部靠近达尔文，很荒凉也很热，镇上有将近三万人，但出了镇子开车几个小时都见不到人和城市。干了几年后，大概1997年，我就申请换工作回到布里斯班，在市政府也是做环保，做土地污染方面的工作，主要是管理市政府所有的污染土地治理、开发项目的土地污染评估，所以还是很有权力的。我在市政府工作的时候有两个身份，一个是政府雇员，level是六级，算是高级公务员了；另外一个身份是华人社区领袖，所以一些与华人有关的活动市政厅也都请我去，如接待国内来的代表团，我都是以中国人协会负责人的身份被邀请的。在市政府做了七年后我就辞职了，变成了自谋职业者。

辞职的原因还是我不安分吧。当时不安分，所以从中国跑到澳洲来了，后来也因为不安分，又从有铁饭碗变成一个靠自己去挣生活的人。主要是生活太平静，每天早晨可以一眼看透你的生活，朝九晚五，每天坐Train去city上班，然后再坐Train回来，这一生都在面对同样的人、做同样的事，一直做到退休，很平淡，但也很稳定，没有什么risk，我觉得人还是需要有些挑战，所以就从市政府辞职了。

张荣苏：您辞职后尝试做了哪些工作？

陈帆：我尝试过很多工作，但基本上有两大块。一块是与矿山有关的业务，包括矿山设备、投资咨询之类的。我们和国内以及澳洲的企业都有协作关系，我们目的是做个"黏合剂"，把双方嫁接在一起。根据澳洲的需要去国内寻找合作伙伴、市场，如徐矿集团、徐工集团、山东济宁的山推集团、兖矿集团，这些我们都去过。最早的时候我们是想把澳洲这边比较先进的设备介绍到国内，当时我们代理了昆州政府非常先进的瓦斯监控技术。在昆州最后一次矿上瓦斯爆炸事故之后，政府进行了很严格的立法，并开发了整套的瓦斯监控体系和系统，不仅包括设备，还包括管理技术和整个人员培训，这是一整套的管理体系，此后昆州三十年再也没有因为瓦斯爆炸死伤过一个人。我们代理的是昆士兰矿山安全与检测中心（Simtars）的项目，这是昆士兰州政府的官方机构，这个矿山检测中心在矿山安全方面是世界领头羊，行业内的人都知道它。所以别人一听说你代理的是这个中心的项目，人家就没有什么疑问了，会非常信任你。

张荣苏： 根据您的了解，中国这方面的设备并不比澳洲的好，能打开这边的市场吗？

陈帆： 中国的设备肯定不如澳洲的好，但是中国的设备便宜，而且出货速度还很快。我们从下单到最后拿出来是六个月，澳洲这边如果买美国的设备要排队，大概要等两年，而且非常贵，美国一台设备能买我们三台。但是这个生意也很难，井上的东西还好，但要是井下的设备都要有井下认证，它有一整套的防爆体系，澳洲这边对安全管理很严，你要拿到他的安全防爆证书要很长时间，所以我们只做符合这边标准的设备或者设备的某些部分。举个例子，如果澳洲这边要大型推土机的话，我们可以去找山推集团谈合作，澳洲一般只要你的机体部分，因为这部分已经拿了所有的证书，像安全证书、电信设备证书、包括柴油机的 CE 认证都有了，而里面的马达和电控系统都是澳洲自己的；我们还做与矿山服务相关的生意，如我们可以介绍国内的人来澳洲购买这边的矿山服务公司，在这边开展业务；还有投资，一些人来这边投资煤矿、工厂，我们给他们提供咨询。我们做的更多的是咨询服务，真正的设备没卖掉几个，澳洲设备门槛太高了，中国的设备现在都很难进入，更不要说十几年前了。

张荣苏：您现在还继续做这部分生意吗？

陈帆：与矿业相关的这部分是主要的一块，我也做了很多年，2008年左右受经济危机影响，澳洲矿山市场开始不好了，我们也主要靠澳洲的矿山企业，但是我们的合作企业要么转行了，要么破产了，要么就被别人并购了，所以当市场好转的时候，我们发现原来的合作伙伴都不在了。我这个年龄也不想再重新去找合作伙伴了，所以矿山这一块虽然也没有完全停下来，但我们也不主动去做了。2008年之后还有一些延续性的工作在做，最后到2014年、2015年左右完全停下来了。

张荣苏：您刚刚说主要从事两个领域的事业，请谈谈您从事的另一个行业领域。

陈帆：另外一块是截然不同的业务，人家跟我开玩笑说是"黑白两道"，黑的就是矿山，白的就是文化。我们从2004年开始做文化，其实从20世纪90年代就在做了，当时我们负责中国人协会工作，一直想给协会找个平台，所以就搞了个中华文化艺术节，1998年搞了第一届，2000年是第二届，后来我们拿到政府的资助就连续做了好几届，一直到我们离开中国人协会。其实那个时候我们就已经进入文化交流的体系中来了，只是当时做的是社团，属于公益活动。2004年我们就开始有意识地承接国内大的演出集团活动，他们到这边来演出，我们帮着做。这很大程度是个人爱好，不赚钱，很多人想学我们，后来都放弃了，因为我们的付出很多，可是我们在经济上只能说收支平衡。你想剧场就这么多座位，即使满场也就是这么多钱，所以赚钱的时候大家能看到是多少，可是亏的时候就不是一般的亏。我可以大言不惭地说我们真的是为国家做贡献，为中国文化走向世界在努力。

张荣苏：您做的这个演艺行业具体流程是什么？如何运作的？

陈帆：我们不会自己去投资做，一般都是国家官方有个节目要到澳洲巡演，找到我们后就先评估下，觉得OK，可以接，大家就开始谈条件。演艺产品的选择很重要，我在国内开会就给他们说，你们要打造外向型的文化，一定要站在我们的立场上做。比如，他们说这是"五个一工程"获奖的作品，但这不是我们想要的产品。这些东西在国内是有用的，国内人也喜欢，可这不是针对国外的市场。我记得当年河南搞了一个"五个一工程"项目"风中少林"，据说获了很多的奖，他们问我们要不要做，我看了之后觉得这个东西在这边不会进入主流市场，就不愿意做。中国也有很多精品的东西，我们希望把这些东西传递给主流社会。

最早的时候国家有规定，项目落地之前的费用是国家承担，落地之后的费用由我们负责，落地后的费用包括场地、租金、运作、宣传、票房、住宿都是我们的。当时我们觉得还OK，但现在我们不做这样的事情了，风险太大了，因为你的节目可能在国内是高质量的，但我们不能保证西方的观众能接受。比如，*Mamma Mia* 在 QPAC 演三个月，如果我能拿出一个中国节目在那里演三个月，这个对我来说就很不错，国家、演出团体、我们都挣钱。但是国内节目在这里顶多演一场，演第二场我都不知道观众在哪里，这一场还要靠华人支撑一半，当然现在情况在变，已经好多了。我们属于开拓者，帮国家在开拓这个市场，这样我们就承担了很大的风险。我记得我们能拿到唯一比较好的项目是残疾人艺术团的表演，大家都抱着一种公益、慈善的心态去买票和观看，所以那个时候票全卖完了，还一票难求，那一个项目的收入把我们以前所有的亏损都补上了。从那以后我们就比较慎重了，现在我们和昆士兰交响乐团合作，风险都在昆交，如我们做一场新年音乐会，昆交是个大乐队，八十个艺术家在台上，我们帮他们去找国内的独奏演员，像赵聪、马晓晖、孙颖迪这些人，我们把这些人请来后和昆士兰交响乐团合作，照理我们作为中间机构，昆交给这些人付的 Professional 费我们要抽成的，实际上我们也不抽，只是挂我们的名。现在大家都在找一个契合点，如赵聪来了不是单独让她弹琵琶，而是和昆士兰交响乐团合作，琵琶与乐队演奏的是我们中国的曲子，整个配器和效果是西方的，只有元素是中国的。昆士兰交响乐团负责卖票这些运作，我在华人社区推广，票房都归昆交了，我们只 cover 一点儿小费用。

张荣苏：您觉得中国元素融入西方文化的效果和反响如何？

陈帆：效果非常好，赵聪那次演完后大家都觉得 Crazy。今非昔比了，现在中国元素在世界上很受欢迎。在大选之前，Turnbull（特恩布尔）总理到这边演讲，我记得他说二十年前各地都有新年庆祝活动，但这些活动主要在 Chinatown，在华人聚居区，现在哪怕是在一个华人都没有的偏远地区，在中国新年的时候也要做一个 New Year Celebration，这说明中国的经济、中国对世界的影响在增大。以前大家去吃中餐也就是意思一下，但现在已经成为一种时尚，洋人去吃中餐的时候尽管他不会用筷子，但是他们不用筷子吃就会觉得不地道，这都是一种文化上的变化。所以我觉得这一步一步的变化也有我们的贡献在里面吧，至少在布里斯班这个小地方。

张荣苏：您目前还在继续做商演吗？

陈帆：当然做，有利润我们就做。我们以前接的第一场就是全明星演出，国内来了二十几个一线演员，一级演员就有十几个。现在我们主要看有没有好的项目，一是质量一定要好；二是能够进入主流社会，如果只是在华人社区转一圈的，我们基本就不做。

张荣苏：您还积极参加这边的华社活动，并且是昆士兰中国人协会的创始人之一，这是昆士兰州第一个由中国大陆过来的华人创办的社团，请问当初您为什么会想要创建这个社团？

陈帆：当时昆士兰各个社区都有自己的社团，有香港会、宗亲会（越南华人创建）、国泰会（巴布亚新几内亚华人创建），但是没有一个以大陆人为主的协会。那时候从中国大陆来的华人经过一段时间的奋斗以后，有一部分人已经比较稳定了，就想有一个大陆人自己的团体，1995 年的时候就做了这么一个协会。但是在刚成立的时候我就离开社团去昆州矿业部工作，等我回来以后，他们就把社团工作转到我们新一届理事会这里了。

粟明鲜：中国人协会成立后，几个负责人有了别的事情，有的去做生意，有的去加拿大了。等陈帆从 Mount Isa 回来后，他就接下来了。可以说1995年的时候协会虽然成立了，但没做什么事情，真正开始做活动是从第二届开始的。

陈帆：我们这个班子搭起来后，中国人协会开始真正地做开了，当时影响很大。大使馆曾经说我们可以列入澳大利亚五大侨团之一了，那时候我们人员比较单一，在册会员有一百多人，搞活动的时候有五千多人参加，规模很大，影响力自然也就很大了。我记得当时布里斯班市长问我活动能来多少人，我说五千人吧，市长就说 One person one dollar，那时候办活动市政厅就给了五千块钱的资金。

张荣苏：中国人协会在创立初期具体做了哪些工作？

陈帆：我们是实实在在地为侨团、为社区做事情，当时在布里斯班没有领馆，我们可以说起到了"编外领馆"的作用。这边的华人出事情，如受伤了住进医院，或者犯法进了监狱，使馆第一时间都给我们打电话，让我们去查明情况，为这些事情我们去过医院，粟明鲜还去过监狱。另外，国内有团体过来考察，也是我们负责接待，所以那时候我们接待了很多高访团，侨办、台办、侨联、统战部、人大、政协的访团我们都接待过。而且2000年的时候我们还帮着做反独促统大会，这一系列的事情我们都做了很多。堪培拉大使馆要在这边做领事事务，我们帮他们找办公室、安排人，因为经常会有换护照、签证延期之类的面试，像这边学生去堪培拉面试也不现实，所以堪培拉大使馆会定期来人在这边工作，我们就会帮忙安排、发通知，所以每一次我们会接待好几百人，我们当时就是起到一个"编外领馆"的作用。

当时澳洲主流社会有事情第一时间想到的也是中国人协会，我们也经常接到他们的电话，然后把情况反馈到使馆，尽我们所能解决，毕竟我们也只是个社团组织，大家都有自己的工作，不可能解决所有问题。可以说当时我们中国人协会是沟通使馆和当地华人社会的一个桥梁，在这方面来说是澳大利亚最典型的、起的作用最大的一个社团。我觉得主要原因一是当时布里斯班没有领馆，像墨尔本、悉尼都有领馆，堪培拉也有使馆；二是在没有使领馆的地方也没有一个像我们这样纯洁的、非常鲜明的以大陆人组成的社团，使馆可以很放心地依靠我们来做事，其他地方华人社区构成比较杂，不好让他们去做这样的事。每一个新任大使到各州去履新，在昆州是我们来操办，如周文重大使、武韬大使，等到傅莹大使的时候这边已经有领馆了，就由领馆来操作了，社团的介入就不多了。2005年之后，我们都先后离开社团了，我干了十年，大家都有自己事情做，而且那时候我从政府辞职，要天天出去跑自己的业务，也没有时间管理社团的事务。另外领馆设立后，社团的作用相对降低了，同时华联会也成立了，很多事情转到华联会去了。实际上社团的强盛是因人而异的，社团领导班子强势，社团也就强势。

张荣苏：您去年（2018年）又再次担任中国人协会会长，去年华人艺术节活动办得也很大很成功，您对社团活动有什么计划？

陈帆：中国人协会沉寂了这么长时间后，去年大家一致让我回去继续做，我觉得反正现在矿业也不好，生意比较淡，也有时间，我就回去了。我想既然回来了就好好做，现在社团这么多，我也不想重复别人做过的事，他们做的这些我们以前也都做过了。我就想一个社团一年里把一件事情做好，那么这个社团就成功了。比如，华联会一年就搞一次春节活动，规模很大，有五百人参加，把方方面面的人都请到，我觉得这就很不错，我想我们社团一年搞一次文化节也就够了。我回来后就改变了方针，不能这样小打小闹，平台很重要，就打算每年从中国找一个省，定一个主题。去年我们找的云南，云南省作为我们的平台，文化节主题就是"七彩云南，梦幻香格里拉"。云南省派香格里拉的一个艺术团过来，我们也从当地请了一些艺术家，规模做得很大，白天的展演包括云南服饰、茶艺、图片展，还有专门的厨艺活动；晚上有专场演出，规模很大，很多人都感到吃惊。从水平上来讲应该是我们这个文化节20年来艺术水平最高的一次，整个演出是按照专业的而不是社团的标准来操作的，以前我们按照社团水平来做相对来说要求低一点，比较松散。当然去年的资金我们也找了不少，拉了八万块钱来做，光场地费我们就花了四万多。今年主题是山东省，山东会来二十六位艺术家，规模应该和去年一样，水平可能会更高。我这次回去把明年和后年的基调都定下来了，明年可能是江苏。

张荣苏：您的赞助主要是从哪些机构或者社区筹到的？

陈帆：去年我们的赞助者比较多样化，主要是主流社区的商业公司，如日本凌志车行，这边的赛马会，还有一个华人的homecare。我们从这些机构或者商业公司筹到的资金大概有一万五千澳元，最高的赞助了五千澳元，最低的也有一千五百澳元。去年的八万澳元里主要是政府的赞助，州政府有五千澳元，市政府有七千澳元，我又另外向市政府争取了两万澳元。我们这个与很多华人社团找到的赞助者不一样，你看他们办活动经常会挂一大堆 Logo，实际上都是在华人圈里找的，而且很多人只是赞助了礼品，我们去年艺术节活动只挂了五个 Sponsor Logo。

张荣苏：您认为中国人协会和其他华人社团相比，有什么特点？

陈帆：我们为服务社区做了很多事，与其他社团相比，我们只能说自己的关注点在什么地方，第一，我们是当地的社团，目的是维护华人在澳权益，当时波琳·汉森出来后，我们的社团是走在最前面的，和其他社团一起反种族歧视。第二，是促进华人社会与主流社区的交融、和其他少数族群以及华人群体内部的沟通，就像我们做的中华文化艺术节活动，还有每年办一次乒乓球赛、围棋赛，围棋赛的赛手大部分都是澳洲人，我们还做很多关于澳洲生活知识、华人文化的讲座。去年从我回来以后，我们把社团的组织架构做得很好。比如，围棋赛，我基本不需要操心，有专门的人负责，我只要告诉他围棋赛举办时间、预算多少，他就去做，我们其他成员帮他做广告宣传就可以了。现在社团没有注册会员了，我们就只有一个核心班子，相当于理事会，我们也不收会费。有个微信群叫昆士兰中国人协会之友，就是十六个人维持协会正常运作。还有就是关于举办的活动，现在很多同乡会做联谊活动，我们不做这样的活动，只做有一定影响的事情，如文化节活动。

粟明鲜：我们是第一个由大陆来的华人组建的社团，最初两届中华文化艺术节也做得很成功。我们还搞街市，吸引各个族群来参加，也是一种文化融合，当地政要和主流社会对我们也非常关注。2001年的时候，澳洲政府为了表彰对社会有贡献的人，授予他们联邦建制百周年勋章（Centenary Medal），本地从中国大陆来的华人只有我和陈帆拿到。他把这个勋章捐出去了，被中国华侨历史博物馆永久收藏。

张荣苏：您在这边生活了这么多年，组织和参加了很多华社活动，请您谈谈当前澳洲或者昆士兰的华社发展状况。

陈帆：不同时期来澳洲的华人肯定是不一样的，早期来的移民没什么文化，都是社会底层，受到的歧视也比较大。我们这一代情况就不一样了，虽然都没什么钱，但平均知识水平都比较高，很多都是社会精英，再往后就是富裕之后的一些人出来的。我们这一批华人过来的时候是来奋斗的，非常愿意也比较积极地融入这个社会，因为我们要在这里生存。像我在政府工作，接触主流社会的人比较多，我们比较容易接受澳洲人的观念，可以把我们原来的想法很快地整合进去，积极融入这个社会。现在来的新移民，很多人是带着钱来的暴发户，他们仍抱着在国内的那套想法在这里生活，部分人的言行举止、公德等问题造成澳洲人对这些移民群体有一些看法。我们来的时候很注重人家的观念、习俗，因为这毕竟是人家创造的财富，我们对这个社区没有贡献，你到这里来享受到了一些东西，就要让自己和整个社会更合拍。

（访谈整理：张荣苏）

编者按： 陈帆先生将他获得的澳洲联邦建制百周年勋章和证书捐给了中国华侨历史博物馆。陈先生在访谈中提到他做演艺事业的经历、中国人协会组织筹办的布里斯班"中华文化节"活动取得的效果以及面临的困难，可能会对"中国文化走出去"提供一些经验和借鉴。

大洋洲台湾商会联合总会总会长施伯欣访谈录

访谈时间： 2019 年 7 月 9 日

访谈地点： 布里斯班 Sunnybank Hills，施伯欣家中

访谈方式： 面对面

访谈人： 粟明鲜、张荣苏

受访人： 施伯欣

受访者个人资料：

施伯欣：男，1980 年出生于中国台湾，1991 年随父母商业移民澳大利亚，澳洲智库地产学院院长，澳太物业管理集团总裁，澳洲物业管理联盟名誉理事长。现为澳洲昆士兰自由国家党华裔党部名誉创始主席，世界台湾商会联合总会副总会长、大洋洲台湾商会联合总会总会长。

访谈记录：

张荣苏： 请您简单介绍一下自己以及来澳初期的经历。

施伯欣： 我是施伯欣，出生于 1980 年，1991 年跟着父母商业移民来澳洲。从 1989 年到 20 世纪 90 年代初，当时有一大批台湾人过来。我二叔就是在 1989 年来布里斯班的，我爸爸来看他的时候觉得这里很不错，当时帮我二叔办移民的移民公司鼓动我爸爸办理移民澳洲试试看，结果我们就来这里了。

我在台湾读小学四年级，到这边之后先读公立小学，因为学年的关系我就直接读五年级。后来读私立中学，当时申请到这里第二好的私立学校 Anglican Church Grammar School，这是个教会学校，我从八年级开始一直在这里读。毕业时成绩还不错，拿到 OP1，几乎昆士兰大学所有科系都能读。我爸爸不像一般的华人家长那样鼓励我去学医、学法律，他说最好读一个未来工作时间比较自由的专业，医生、律师收入虽然高，但是不自由，后来我就读了 Business Management。别人认为我OP1 读 Business Management 太浪费，我就想那就读双学位好了，所以又去读了 Arts Japanese。

张荣苏：您大学毕业之后有哪些工作经历？为何会选择做物业管理这一行？

施伯欣：我毕业之后没有立刻就业。当时很多同学去读MBA，我觉得太多人去读，出来也没什么竞争力，Project Management 听起来还蛮有意思的，所以在昆大申请了 Project Management Master，继续读硕士。在选择方向的时候，我因为对房地产蛮有兴趣的，所以专攻房地产与营销这一块。在读书的过程中，去一家地产公司听了讲座，家里人和他们又一起投资物业，那家公司销售的人问我要不要到他们公司做 part-time。我觉得边学习边工作也不错，就这样进入了房地产销售的行业，当时第一个月销售业绩就不错，我记得第一个月拿到的薪水就将近三万块。那时候是 2004 年，房地产市场最好的时候，我很多同学当时一年的薪水也不过四万块。后来就一直做下去，在这个公司里从一个销售开始做起，后来做到 Market Manager、纽澳地区的行销总监。不过在 2008 年金融海啸的时候因为几家开发商被银行抽银根倒闭，欠了我们公司几百万澳币，这家公司也被拖垮了，老板只好宣布倒闭。几个老板后来又各自开了地产公司，其中一个问我要不要到他公司做总经理，我就去他的公司工作了大半年。那时候因为自学了房地产开发，做了我自己第一个房地产开发项目，就不太想继续待在那家公司。2009 年 9 月份的时候，勇地产的黄勇先生找我，请我加盟勇地产，正好我有个同事也想出来自己创业，这样我们两个就在 Underwood 开了勇地产的分店。这时候做的和以前就有点儿不一样了，以前公司是做代销、楼花预售房，卖新房的比较多，到了勇地产就有一些二手房和物业管理的业务。我们公司在招聘销售员工的时候我都参与培训，因为从事我们这一行业都需要 License，所以就把新进的员工介绍给专门培训这方面业务的学校，我当时经过考察和对比，选中了 PRET Australia 这所培训机构。由于我介绍的学生很多，培训学校的校长就找到我，向我反映说因为我介绍的都是华人学生，他们的英文不够好，虽然能勉强毕业，但学校担心这样的学生放到市场上是不是不太好，会不会影响学校的声誉？那个校长就问我有没有兴趣到他们学校兼职讲课，我只要考一个培训师的资格就可以到他们学校用中文授课，这样学生除了完成作业，也能学到真正的业务。我觉得蛮好的，一方面可以教课；另一方面如果发现有不错的学生可以请他加入我们地产公司，从2010 年 5 月份开始，我就兼职去教课了。跟勇地产做了两年之后要跟勇地产续约，我当时不太想续约了，因为连锁这种生意无论我花多少钱，做多少宣传都是在帮别人宣传，而且勇地产那时候也在做一些改革，我不是很喜欢它的新改变，特别是他要把我们的 Logo 换掉，这就意味着我们过去两年的宣传和投入都白费了，我就不愿意续约了。当时不续约的一个条款就是不可以在同一个地点十千米以内开地产公司跟它（勇地产）竞争，期限是一年，我就必须停业一年。我想与其做得越久越放不掉，干脆就停了吧。在停业的这一年里，我就全职去教课了。那时候刚好遇到我们这边华人踊跃地投入物业管理权行业，而又只有我一个人用中文讲课，所以很多 Agent 就把他们客户介绍到我这边来，这样就一直教到现在。

张荣苏：您现在还在 PRET Australia 授课吗？

施伯欣：我还是和他们合作，主要合作房地产中介执照的部分，因为它有权发放这方面的证书，我没有想过自己开办一个培训机构，我的兴趣只是授课，不是开办学校。但是后来我的学生希望还有一些其他的课程可以学，所以我就又跟其他机构合作。PRET 把整个中文教学交给我来做，我就把教室搬到 Logan Centre，自己买了现在的教室，这样相当于和他们合作办学，我的自主权比较大，接着我就做了澳洲智库地产学院这个品牌。后来我又办了房地产开发班、房地产投资顾问班、建物管理准则班等，这些都没有跟 PRET 合作，而是跟不同的机构合作不同的课程，我自己也开发了自己的课程。比如，我的房地产开发班，之前两次都是跟昆士兰大学商学院合作，把我以前的教授请过来讲课，学生也可以拿到昆大的证书。

张荣苏：您还继续做房地产开发吗？

施伯欣：我其实一直在做房地产开发，后来发现房地产开发虽然利润不错，它的回报率大概百分之二十几，但其实它的风险挺大的。我进入开发市场是 2009—2010 年的时候，金融危机刚过，银行都不太愿意借钱给地产开发商。虽然我的项目还算比较顺利，一些挑战都撑过去了，但是觉得压力挺大的，一个不小心可能就会血本无归，当时大部分的失败都是因为银行抽银根的问题。我目前还有地，只是时机问题，再加上银行没什么贷款，我就不想做了。反正是自己的地，放在那里，等到时机好了，有想法了再做。

张荣苏：您后来为什么会转向做物业管理的生意？

施伯欣：我在教课的过程中发现大家都在做物业管理权的生意，这样我就去了解这个行业，发现它的回报也差不多是百分之二十，但它的风险要比房地产开发低多了。2014年左右，我的弟弟辞掉了工作，父母就叫他过来帮我，他在听课时看到同学都做物业管理权，他就咨询我想做物业经理。我就让他找找看，如果有合适的我们家就去投资。一个礼拜后他找到了，经过考察我们就买下了这个小区的物业管理权，让我弟弟去做物业管理经理，这样他就住在那里，负责物业工作，我就定期去看看有什么问题。经营三年后，我发现隔壁有块地要动工盖Townhouse，正好开发商我认识，以前帮他卖过房子，我就去找开发商谈，希望买到这个小区的物业管理权。当时我房产公司一个员工的女儿大学毕业，也想进入这个行业，这样我们两家就合作买了第二个小区的物业管理权。最近我们又要买第三个管理权，我一个学生不想做了，他的小区就在附近，我就想买下来，但是我们家没有人能住到那边，我把这个消息放出去后，一个学生说可以跟我合作，现在我们在谈投资，这样就在不断扩大物业管理权投资范围。

张荣苏：物业管理权前期投资一般是多少？

施伯欣： 前期投资也蛮大，但是银行愿意借钱。一般情况下差不多一百万左右，因为你要买下 Manager Uniter，这个从三四十万到五六十万的都有，但是银行可以借给你 80%，Business 部分可以借 60%，现在平均起来银行大概能借 70%。例如，你买一百五十万的物业管理权，你可能要自己拿出五十万的前期资金。

张荣苏： 目前昆州华人做物业管理的多吗？澳洲物业管理联盟（APMA）是一个什么样的组织？它在维护华人物业管理权益方面发挥哪些作用？

施伯欣： 我现在是努力在做物业管理这一块，我教课十年了，也有二千五百多个学生，我们这边做这一行 80% 都是我的学生，他们即使毕业了，遇到问题也都会回来问我，行业里有什么变化，还需要有人出来组织回应。比如，学生组织的澳洲物业管理联盟（APMA），他们请我去做名誉理事长，这样我们就结合了华人物业管理经理一起来维护我们的权益。

主流的工会组织也很看重这个华人群体，原本是新西兰人退休后跑来做这个的，后来华人进入这个行业，已经将三分之一的昆州物业管理权买下来了，这也就是近十年的事情。这一行入门的门槛是相当低的，唯一的要求就是读一个小区基本物业管理三天的课程，但是你读出来后只会出租房子。对很多华人来说住进小区之后，除了出租房子还要做花园、游泳池、电梯维护等工作，但这些工作是没有培训的，通常要请 Contractor，但即使请 Contractor 你还要懂很多东西。我们作为华人群体比较容易被针对，如果一个白人小区物业经理做不好，别人只会说这个人真差劲，但是如果我们华人做不好的话，就很容易被传成这些华人统统都做不好，这主要是沟通出了问题。其实洋人的经理做的不见得比我们华人好，但他们与业主委员会的沟通比我们好，他们就算只做70分，业委会也会认为做了90分，可我们华人就算做了80分，业委会也只认为我们做了60分，这其实就是出现了很多沟通问题和矛盾，所以我们华人做这一行会有越来越多的限制。

我听学生说买物业管理权面试会被业主委员会刁难，变得越来越困难。我觉得既然从事这一行业，我们不能变成一个任人宰割的群体。当初白人以比较高的价格将管理权卖给我们华人，我们不能自己做惨了之后再低价卖回去。我近来花蛮多时间帮华人发声的，之前我们行业推出了澳洲建物管理准则，他们请我来审核准则的内容，做审核委员，我就参与到这个Australian Building Management Accreditation（ABMA）中。后来他们把这个发展成一个课程的时候，我就提出也要来教这个课程，而且每一年有什么意见反馈和修订，我也去为我们华人争取和发声。Australian Resident Accommodation Managers Association（ARAMA）这个公会也多次找我合作，他们也希望我们华人参与这个公会。我就认为这个组织华人是一定要参与的，现在我有一个学生在这个公会的Brisbane Committee，还有一个学生已经到了National Board里面当董事。我一直有个理念，如果今天这个行业最高层次的公会保护伞里面没有华人的话，那么我们下面的人在这一行业中占有的比例越大，他们越会指责是华人把这个行业搞坏掉的，所以我们一定要参与进去。因此，无论是ABMA还是ARAMA，我们都一定要参与，进入主流，不能说华人物业管理联盟（APMA）关起门来我们自己弄，因为制定规则的是另外一帮人。

　　因为我参加台商会的关系，有时候会回台湾，我就以APMA 的身份去拜访台湾物业管理协会，他们很高兴国外有这样的组织过来交流，也希望组团过来了解澳洲这边物业管理权的行业状况。台湾那边组团过来后我就联系了 ARAMA、APMA，甚至昆士兰政府管这一块的 BCCM（Body corporate and community management）部门负责人进行交流。后来我又请 ARAMA 的 CEO 到台湾回访，让他了解我们华人的物业管理情况，让他们知道其实澳洲住宅小区的密集度远不如台湾，我们华人在澳洲做这一行是有实践经验的。我这样做虽然没有为我带来什么实际收入，但是我觉得这样可以维护我们华人在这一行业的地位，因为在这一行里还有很多反对者。比如，公寓业主协会，他们很想让我们走悉尼或者台湾的模式，公寓业主有很大的权力，随时可以更换 contractor。这样做不仅不利于我们这些物业管理投资者，而且也不一定对业主好，如这些业主委员会的委员掌控了物业管理的发包权，就不能保证他们不收回扣，可是目前昆士兰的这个制度就可以相互制衡，我觉得这个制度是蛮值得推广的，现在每年很多台湾的物业管理考察团会过来，像这个月台南昆山科技大学房地产系就派考察团来考察，还有几个学生到我们小区来实习，他们就是要了解我们这边这个行业是怎样做的。我们还会办一些讲座，上次 APMA 办了一个全英文讲座，请了一些这个行业里的洋人专家、律师、BCCM 的 commissioner 来参加，他们都觉得非常惊讶，BCCM 的 Chris Irons commissioner 就对我说他认为我们的组织水平、学习内容都非常棒，还请我们帮他办一个专场，希望和我们的华人经理进一步交流。

张荣苏：您是昆士兰自由国家党华裔党部创始主席，为什么想到要创立这样一个党部？

施伯欣：很多人说为什么我这么积极参与政治，因为我发现无论是物业管理权行业还是房地产行业，我们都超级受到政策的影响，今天一个政策转弯，那么我们这个行业就换了一个方向。一直以来我们华人都是非常被动地接受这些，政府肯定都是希望华人带钱进来刺激这边经济，可是如果我们不去参与这个制度和法律的制定，我们就会变得很被动。2012年的时候，我加入了自由国家党。从参政方面来说，我从大学时期就积极参与这边台湾的社团。大学时期我做台湾同学会的会长就开始办很多大型的活动，我第一次办大型活动就把 Brisbane City Hall 那个大音乐厅包下来办学生才艺比赛，我很喜欢办大型活动，会有很多政要来参加。我从小就跟着我父母参加台湾社团活动，知道办活动要请市长、议员之类的，所以学生会办活动我也把市长、州议员、市议员、部长都请来。其实工党在昆士兰执政比较久，市长、州长都是工党的，所以一开始我和工党的关系是比较好的，后来工党就拉我入党，大学时我加入了工党，大选的时候还去帮忙。

1996年联邦自由党执政后，Gary Hardgrave（2001—2004年任联邦多元文化部长）是我们南区的联邦议员，他很支持也经常参加我们商会的活动，这样我就和自由党有了接触。后来，2012年左右发生了两件事让我偏向自由国家党，当时执政的工党弄了一些政策，影响到了我们房地产行业，不仅提高了印花税的价格，还弄出来一个 Sustainability Direction，要求我们卖房产的地产中介在卖房时让客户填写可持续发展说明书，就是你卖的房子有没有节能减碳、有没有太阳能、隔热层之类的表格。这样人家来看房子的时候我们都要给客户看这样一份说明书，可是说明书上又有一条如果你对这些内容不了解，可以空着。这样一来很多客户只是签个名，我们就一直在发空白的表格，我就对工党这的这政策感到不理解。工党崇尚大政府的理念，他们要请更多的公务人员，分派更多的事情给大家做，很多繁文缛节，我当时就觉得这不是一个很好的方向。正好 2012 年自由国家党赢得了州选举，Campbell Newman 获得了压倒性胜利，他上台第一件事情就是把 Sustainability Direction 给废了，接着又把印花税 restore 到原来的水平，当时我就觉得这些对我的行业有帮助。后来他又改革房地产职业法（PAMD），制定 Property Occupations Act（2014 年颁布）。其实他在 2012 年上台之后就已经开始着手修改 PAMD 法案，在修改的过程中自由国家党寻求各个组织、协会的意见，包括 REIQ（Real Estate Institute）、ARAMA、昆士兰律师协会（Queensland Law Society），还找 QUT（昆士兰科技大学）去做调查和修改。在草案出台后交给州议员审核，因为这些州议员也不一定懂这些，他们就找了周围懂这一行的人来参与。2012 年时，遇到同样来自台湾的林俊宏参加联邦议员竞选，我们是商会的好朋友，他希望我能入党支持他，所以我就加入了自由国家党。

因为入党，我就认识了一些州议员，他们就把这个草案的整份资料都交给我，让我提意见，我就觉得第一次参与到法律的制定中去了。在法律通过的那个晚上，11 点多州议员发简讯告诉我们法律通过了。法案通过后，我们有第一手的法案内容相关资料。这个法案是 2014 年 5 月 21 日晚上通过的，但是要到 12 月份才实施，这段时间州政府会派人到各地做法案说明会，我就主动对州议员说我希望对我的学生做说明会，让他们知道现在法律出现了哪些变动。我办了三场，昆州司法部长也亲自过来为我的学生讲解这个法案。这些都让我们很有参与感，不仅参与了法律的修订，后来连表格的修改都有参与，我们既然是从事房地产这一行业的，那我们就一定要在相关法律修改中有影响力。因为我一直都是党员，与这些议员关系很好，也是台湾 community leader，所以他们想与台湾社区沟通的时候就会找到我。我也有很多学生做了一些协会的会长，这些关系让党部蛮看中我的，在 2016 年的时候党部的 president 邀请我出来参选州议员，我当时考虑到家里孩子小就拒绝了。以前帮林俊宏竞选，觉得这工作不是一般人能干的，需要家庭做出很大的牺牲。但是之前我和王子明谈了很久，认为自由国家党和华人关系不如工党，我们想对此做些改变，可以成立一个华裔党部，作为华人与党部沟通的桥梁。我把这个问题和想法告诉党部的 president，并请党部支持。

粟明鲜：十年前 Lawrence Springborg 做反对党（自由国家党）领袖的时候，他和华人社区领袖联系，想让他们支持自由国家党，他召集的那次会议我也参加了。但他们自由国家党最大的失败就是没有就此事 following up。另外从我们自身来说，我们华人也缺少年轻人，特别是从小就移民过来的、理念与自由国家党比较合拍的年轻人与他们沟通。

张荣苏：昆州自由国家党华裔党部的理念是什么？具体有

做了哪些事情？

施伯欣：当时因为我人脉比较广，就推选我做自由国家党华裔党部首任主席，第一批华裔党部成员大概有四十人左右，大部分都是我的学生，现在有五十几名党员。从大陆来的华人认为入党是一件很烦琐的事，并且终身都是该党党员；而台湾来的很多华人厌恶党派斗争，所以很多人不愿意入党，我们华裔党部就希望慢慢改变大家的这些观念。我们一直把华裔党部当作大家入门的摇篮，大家入党后先自己互助互动，不要说华人一开始就进入洋人的党部，他们觉得不舒服，没有兴趣就不参与了。在加入自由党华裔党部后，让他们做委员、秘书长、财务长，从而了解党部的运作，有参与感之后让他们在选举中帮忙，与洋人党部一起奋战、一起庆祝，大家彼此熟悉、经过历练之后再走出去。像我那届的秘书长和财务长现在已经离开华裔党部了，但不是退党，而是进入当地的自由国家党党部去做财务长。我们这个华裔党部相当于一个孵化器，为大家提供一个平台去接触、了解自由国家党，如果这个党的理念和我的政治理念合拍，我就加入自由国家党，如果不满意也可以退党，我们就是用这样的方式鼓励大家去参与。现在华裔党部在自由国家党内也很有影响力，也得到了党内的肯定，觉得我们工作做得很好。

很多人认为工党是比较亲近华人、支持多元文化的，自由国家党是保守派，但实际上自由国家党很多党员是因为不了解（华人）才会有这样的隔阂。我去参加过不少党务活动，发现自由国家党内很多都是年纪大的老头老太太，他们对有华人来参加党务活动感到很吃惊，然后就会夸我英文讲得好，通过交流后他们就觉得（华人党员）很好。如果连这些保守派都认为你是自己人、开始接受你的时候，那他们在制定政策时就不可能不考虑你了。所以我们只有多参加这样的活动，和别人交流，大家才会认识你，了解你。

粟明鲜： 我们刚来的时候也组织很多活动，也许我们那时候来的一批人都有一定的阅历和成见。虽然我们来这边时间比较久，但理念还是不一样，受到固有东西的限制太多，不像在这里长大的（华人）理念比较契合他们（自由国家党），我们已经定型了，所以（参政）希望要寄予下一代。

张荣苏： 您来澳大利亚这么多年，您认为自己融入澳洲社会了吗？

施伯欣： 就像粟老师说的，华人参与到这个社会中来，我们的上一代真的很难融入，我甚至觉得我这一代都（和主流社会）有一点隔阂，我觉得最有希望的是我们的下一代。我不适合参选的一个原因是我觉得我到今天还很难和澳洲一般的民众打成一片，我在中国家庭长大，平时也是华人社区活动参与的比较多，虽然英文没问题，但是一般也不会和他们聊球赛、酒吧文化。我接触过很多政治人物，他们跟各种阶层的人都可以打交道，从这方面来说我并不是来自一个政治世家，缺乏这方面的沟通，我只是想帮我们华人社区做点事情。每一代人都有对自己身份、理念的认知，可能我们的上一代，如我的父母，虽然他们是澳洲籍，但他们绝对不会去关注澳洲政治，每次到选举的时候都问我要投给谁，也不会去关注澳洲新闻。但就我来说，你今天跟我谈台湾的政治，我是以一个局外人的身份"看戏"，我会热衷澳洲的政治而不会理台湾的，台湾政治怎么发展不会影响我的生活和事业。我去参加台商会的活动，老一辈的人在讨论台湾政治的时候，我们年轻人就觉得没兴趣，我们讲澳洲政治的时候，他们会批评我们太偏向自由国家党，这样会把我们商会变得不中立，如果工党上台会对我们商会不利。老一辈的人总觉得我们社团要政治中立，无论哪一党执政我们都不受影响。我们台湾商会好一点儿，我是昆士兰台湾商会第十四届会长，第十五届会长许柏亭是工党的，虽然政治理念不一样，我和他是很好的朋友。我们绝对不会像台湾那样，因为党派不同而拒绝往来。所以我们就对商会前辈讲，你们不用担心，今天工党执政 Stanley（许柏亭）出面，下次自由党执政我会出面帮商会争取，商会还是中立的，不用管我们个人政治立场，只要现任会长中立就可以了。现在自由党华裔党部党员大部分都是和我差不多年纪的，他们都是澳洲籍，澳洲公民才可以入党。我发现他们对台湾都是有情感在的，但他们的家庭、事业全部都在这里，他们当然会以澳洲人、澳洲的利益来思考。所以我们党部开会，会以澳洲的华裔这个身份来思考问题。这是一个从澳洲的华人移民到澳洲的华裔的思维转变，如果你现在问我的下一代，他们肯定会回答我就是澳洲人。我小孩平时在家里都是讲英文，孩子妈妈让他们讲中文，他们才试着去讲中文，华裔这个身份都在淡化了。

粟明鲜：这个淡化是趋势，但是他们在长大成人之后会有文化认同，这个在美国就已经出现了，不管他们已经是第四代、第五代了，仍会有（中华）文化认同。身份认同和文化认同是两回事。

张荣苏：您认为融入这个社会的困难在哪里？

施伯欣：我觉得像我父母这一辈都是尽其所能把自己最好的给下一代，所以他们把我送去私立学校，当时很多台湾人进私立学校。我八年级的时候，二十人的班里有八个人是台湾来的，他们喜欢聚在一个班，午餐时间也在一起。那时候我就想和澳洲的同学一起玩，所以我就没有融入台湾的那一帮人里面去，反而跟澳洲的同学打成一片，这与来澳洲时的年纪有关。现在我儿子就没有什么华人朋友，他最好的几个朋友都是印度人、韩国人，就没有讲中文的，我女儿最好的朋友是来自马来西亚的，可是也讲英文，这是个圈子的问题。我觉得我和主流社会格格不入的就是我更习惯中文，虽然我来这里的时候是五年级，但是在六年级的时候我爸爸带我回台湾读了一个学期的中文，现在无论是写作还是阅读我更习惯中文，虽然我讲英文的时候会用英文思考，但大多数时间我是用中文思考，我的中文还是比我的英文好。像 Stanley 许只比我大一岁，但他的英文就比中文好，他对这个社会的融入程度就跟我不一样，他的习惯就是全部读英文。就我来说，因为比较宅，不喜欢运动，当别人跟我聊运动、比赛之类的，我就没办法和人家搭话，就变得很难和人沟通。很庆幸的是，我私立学校认识的洋人同学们现在也都是很有成就的一帮人，我需要帮忙的时候因为有 school time，联系一下他们也都会帮忙，这些都是当初结下的人脉。

张荣苏：所以要想融入这个社会，一个是语言问题；一个是朋友交际圈的问题。像您在私立学校积攒的人脉对您的发展还是很有益处的。

施伯欣：是的，如我去见一个部长，有时候聊起来就会发现原来是学长、校友，关系立刻就近了。但是我们有些华人小孩儿从小就去上私校，我是觉得不一定要这样，一方面是费用比较贵；另一方面就是我不希望孩子从小就和别人攀比。去公立学校认识各个阶层的同学，才不会从小就要求什么都是最贵、最好的。

张荣苏：您现在是台湾商会会长，就社团工作来说您认为来自台湾地区的华人组成的社团和来自大陆的华人组成的社团有哪些异同？

施伯欣：我出道比较早，16岁就在台湾同乡会里面做义工、参与活动。在我看来，现在大陆社团差不多是我们台湾社团 20 世纪 90 年代蓬勃发展时期的样子，当时大量台湾人进来后，陆续成立了很多社团，像同乡会、妇女会、台商会、客家会等各种会。最近几年中国大陆来的移民多了，各式各样的社团也就冒出来，每一个省都出一个同乡会、商会，大家都来当会长，所以现在是大陆侨界社团的一个黄金发展期，活动也办得有声有色。反而台湾的社团目前在走下坡，现在像我这个年纪的没太有人做台湾社团了，大家都已经融入当地社会中去了。像台湾商会，全世界的台商会都说我们要扶植青商，让年轻人参与进来，但我们大洋洲台商会想找一个青年的商会会长都找不到人，二十几岁的年轻人都招不进来，他们在自己的工作岗位上与当地人融入得很好，不需要我们这个平台，他们的社团参与度在下降。你如果看悉尼和墨尔本的侨界，永远都是那一批老人在撑着社团。

粟明鲜：我认为台湾社团和大陆社团一个区别就是会长这个位置没有一个人会霸占很久，总是一到两年就换人。

施伯欣： 这个确实不太一样，为什么华人喜欢成立新社团？台湾也出现很多社团，但很快就没落了，有些人成立社团的原因是为了能够有一个社团的头衔，回国后可能会有更好的资源。而我们社团的游戏规则就是一个人只能做一届，顶多让你一届做两年，现在如果一个人在社团会长的位置上做三年，别人会说你这个社团没有办法传承下去，同时下面帮你"抬轿子"的人永远当不了会长，也不会跟你继续玩。

张荣苏： 您认为华人参政要怎样看待自己的华人身份？

施伯欣： 我觉得华人社团、华人社区不应该对华裔的民意代表有过多的，或者说错误的期望与要求，因为今天他们被选出来是代表他那个选区全体的选民，而不仅仅是代表我们华人这个群体。这一点非常重要，如果今天 Gladys（廖婵娥）被人看作是华人的代言人，她是选不上第二届的……华裔议员当选得到了华人的支持，如果政府对澳洲华人这个群体有任何不利的政策，他们站出来是应该的，但不能把华人提高到比其他族裔高的地位。目前在昆士兰三个级别的议会中，只有黄文毅一个市议员，在他的选区里，无论是台湾的还是大陆的社团活动他都要参加。所以华人参政，要超越族裔来服务澳洲的公民社会。

张荣苏： 您对自己的政途有什么规划吗？

施伯欣： 其实我家里人觉得我不太适合去从政，如果我真的去参政，那也要等到我孩子成年以后，那时候没事了，事业也有一定成就，但现在我很难放下我的事业和家庭去从政。现在我们党部议员、部长打电话告诉我现在他们需要华人出来参政，但我看过华人参选的过程，我知道林俊宏败选之后对他打击很大，他把一切都压在了那次联邦大选之上，花了五十万去参选，也耗尽了所有的人脉，败选后一蹶不振。我觉得我们目前做的是在铺路，就算我们这一代人做不到的事情，希望下一代人可以做到，就像粟老师以前在社团里做，你们也是为我们铺路。我今天在党内为下一代创造条件，希望当他们想走这条路的时候，路已经在那里了。

（访谈整理：张荣苏）

编者按：施伯欣先生介绍了澳大利亚的物业管理和布里斯班华人在这一领域里的从业状况，同时他根据自己的经历，谈了华人融入澳大利亚存在的困难和问题、布里斯班华人参政情况等。施伯欣先生口才非常好，他在布里斯班台湾华人社区很活跃，是昆士兰自由党华裔党部创始主席，被党内华人寄予厚望。

昆士兰台湾商会会长 Grace Yu 访谈录

访谈时间： 2019 年 7 月 20 日

访谈地点： 布里斯班 Sunnybank Times Square，Grcace 办
公室

访谈方式： 面对面

访谈人： 粟明鲜、张荣苏

受访人： 游淑静（Grace Yu）

受访者个人资料：

Grace Yu：女，1970 年出生于中国台湾，毕业于台湾铭传大学，信奉基督教，1992 年随家人商业移民来澳洲，昆士兰格瑞丝教育集团（Grace Education）执行长。担任布里斯班市长慈善基金会慈善大使、昆士兰台湾商会会长。

访谈记录：

张荣苏： 请您介绍一下自己移民来澳大利亚初期的经历。

Grace： 1992 年，我们家办理商业移民来到了布里斯班，那时候我刚刚大学毕业，因为要在这里坐移民监，所以想继续读书，就开始到处找学校和课程。当时我已经结婚并且怀孕，经过很多 research 后就选择了离家比较近的格里菲斯大学。进了格里菲斯大学后发现很多人想申请来这里读书，我当时也比

较热心，就免费帮他们找项目，帮忙写 E-letter 给学校，这些都是免费的，他们也就请我一顿洋茶而已，我觉得这算是交朋友了吧。那时候也没有目标说一定要做什么，就这样一直帮朋友，因为我经常跑到格里菲斯大学语言中心提交材料，他们就以为我是格里菲斯大学注册的 Agent，有一天里面的人问我是不是他们的 Agent，我说不是，他们就问我有没有 business card，因为以前在台湾做土地代书，就是类似于澳洲帮人办理土地过户、遗产转让事务的律师，所以有中文的 business card。就这样格里菲斯大学帮我登记注册，成为他们的 Agent，并告诉我只要给他们 invoice，他们就会给我发 commission，我这才知道原来做这个是可以赚钱的，就这样我意外地进入了留学顾问这个行业。

1994 年，我算开始正式做留学中介了，但也没很认真地把这当作是我以后的事业。那时候我主要的关注点都在我先生的事业上，我一直支持我先生开餐厅，所以那个时候我这个留学事业都是在家里做，也没有做过广告，大家都是通过朋友介绍来的，只是觉得帮助别人，我会得到额外的祝福，就这样子开始有一搭没一搭地做。那时候布里斯班也没有什么留学中介，因为那时候留学中介都在海外，我就成为布里斯班很罕见的留学中介。后来我先生对餐饮业失去信心，我就开始承担支撑家庭的责任，这时候我的客户也越来越多。做这个行业也不是为了赚钱，因为这个行业有很多琐碎的事情，当时也有很多朋友告诉我他们做了一两年后就不做了，没有几个人能坚持下来，因为赚的钱少，做的事情却很多。比如，你帮一个人申请了学校后，他后面有什么事情都会跑来问你，如果你把它当作工作，你就会觉得划不来，但如果你把它当作生活的一部分，一种交朋友的乐趣，不进行利益衡量的时候，你就会坚持做下去。我就是这样一直做到现在，已经做了二十五年了，接受了越来越多的祝福，我没有去做广告，也没有主动去发名片，因为我觉得别人如果有需要的话会来找我的，我就是以这样的心情去做的。后来我的事业心也越来越强，变得越来越忙，在2002年我搬进了Times Square，有了办公室。那时候我想在这里做bible study，免费教英文课程，所以我就利用了这里的部分房间，开了补习班。这样除了留学，我又增加了一个业务，就是给学生做课后辅导，主要辅导英文、文法和写作，还有数学、物理、化学的课业辅导。那时候这里有八间教室，柜台这里只有很小的一块。我请了一个班主任过来帮我协调补习班的工作，他是个台湾人，那时候在格里菲斯大学读博士，他现在是个律师，我们合作了很久，一路走来在事业上相互扶持。当时他也在迷茫中，我就说我在开补习班，你来替我做Coordinator study，他就来了。我在教育界也认识不少人，就请各科的老师或者通过各种渠道介绍不同的老师来教授不同的课程。当时有非常多华人小孩子来上补习班，每一期差不多都有两百多个学生报名，一堂课一个半小时，一个礼拜一次。侨团这边很多孩子那时候都在我这里补习过，现在他们已经长大了。

张荣苏：所以您那时候是留学咨询与教育补习一起做的？这样工作压力是否很大？

Grace：留学移民一直都在做，补习班是附属的，所以那时候有两个事业体，可是补习班占去了我非常多的时间。后来发现那时候我花在事业上的时间真的是相当多，我早上做留学移民，下午 4 点半补习班的孩子就来了，一直到晚上 9 点补习班结束。我觉得我的工作时间太长了，可以说是工作狂，但是这不是说我有赚钱的动力，可能我年轻的时候是个比较有完美主义的人，如果我要做一件事情就一定要把它做到最好，每一个来我这里补习的孩子下课的时候我都要跟他们说说话，想知道他们有没有吸收课堂上的内容。很多孩子在补习结束后也喜欢和我聊天，可能我在教育界待久了，和孩子接触比较多，再加上那时候我才 30 多岁，也还年轻，和他们就像朋友一样。一些父母在孩子进去上课的时候也会跑来和我聊天，我发现很多父母和孩子的沟通并不是很 smooth，我就成为他们之间沟通的桥梁。我也乐在其中，觉得这样能帮助别人，当一个孩子来到你面前，他不了解自己的人生方向在哪里，你通过和他聊天，可以鼓励他、引导他，看到他从茫然、不知所措到找到自我方向会很有成就感，这是一件很有意义的事情。我记得有一次我接到一封信，是一个曾经在这里上过补习班后来回台湾的孩子寄给我的，他对我说他认为我是他人生当中最重要的三名女性之一，现在他要结婚了，写信感谢我。其实我对他说过什么自己都不记得了，但是他放在了心里。所以有时候和别人聊天，你可能只是无意之间多说了两句鼓励的话，对方就会觉得自己被肯定了。他这简单的一封信给我带来极大的动力，当你在帮助别人后受到鼓舞的时候，你也会有更大的信心和动力继续往前走。

在做补习班的过程中我也收获很多，我觉得对孩子来说，读书不是唯一的，精神有时候很重要。其实每一个孩子都想做好，但很可惜有时候他有这样的心愿，却有没有足够的耐力和毅力一直走下去，这个时候是需要旁边的人给他鼓励的，我很有幸在那个时候扮演了这样的角色。很多孩子来到这里的时候，都觉得父母认为自己成绩很差，是扶不起的阿斗，我就会鼓励他，只要他每天告诉自己我今天要比昨天更好，每一天都要比昨天好，那这就是在进步，当有一天回首看的时候就会发现自己已经进步了很多。我认为有些孩子的成长是跳跃式的，自己就可以发展，而有些孩子则是要半拉、半推甚至是半拖的，上帝给了每个人不同的 talent、不同的恩赐，只要找到自己喜欢做的事，并坚持做好，就会累积越来越多，也会更有信心。但是很多父母亲都望子成龙，非常地心切，所以他们送孩子去补习。但我不这样，我会问他想不想进步？你觉得自己为什么没有进步？这样他就会去反思，他可能会说他也想，可是他做不到，那你就要耐心地一步一步引导。其实孩子也是一样的，当你认为他能做得到的时候，他也不想让你失望，就会越来越愿意努力。当父母看到孩子进步，他们也很高兴，我就会给学生父母亲讲："你可以给孩子一点儿赞美，跟孩子说你很棒，要带他去吃饭庆祝一下。"我觉得教导别人的孩子会很有耐心，会孜孜不倦地一直告诉他该怎么做，但教自己的孩子就很容易心急，这些我都体会过。我在教导别人的孩子，看到别的父母与子女的关系，我也在反思我自己。所以有时候你说你在帮助别人，其实事实上这些人一直在帮助我，让我成为一个更懂孩子的母亲。

张荣苏：您现在还继续做补习班吗？

Grace：补习班现在不做了，主要是因为后来我实在太忙了，自己的两个孩子也没有好好照顾，他们在这幢楼里跑来跑去，干什么我也不知道，累了就睡在这里，肚子饿了，我就给他们钱去麦当劳买东西吃，我哥哥甚至对我说我的孩子是麦当劳养大的。我觉得这样好像亏欠了他们，我在帮助别人的时候却忽视了自己的孩子，他们没有得到母亲的关怀。所以后来我觉得我必须把这个补习班关掉，另外我也想把留学的业务扩大，所以就把学院关了，专心做留学。

张荣苏：您的留学业务现在是不是扩展得很大？我进来的时候看到这只是一个分点。

Grace：我本来只在 sunnybank 有一间公司，2004 年把学院关掉后专做留学，接着就在 city 开了一个 branch，设了办理留学移民的第二个分点，同时还在中国台北、澳洲黄金海岸设立了第三、第四个分点，我那时候就变成了一个 super busy 的女性，开始在四个分点跑来跑去。2004 年的时候我有幸加入了台商会，现在已经成为台商会第十七届会长，在这期间我认识了昆州议会前会长、昆州前州长和布里斯班市长，那时候我很想打开国内市场，所以跟着市长代表团到处跑，陪他们去重庆参加姐妹城市签署仪式，去沈阳参加友好城市签署备忘录，希望通过市政府的一些 connection 在重庆和深圳设立分点。所以当我关掉学院的时候并没有停止我的事业，只是转向了另外一个方面，并且想要进行跨国的经营，想在台中、高雄、重庆和深圳再设分点。

我是一个完美主义者，当时就是想要做到最好，很多人也鼓励我，说我做得很好，应该设更多的分点去造福更多的人。我那时候年轻，一心一意想多设分点，所以就到处跑，

sunnybank、city、Gold Coast 还有台北，四间公司同时营业，都交给下属来做，但是不久之后，我的事业和家庭都出现了问题。2006 年，当我准备在其他地方设点的时候，我下面的 staff 出现了变动，三个 branch 的工作人员同时辞职，他们出去成立了另外一家公司，这样我在澳洲以外所有的布局只能先放下，回来巩固大本营。

这时我和我先生的婚姻也出现了危机，当时我先生也跟我忙来忙去，不过很可惜，后来我们在思想观念上的差距越来越大。我在事业上越来越强，他却在事业上没有什么收获，压力就越来越大，我先生不理解我为什么一直在扩大公司，他觉得我的 ambition 太强了。那时候我向外扩点的心愿没有达成，还要回过头来收拾四个 branch 的残局，他觉得他在我身边压力很大，而我也觉得为什么在我身边学了两三年的人都可以出去自立门户，你在我身边这么久、看着我做，却什么都不会。我们之间发生了很多次的争执，他也多次离家出走，最后我们的婚姻也走向边缘。那一年是我最艰辛的一年，我面临着三个 branch 的变动，我先生同时担任台商会会长，我们都有相当多的压力，产生了很多的争执，这也给孩子带来了很多负面的影响，他们每天晚上看到我们吵架，感到很受伤。后来我先生回了台湾，他承受不了这边的舆论压力，我身边很多亲人和朋友都指责他，因为他们觉得都是我在做事、赚钱，他什么都没有做。我那时候忙得焦头烂额，也年轻气盛，他离家出走十个月我都没有在意。那一段时间我觉得我得了忧郁症，很害怕来电话，总担心来电话是不是又有什么事情，对接踵而来的事情有一种恐惧感。

　　我是一个相当倔强的人，将孩子带在身边自己做，很多人都不知道我先生回台湾，他们只以为他回台湾是帮我看台北的公司，可实际上台北的公司也是我在管。这样我对他的怨怼就一直放在心里，后来他想回来，却没有告诉我，而是请教商会的朋友帮忙当说客，让我接受我先生回来。那时候我呈现给他们的印象是我很强势，因为我事业做得很成功，而我先生是属于比较弱的状态。我那时候也是满腹委屈，我一个女性管四家公司还带两个孩子，没有人来关怀我，他自己买一张机票就走了，多潇洒。所以他们越来跟我讲，我就越生气，认为你要想回来就自己跟我说，为什么要借别人的口。他走了将近一年我谁都没有说，我不想引起别人的同情和攻讦，而且我也没有时间给别人说这个事，整天都在忙着招募、培训员工，把孩子管好，时间的切割很紧密。也就在这个时候我离开了台商会，一个原因就是我不想走出去时总是有人问我和我先生的问题，那时候我都不太出门，天天坐在这里，这里才让我找到自己的成就感。这种状态一直持续到 2011 年，那时候我先生有了想要的新生活，就提出了离婚，我最怕他跟我抢孩子，当我看到他送来的离婚协议书上没有抢孩子这一条，我就立刻签名了，我们离婚非常干脆利落。现在回想起来那时候我也比较强势，他走了之后我就立刻换锁了，要是现在的我可能就会采取比较柔和一点儿的做法，人的年龄和智慧都在成长吧。

　　张荣苏：您是如何调整自己来度过这些危机的呢？

　　Grace：从 2007 年开始我就一直撑着，我不想我的婚姻垮了，事业也关掉了，让别人看到我是一个失败的人。这样到了 2011 年，我就觉得很累，我身边有人劝我先暂时关掉几个

branch，等到准备好了再回去，我接受了这个劝告。因为我是这边所有大学和大专院校的代理，我就向这边所有大学说我暂时关闭台北和 Gold Coast 的点。当我关掉这两个分点的时候，我才感受到原来人生可以这么轻松。其实这样做的原因很大一部分是孩子，当我收到法院的离婚信件时，我的两个孩子都看了，我没想到我儿子会哭着问我他做错了什么，为什么爸爸会不要他。我当时很吃惊，没想到孩子会有这样的想法，我感到两个孩子受到了伤害，而且那时候我儿子有点儿叛逆，思维有点 twist，还很爱哭。我觉得这样不行，亏欠孩子太多，我已经赔掉了婚姻，不能再赔掉两个孩子和我的关系。当时我作为母亲，我必须坚强地带着孩子走过他们人生的那个阶段，所以就毅然把那两家店关掉了，只留下 city 一家店。我开始花很多时间在孩子身上，陪着他们长大，我每天开车 15~20 分钟就可以到公司，也不用再飞来飞去，一去就好几天。以前我一年起码要飞台北六次，一去一两个礼拜，孩子只能去寄宿家庭或者轮流给亲戚照看。现在回想起来，我觉得当时我做了人生中正确的选择，我的两个孩子非常可怜，他们已经失去父爱了，如果再失去母亲的爱，我觉得这将是我一辈子都无法挽回的。

那时候我儿子在叛逆期，我看了一本书说每天晚上在孩子睡觉的时候，去他的身边为他祷告，我就真的这样去做了。等他睡着了，我牵着他的手把每天的不愉快说给他听，可能他慢慢会听到我的话，后来孩子和我就越来越亲。我的孩子其实是比较敏感的，遇到事情会很自卑和自责，这是我离婚给他们带来的阴影，当时他们的父亲没有要他们，我儿子觉得是他的错，我发现这是我需要解决的问题，所以我开始鼓励他们，我告诉他们只要你书读得好，你爸爸就会回来。当我儿子考上医学院的时候，他说第一个想通知的是他父亲，结果他真的在公交车上遇到了他父亲现在的太太，请她告诉他父亲他考上了医学院，后来他爸爸也真的打电话过来，请两姐弟去家里吃饭，那是他们俩第一次去他们父亲的家里吃晚餐。所以这给了孩子很大的鼓励，他会觉得这是对他的肯定，会想去做得更好。

后来我也开始反思，在这段婚姻里不只是我前夫不好，我自己也有做得不够的地方，就像我前夫在我们离婚后就去上班了，现在在机场免税店工作，但和我在一起的时候，我让他去做导游、去读神学院。那时候我要的只是想他能被我仰视，但他要的是我不要再操纵他的人生，不要告诉他该做什么。以前我对他的期许是做一个牧师或神职人员也好，去带团也好，至少让我觉得他是一个充满自信的人，而不是在我面前他觉得自己矮我一截。其实我很感谢我前夫，离婚后没有回来跟我争监护权，也没有说周末轮流照顾孩子，他是完全把孩子交给我，这对我的好处就是我能很好地教孩子。很多家庭在离婚后交换监护权的时候，很容易产生教育上的分歧，孩子会认为为什么在妈妈这里不可以做的事情在爸爸那里就可以。但是我的孩子可以完全在我的教育之下成长，我就是家里的权威，我可以用我自己的方式去教导他们，不会让他们在教育分歧中钻空子。现在两个孩子都成年了，女儿在 city 的办公室帮我，儿子现在在读牙医，我也非常为他们感到自豪。

张荣苏：您一路走来确实很不容易，我看到您的宣传单上还有移民法律业务，这一块主要涉及哪些方面？

Grace：2004 年学院关掉后，我请的那个班主任也去读书了，后来他拿到了律师执照，接了一些我们公司移民的案子，成为我们公司的注册移民代理。现在移民法律是他自己在外面做，但是我这里有了案子会交给他处理。

张荣苏：总体上来看其实留学还是您的主要业务，请问您的客户主要来自哪里？

Grace：中国大陆是我的主力市场，因为大陆留学生占的市场率本来就大，台湾地区来的学生占据的比率还是小。幸运的是我做得比较早，很多人都是靠朋友介绍找到这里的，很多学生来到澳洲是读中学的，他们会有转学、升学的需要，我们就帮他们办理；还有一些学生是通过国内的留学中介来这里读书的，在这里如果出了问题国内的留学中介不会管他们，很多人就说你可以去找 Grace 阿姨，她会帮忙解决。所以大家都是通过朋友介绍，一个带一个过来的。学生父母也比较肯定我们，会通过微信和我们直接联络，把材料交给我们，我们指导学生办理申请签证、入学、升学等各种事项。

张荣苏：现在是信息时代，您有没有适应市场，进行营销宣传？

Grace：如果有需要我们会办理大学面谈会，如昆士兰大学、昆士兰科技大学会派人到我这里来，针对他们学校的 application 等问题进行讲解，学生在我这里也会得到第一手的咨询信息，在这里会更有一种信赖的关系。其实这一路走来，只要你用真心去对待、关怀每一个孩子，这些孩子在心中也会有比较，他会认为有些 Agent 只会帮我填表格、告诉我一些注意事项后双方就没有关系了。但是在这里，我会跟他聊天，遇到他选择的学校不太适合他的时候会问他为什么选择这所学校，因为现在很多孩子跟风，看到很多人选择这所学校、这个专业也跟着选，但我觉得这个选择可能并不适合他，就会去引导他；还有的孩子眼界过高，他其实不适合这个选择，但心里就想读自己选的这个。

张荣苏：您做留学咨询这么多年，认为哪些问题比较难处理？

Grace：我好像也没觉得有什么难处理的问题，毕竟已经做了二十五年了。其实没有所谓的难与不难，我们只能说尽力去解决，因为有些案子你改变不了它。要说我遇到的工作瓶颈就是时代的变迁，我们早期的时候是通过口碑做宣传，学生一个带一个过来做的，那时候我的生意是门庭若市，我也从来不做市场宣传，学生就会打电话或者自己跑来，一个学生和他周围一大批同学可能都是在我这办的留学，好几年前也是这样。但是这几年我发现市场开始转变了，已经进入"E时代"了，我们这种旧式的传统咨询方式不够便捷，别人已经开始用 Marketing 去包装宣传，用微博、公众号来传播，那样传播的速度非常快。所以我在工作中会经常碰到一些学生已经被一些不负责任的 Agent 做坏了，出了问题没人帮他们解决，他们经过熟人介绍找到我。如果说工作瓶颈的话就在这里了，我发现我办的案子都是难度比较高、花时间很长的。从市场角度看，别人做的都是容易的事，填个报名表、申请学校，钱就赚进来了。而我要给学生写信，告诉学生因为你成绩不好、没有出勤，学校不要你了，移民局也要 cancel 你的签证了，给你两个星期的时间必须离境，后面还有一大堆事情。对于这样的学生，我们是能救的就救，救不了也没办法。有时候我们必须让这些孩子了解社会，他要跌跤的时候你不能阻止他跌倒，因为有时候让他跌倒是为了让他看清楚自己的未来。这就看你有没有从中得到教训，有没有从中学习到东西。就像我从婚姻中跌倒，我从中得到了教训和反思，这也是我人生方向发生转变的一个因素，我看到很多女性在婚姻失败后就失去了自我，再站起来的难度很大，而我是非常幸运的。

张荣苏：您是一个非常善于反思的女性，请您谈一下这么多年从事教育事业的感受。

Grace：我觉得做关于女性方面的工作是我未来退休后的心愿，还有青少年的教育，在单亲家庭受到伤害后，如何重建他们的自信心，重新走出自己的人生，这也是我很想做的一件事，因为我自己的孩子就是这样。我不能说自己在这方面做得非常成功，但我已经尽力做到最好，我现在真的以我的两个孩子为傲，他们懂事、贴心、善良，和我感情也很好，他们永远想的是如何帮助别人，不会辜负这个社会对他们的栽培，这是我更看重的一个孩子的品格。所以我在帮这些孩子办签证的时候，我能救你的就救你，但是就算你已经被取消签证必须回国了，我已经救不了你了，我认为我也没有放弃你，因为你的人生还可以走向下一个方向，现在的跌倒是为了让你知道如何对自己的错误负责，你不上学、不读书导致签证被cancel，所以你要去承担这样的后果，但如果以后在人生的每一个阶段，你都能引以为戒，去反思、去努力，你仍然可以走向成功。我认为我做这个教育不是仅仅把你送进大学去读书，我更看重的是这个孩子在他心灵里面、在他人生的观念方面有没有立定一个正确的指引目标，我认为这才是帮助一个孩子重要的点，而不是今天你取得了最高学历的毕业证书。我认为成功就是把你做的每一件事都做好，当你发现有些事情你做不到，你愿意去 over come，愿意去改变它，你去做了，并且做到了，那就是成功。

张荣苏：您从退出台商会到现在做了会长，是不是也可以说是一个成功的转变？

Grace：我要先讲我为什么会接任台商会的会长，我进入台商会是施伯欣的爸爸带我进去的，中间离开商会是因为我的婚姻触礁，无暇顾及，所以我没有时间回到商会。等到回到商会是 2013 年施伯欣当会长的时候，那时候他在办台湾嘉年华，想找我帮他做。当时我已经离婚一段时间了，家庭、事业也已经慢慢调整好了，孩子也长大了，我女儿已经读大学了，虽然儿子还在上高中，但我不需要再管他们，可以很放心地做我的事业。而且我发现我可以抽出很多时间，再加上那时候我很感恩施伯欣的爸爸在我婚姻触礁的时候请我们到他家去，关怀我们，这让我很感激他们，所以当施伯欣接任会长的时候我就回来帮忙。

我本来无心接任会长，因为在我前夫做会长的时候，我们的婚姻走向终点。当我回到商会的时候，我把女儿也带了进来，她进入了商会的青商会，成为青商会的副部长，现在我做了会长，她也成为我们台商会的副秘书长。我发现她的父亲虽然以前是商会的会长，但他的名字在商会没有人再提及，看历届商会会长的照片、名册，也没有她父亲了，因为她父亲后来不在商界出现、不再交会费，所以就在名册上消失了。有时候我想我现在走到这里，他也走进他新的婚姻，他也很 enjoy 他的新生活，我和我的孩子现在也很幸福，我们这个离婚是很完美的结束方式，不仅解脱了他，也让我放手去寻找自己的人生。我是今年6月8日才接任会长，商会是个 non-profit organization，里面的会员大部分都是商场上的企业老板，我很感恩有一个很好的团队，下面的理事和理监事，他们都很乐意付出。我认为我接任台商会会长的职位，就是决定要出来奉献，我希望通过商界的力量来帮助更多人找到自己工作的方向，也帮助商界的朋友扩展他们的生意。我认为这是一个合作的时代，大家要资源共享，重新整合、团结力量。在接任商会会长的时候，我认为不是我一个人可以扛下所有的责任，而是要一个团队一起努力。

张荣苏：您目前担任布里斯班市长慈善基金会的慈善大使，请介绍一下这个慈善基金会及其具体工作。

Grace：这个慈善基金已经成立快五十年了，历届市长的夫人是 chair person，慈善大使都是女性。很感谢台商会几位荣誉会长和我们的市议员 Stephen Huang（黄文毅），市长慈善基金那边请他们推选几个慈善大使，他们就推荐了我。我们慈善大使大概有二三十个，华人女性有四个，我是其中之一，另外三个人是大陆来的。我们一起做慈善募款活动，或者市长慈善基金那边每年有几个主题慈善活动，我们慈善大使都会去帮忙。也没有说你一定要做什么工作，大家做这个工作都是被推荐去的，也都是发自内心愿意推动慈善工作，所以大家都是自发性的，能做多少做多少。我们原则上一般六个星期去 city hall 那里开一次会，开会时能来就来，不过大家都尽量到。每一年度我们都会有几个主题慈善活动，如 Gala dinner、city hall BBQ 这些慈善活动，每一次我们收到募款都会由基金会进行审核，再把这些钱拨给布里斯班有需要的小慈善团体，他们再去做基层的慈善工作，因为这些基层慈善团体实力不够强，他们募款的渠道有限，募款也比较困难，就会写 proposal 给我们，我们慈善基金去审核，然后拨款给他们。整体来说就是市政府收到募款然后再拨款给地方慈善机构和团体。

张荣苏：根据您的经历，请谈一下在这里做慈善工作的感受。

Grace：可能因为我家庭的原因，从我小时候起我父亲就一直在做慈善工作，他以前经常捐衣服、捐钱给孤儿院。后来因缘际会，我父亲信了衣冠道，我们家那时候住了很多人，每次都有一二十口人吃饭，我父亲收养了很多父母亲离异的孩子，和我们家人住在一起，我爸爸帮他们出学费，所以我们家都用很大的电锅吃饭。我是在一个非常愿意分享的环境中长大的，我的观念也是这样，当我从婚姻中走出来之后，我发现只有在真正帮助别人的时候，才可以让自己的伤痕恢复，你也可以看到自己的很多不足，我看到其实在婚姻中我前夫也蛮可怜的。正因如此，我慢慢觉得我需要去从事更多的慈善工作，我的孩子走出来了，我也走出来了，我是被祝福的、幸运的人，我可以用我的人生经验去帮助那些更可怜的女性，当她们婚姻触礁的时候，她们很多人没有工作的能力。

我本来以为要等到退休了我才会去做慈善工作，当时想以后很可能进入教会，我是来澳洲后转信基督的，因为我前夫信基督……我觉得基督教带给我的价值观更符合我在国外生活的需要，所以我选择了这个，我加入基督教后我的信仰就没有再改变了，《圣经》里的教诲都是我很喜欢的，我以前就特别喜欢《爱的真谛》这首歌，后来我才知道这首歌取自圣经里的格林多前书，所以有时候感觉冥冥之中上帝已经拣选了我。我觉得圣经的教育是很好的，除了上帝，没有人是完美的，我可以接受自己的不完美，只能不断勉励自己，不过每一次我犯的错误我都知道悔改，因此我就一天一天在进步，就像在鼓励那些孩子一样。所以圣经的教育让我经常反省自己是否做对了，我可以做得更好。

张荣苏：您的慈善理念和宗教信仰很符合澳大利亚主流社会价值观，作为一个华人移民是不是更容易融入这个社会？

Grace：确实是这样，我也特别鼓励我们华人，特别是大陆来的华人能够积极参与慈善活动。因为我认为这个社会以爱为本，任何一个族群都一样，只要有爱就没有国界。每个人都有自己的政治观点和利益需求，只有爱是没有距离和界限的。我也不认为白人都是愿意行善的，但当你用爱去接纳别人，去做一份工作的时候，你会发现主流社会也是用这样的方式去做工作。我刚开始去做慈善工作的时候，发现这个社会上有钱的人真的很多，愿意行善的人也很多，但我认为并不是只有有钱人才可以做慈善工作，哪怕你今天赚了五块钱，愿意分享五十分，只要你有心分享，那我认为这就是慈善，你也有心走向善念，这样可以跨越语言的障碍，让大家走到一起。

张荣苏：您作为市长基金会里的华人慈善大使，华人社区是您的主要募捐对象吗？

Grace：市政府并没有给我们指标，规定我们向哪里去募款。市政府办了很多慈善活动，如每年五六月份的 city hall BBQ，我们就会在 king George 广场做很多活动，我们卖很多 raffle，会有很多人来募捐，让更多人参与慈善工作，这个时候就不会分是华人还是洋人，这是一个公众参与的慈善活动。我们其实只是在这个慈善活动中扮演一个角色，让主流社会看到其实我们华人也有参与到澳洲社会的慈善工作中，不是只有白人才去做慈善，他们也会对我们华人肃然起敬，让他们看到我们华人也是尽心尽力与他们融为一体。作为慈善大使，我也会呼吁我们华人团体参与慈善，很多华人团体也很热心，许多在澳洲居住时间久的华人、侨团都希望与主流社会接轨，也愿意去奉献。当我们经济好的时候我们会反思在社会的另一个黑暗角落里还有很多人需要帮助，我们只要分出去一点儿，对这些人来说可能是他们一生中重要的转折，所以我们在推动着这个工作，很多华人也意识到这项工作的意义。我们也会专门办几场华人的慈善晚宴，我们四个华人慈善大使在新利班华人聚居区曾经连续办过三场慈善晚宴，华人的募款号召力也很强，有一次在枫林酒店，一个晚上就收到五万多块的捐款，还有一次在南岸那边一晚上募了九万多块。除此之外，还有很多大大小小的慈善音乐会，我觉得这也是一种与主流接轨的方式。比如，有一个海外表演团要来这里表演，他们希望卖门票或者一些raffle 来做慈善捐款，并请市长支持。那我就帮忙联系，请市长和市长夫人参加这个演出，门票和 raffle 的收益就捐给市长慈善基金，市长给每位表演者都颁发了感谢状，感谢他们的慈善活动。这样就可以看到我们华人来到海外，用自己的一技之长或者兴趣爱好，既可以给别人带来 entertainment，又可以做慈善工作。我认为这些都是很小的事情，可能这也不是一个非常值得看的专业演出，但大家听说这是一场慈善音乐会，那大家花五十块钱买门票进去听感受就会不一样，因为这些钱可以帮助其他人。所以慈善的氛围很重要，当大家一起来做一件事情的时候就会觉得非常有意义。我觉得慈善工作在全世界越来越普遍，当一个国家越来越文明、进步的时候，大家都会进一步思考自己能为这个社会做什么。我认为处在西方文化社会中的华人，他们愿意去做慈善，就会让西方社会明白我们华人也是非常乐善好施的，华人不是只来赚钱，不是只来抢他们的工作机会的。

张荣苏：非常感谢您接受我们的采访，分享您的故事，最后请您谈谈自己对未来有什么样的规划。

Grace：我对自己事业上的规划不像以前那样有雄心壮志了，我觉得一切随缘吧。我现在不会再做我年轻时已经做过的事情，就是不断地扩大生意规模，但只要我找到有缘人，跟我有一样的心境，愿意帮助别人、服务社区，我希望这样的人加入我们的团队，为社会做更多的贡献。我觉得现在的我比以前更有智慧，以前我只会盲目地冲闯，现在我知道我想做什么，绝对不会再透支我的时间去做一些无谓的扩张，因为这很可能会导致瞬间的垮台，就像我当初所经历的那样。

至于商会工作，我觉得我已经有了人生的经验、社会的历练和商界的经验，儿女也已经长大了，我可以有更多的精力去为商会服务，带领商会走进下一个阶段。虽然我们名字是台商会，但在我的观念里面商人是没有国界的……我认为我们是在澳洲的国土和社会里，澳洲政府、主流社会愿意接纳我们华人，族群团结力量很重要，我们只有团结在一起才能给社会带来更多的福祉。还有一点，我对族群的概念没有太多的想法，我认为社会的核心在于爱，只要你有爱心，和我一起做慈善活动，我也非常乐意。我不想说期望我未来要做什么，但我有一个很明确的目标，就是尽我所能地为这个社会做更多的贡献。从来到澳洲开始，这一路走来，我一直都是被祝福的，所以当你在祝福别人的时候，到最后真正被祝福的是我们自己。因为有这种价值观念，我们根本不需要用条条框框限制住自己以后要干什么，我希望在以后我回首自己一生的时候，会反思自己在每个阶段是不是都尽力做到最好了。

（访谈整理：张荣苏）

编者按：Grace 是非常虔诚的基督徒，她向我们分享了她来澳大利亚后的人生经历，从她的故事中我感受到人要宽松、温和地对待家庭与事业，人生会活得更轻松，也会比承受太大压力的时候更容易成功。

昆士兰自由党华裔党部主席王子明访谈录

访谈时间： 2019 年 5 月 30 日

访谈地点： 布里斯班 Macgregor，BrisStar 集团接待室

访谈方式： 面对面

访谈人： 粟明鲜、张荣苏

受访人： 王子明

受访者个人资料：

王子明：男，广西桂林人，1992 年年初移民澳大利亚，主要从事餐饮行业，昆士兰自由党华裔党部创始人之一，曾任华裔党部主席。

访谈记录：

张荣苏： 请您介绍一下自己以及从事的行业。

王子明： 我是广西桂林人，在国内是学英语专业的，做国际游客接待。1992 年持学生签证来这边格里菲斯大学读 MBA，毕业后留在这边一个汽车公司上班，后来做快餐连锁生意。快餐连锁是个国际品牌（Subway），我来做加盟，雇了十来个人。除此之外还开了几家中式餐饮店。

张荣苏： 您之前是做旅游的，为什么没有选择继续做下去，而选择做餐饮？

王子明：主要是看到这里有一个很好的市场，我是做小生意的，之前上班有工资，也通过房产投资积累了一些资金，一步一步这么做下来了。我在新利班的快餐店主要客户是华人，在其他地方的店客户主要是澳洲本地人。我认为澳洲主流社会市场其实是一个非常好的市场，比华人市场更稳定，如果他们喜欢你的东西会非常忠诚，所以其实他们的生意比较好做。我们的一个店（Subway）的记录，在一个小时（12:00—13:00）之内卖了将近一百四十个订单。

张荣苏：您的店经营模式是什么？您需要在店里帮忙吗？还是主要从事管理工作？

王子明：我雇了十来个人在店里做事，他们基本上都是澳洲当地人，有黑人，有白人，也有华人，我负责管理。我和我太太也经常在店里做事，我喜欢在店里和客人打交道。

张荣苏：您在澳洲做生意有哪些有利和不利因素？

王子明：从我所做的行业来说，有利方面就是澳洲人是一帮非常好的客户，非常友善、忠诚，这是非常有利的。还有就是澳洲一些大的政策比较透明，不需要去应酬，也不需要通过人际关系帮你，只要扎扎实实做自己生意就好了。澳洲从20世纪90年代初就从经济萧条中走出来了，经济一直在增长，澳洲的整个商业环境是很好的。不利因素就是在某些方面成本非常高，如人工成本，而且有些工资标准、劳资管制设定并不是很合理，对企业和寻找工作的年轻人都不是很有帮助，我们只能在现有的法律规则之下去寻求平衡。

张荣苏：除了加盟 Subway，您还做中式餐饮，请问中式餐饮在这里怎样才能被主流社会的客户接纳？存在哪些困难？

王子明：我的想法就是做中式餐饮，但主要客户是澳洲当地人，这是一个很有前景的领域，华人在这方面还不是很成功。我们有一些饮食产品西方人是很喜欢的，但我们需要做一些改动，使澳洲当地人更容易接受和喜欢。我想做这件事，让西方人更习惯、更频繁地吃中餐。让中式餐饮进入主流社会商业环境中，目前来看很多华人还没有很好地做到，但我看到很多的机会，希望能够在里面发展。这对很多人来说有相当大的困难，因为很多人尽管在澳洲生活很多年，但他们并没有真正了解当地人的文化、饮食、思维方式，要和澳洲当地人做生意，或者说做他们的生意，对很多人来说会有很大的困难。但对我来说这些不是困难，一是我在进入餐饮行业之前，二十多年前，也就是20世纪90年代中期的时候，我帮一个朋友管理餐厅，主要服务的人群就是澳洲当地白人；二是我之前在澳洲人的公司里面工作了很长一段时间，当时整个集团就我一个华人。我在澳洲的起步就是从澳洲当地人的公司里面开始的，交际圈在最初的时候就不局限在华人里面。我读书的时候在餐馆打工，看到很多华人餐馆的客人大多数都是华人，就算在旁边新开了一家中餐店，抢的还是同一批客人。当时我就认为，餐厅的顾客群就应该是所有在澳大利亚生活的人，而不是只限于华人这个圈子。我想很多人都能够看到这一点，至于是不是能够突破这一点，怎样去吸引客户，了解他们的餐饮习惯，这对很多华人来说可能是一个很大的跨越。

张荣苏：您是昆士兰自由党华裔党部创始人之一，请问您创建这个华裔党部的初衷是什么？具体做了哪些工作？

王子明：我在澳洲人的这个圈子里比较多，有很多澳洲朋友，有一些是政界的，但从来不觉得他们能够对我的生意和发展有什么帮助。我只是希望作为一个在澳洲的中国人，我不想像很多华人一样处在这个社会的边缘，没有真正融入这个社会里面，他们虽然对澳洲社会有一定了解，但不是很充分，如看问题的方式，还是习惯用中国的思维，我不希望自己成为这样的人，我想融入澳洲社会，与各界的精英可以打成一片、交往和沟通，能够更多地参与澳洲社会。2016年联邦大选的时候，我突然意识到，我们华人自成一体，与澳洲的主流社会、主流的政党、政府没有很多的交集，却没有很多的沟通来往。所以在整个选举过程中，我们华人一直在呼吁华人要参政、议政，但是怎样去参政、议政？除了投票之外，我们似乎没有更多的行为和举动，也没有足够的渠道。因此可以说，主流政党和政府与我们华人的沟通是非常有限的。当时我就觉得其实主流政党也需要了解我们华人社会，而华人也要发出我们自己的声音，与政党、政府沟通，反映我们的意见和观点，我就想我们应该建立这样一种桥梁。因为我支持自由党，是自由党党员，所以我就想在自由党里面成立一个华裔的党部。

2016年，我有这种想法之后，就跟昆州这边自由党总部沟通了。当时跟一个来自台湾地区的华人施伯欣一起创建了这个自由党华裔党部，我更多的工作是劝说党部同意我们创立这样一个华裔党部，让他们了解我们创建这样一个党部的必要性。施伯欣主要负责去寻找那些志同道合的人来参加这个党部。经过党部的同意，又找到一些自由党党员，我们自由党华裔党部就在2017年的1月份成立起来了。

张荣苏：您认为主流社会想了解华人社会哪些方面？

王子明：他们想了解你对澳洲政策、法律的看法，方方面面吧。政党有自己的意识形态，它所有的政策和思路都是根据意识形态制定的，在制定政策的时候肯定想了解方方面面的想法，从而制定出一些让更多人接受的政策，所以需要了解各个社区，包括主流社会的、难民的，当然也包括我们华人的想法。

张荣苏：在两大主流政党中您什么会选择支持自由党？

王子明：因为自由党的理念跟我们华人的价值观比较符合，与华人重视的东西，像经济、教育、家庭有一致的地方。比如，我们华人看重经济发展，经济搞好了才能讲其他的，如果经济都不好，你再讲增加医疗、教育投入，这些钱都没有地方来。自由党很在乎经济，这个饼大了，到时候再去分，每个人都会分更多一些。工党却不是说这个饼有多大，而是看重在现有的这个饼的分配中，为什么有的人更多，工党讲究更绝对的平均主义。

张荣苏：您认为澳洲华人在参政问题上有哪些优势和劣势？

王子明：优势就是华人是很勤奋的民族，我们来澳洲都是靠自己的努力学习、工作，把自己的家庭经营好，在这个社会上立足，比较上进是我们华人的优势。同时，华人也是澳洲最大的少数族群，我们中国传统文化中闪光、优秀的地方也能传达出去。劣势就是语言问题，英语通常不是我们第一代移民的母语，而英语是澳洲通用语言，澳洲选民主要还是以英语为第一语言，如果我们的英语讲得不是很流畅，这显然是一个很大的劣势。因为你如果要参政的话，是要用语言去沟通，让大家认识你、相信你、支持你的，这方面是我们一大劣势。除此之外，就是我们华人对澳洲的政治不关心，华人总认为政治和我们是没有关系的。其实在西方，政治影响着我们的每一个方面，因为在生活中我们所经历的都源于政党政治的理念，最后通过政策和法律实施出来的。比如，我们最近的治安问题游行，我们要求的是严格执行法律，加强对罪犯的惩罚。但是另外一种理念就是不要过度地去惩罚青少年，让他自己慢慢长大。现在南区治安很差，青少年犯罪增加，这就是根据不同理念、意识形态而制定的法律，最后对我们的生活造成的影响。虽然现在我没看到相关研究证明法律严苛与否和犯罪率之间的关系，但是在2012—2015年，昆州在法律相对比较严苛的时候，犯罪率是直线下降的，到2015年法律宽松的时候，犯罪率又直线上升了，这是我们亲眼所见的。这就是典型的政治在影响我们的生活。

张荣苏：刚刚您主要从华人以及华社方面谈了华人参政的劣势，那么从主流社会方面来看，华人参政的困难有哪些？

王子明：从主流社会或者说澳洲的大环境方面来说，他们需要对我们有更多的了解。由于我们华人一直不是特别积极地参与和了解澳洲社会，所以整个澳洲社会对我们的了解其实也还没有达到一定深度，可能对其他族群的了解都远远多过我们。华人在议会里面人数比较少，一是因为华人不积极；二是人家对我们也不了解。你越积极，就越有机会站出来，走到这个国家最高的政治层次上去。但是如果你达到一定的高度，即使你不去，人家也会来找你、敦促你。由于人家对你的认识没有那么深，你自己又不积极参与，因此我们华人，或以华裔的身份参与到政治层面（做议员）的人数与我们华人人口的比例是不相称的。

张荣苏：现在自由党华裔党部要做的是否就是要调动大家的参政积极性？

王子明：我们现在要做的有好几点：一是鼓励华人参政、议政；二是让更多的华人愿意去了解澳洲的政治；三是我们愿意帮助大家去了解澳洲政治，从而进一步了解澳洲的经济、文化和社会。

张荣苏：你们具体做了哪些活动帮助华人社会去了解澳洲政治？

王子明：例如，（2019 年）4 月 18 日，我们搞了华人论坛，请了两个主流政党的代表。自由党这边是我和施伯欣，工党那边是蔡伟民、Stanley Hsu（许柏亭），我们在一起就各自介绍本党的政策，帮助大家去了解，以后还会搞更多这样的活动。另外一个活动就是通过我们自己的党员，在微信群向大家介绍澳洲的政治、政党的政策。还有就是我们会提供机会让华人社区和澳洲主流社会、政府进行沟通。在华人所关心的政策层面上，如移民政策，这个大家很关心，我们曾经两次把移民部部长请来跟华人社区沟通，一次是 2017 年 10 月份，当时移民部部长 Peter Dutton 来了，和大家进行了四五个小时的沟通，让他听取我们华人的看法。还有一次就是前几个月，我们把移民部部长 David Coleman 请来，让他听一下大家的想法。现在选举结束了，新的政府成立了，很多华人很关心中澳关系，我们计划把外交部部长请来，再请一些华人社区的代表。我们这样做起到一种桥梁作用，希望两边能够对这些问题进行沟通和探讨，让他们能够了解到华人对这些东西有哪些看法，那么久而久之，他们在制定政策的时候，会习惯于考虑华人的意见。之前我们没有这样去做，所以他们也没有这样的习惯，如果我们这样去做了，他们就会有这样的考虑，这是一个很好的开始。

张荣苏：刚刚您谈到华人社会也非常关注中澳关系，您如何看待当前中澳关系？

王子明：中澳之间原来可能更强调友好和贸易，但其中也有一些不同的观点。我们所要做的只是希望政府在制定对中国政策的时候，更多地听取华人社区对这个问题的看法。我们华人都希望中澳关系能够好转。

张荣苏：自由党华裔党部有没有较为系统、具体的政策建议向政府表达？

王子明：党部成立两年多了，我们在很多方面都想把华人社区的想法传递给澳洲政府的相关部长。比如，教育问题，我很想向教育部部长沟通如何更好地帮助第一代甚至第二代移民融入澳洲社会，因为包括第二代移民在内，华人都没有能够很成功地融入进去。但是这些东西如果我们不告诉他，部长是不知道的，因为他们从来没有从华人角度去看待这个问题。不仅是政府，澳洲社会有些人甚至会认为是我们不想融入，我想大部分人来了之后还是想融入这个社会的。

张荣苏：为什么华人给人一种不想融入澳洲社会的印象？

王子明：这就是我说的双方之间缺乏一种 Profound understanding。之前我和州政府影子① 教育部部长聊过这件事，

---

① 指西方政坛中在野党组建的内阁，一旦在野党执政，即可成为新的政府团队。

当时讲的是第二代移民的融入的问题，而他根本就不知道，都没有想过移民的融入问题。

粟明鲜：我认为这个问题是双方的，我有很深的感触。我做大陆来的华人社团比较早，当时名气也相当高，和这些政客也有交往，但是在我印象中，没有一个政客在大选的时候来问我，你们有什么意见？能不能帮助我们？当然我自己也没有主动去问你们需要哪些意见？所以我觉得这个事情是双方的。

张荣苏：目前华人是澳洲最大的少数族群，为什么主流社会忽视华人？仅仅是双方缺少深入了解和沟通吗？

王子明：他不是主动地去忽视你，因为我们华人都不喜欢发声，如果你不主动让他注意你的话，人家也不会关注你，我们也需要主动向他们反映这些问题（如治安）。其实不是他有意忽视你，而是他没有留意到你。他们需要做的事情很多，其他族裔在向他们发出声音的时候，他们在忙这些发声族裔的事情，你没有向他发出声音，他自然就不会留意。这当然是他们的不对，他们也应该关注这些没有发声的族群，因为正是这些沉默的选民在投票的时候会表现出他们的力量。

粟明鲜：蔡伟民当时当选议员主要是因为他所在的区是工党的铁票区，只要被党内推出来，就一定能当选，并不是谁比谁更优秀。但是蔡伟民在作为议员的时候，他并不把华人社区作为主要的服务对象，他也不把自己作为一个华人，他当选议员是党内推选，并不是被华人推上去的，这一点是事实。但是作为一个已经当选的议员，也是从华人族群里面走出来的，不利用这个机会去关注这个澳洲最大的少数族群，不把他们的问题向政府、向其所在的政党及时反映，让他们去更多地了解华人社会的问题，这样很难改变现状。我们感觉到他在这一方面做得并不是很好。当然这也可能有很多看不到的因素和限制。

张荣苏： 如果这样，很多华人会不会对华人参政感到失望？

王子明： 是的。当时州长请蔡伟民出来参政，他的华人身份是一个很重要的原因，那时 Pauline Hanson（波琳·汉森）和她的"一国党"对亚洲移民、华人不太友好，州长认为如果有一个华人出来参加选举会比较有意义。所以可以说，他能够出来在很大程度上就是因为他是华人。我个人认为，既然你是一个华人，你比澳洲其他议员、政党都了解华人，那你就有一个天然的使命，就是让更多的人去了解华人的观念和他们的诉求。你有这个义务和责任，也有优势帮助澳洲社会去了解华人。你来自这个社区，你就有义务展示这个社区优秀的地方，同时也能够反馈这个社区需要改进的方面，这些都是华人议员要承担的责任。

张荣苏： 这其实是一个在族裔身份和选区代表之间寻求平衡的问题，您认为怎样做才能解决这个问题？

王子明： 如果是一个华裔的候选人出来竞选，他是应该更多考虑、照顾到华人的利益，还是应该像刚才说的蔡伟民那样，不把自己当作是一个华人，站出来不是代表华人利益的，而是代表所有选民利益的？这个在理论上是对的，但是一个华人出来参选，即便不是华人社区所有人，也有相当一部分人自然而然会对他有一种特别的期待。现在华人社区对这一问题还是有分歧的，没有达成共识，我也不认为这个问题在短时间内能达成一致。所以我们在这个事情上只能看自己立场，蔡伟民先生就是认为即使你是一个华人，也千万不要认为你是代表华人利益、华人声音而出来竞选的。

张荣苏：您认为当选的议员应该凸显自己的族群身份，代表华人，反映华人的诉求吗？

王子明：我们华人取得这样成绩（当选议员）的人不多，这次维多利亚州的廖婵娥成功当选联邦议员，我相信她有这种使命感，她会展现出更多华人的特质，会帮助主流政党和主流社会更多了解我们华人。她就是华人社会的一个代表，当这个国家和社会对她有很多了解的时候，自然也会更深入了解华人社会。

张荣苏：这次联邦大选，维多利亚州在同一选区推举两位华裔候选人，并且都是女性，您对此有什么看法？

王子明：我认为廖婵娥能够做得很好，从她在选举过程中的表现，我能看出来她对澳洲有很深的了解，她来自香港，但普通话说得很好。另外一位杨千惠，尽管她阐述了很多自己在澳洲的经历，但我感觉她对澳洲的融入、或者说她对澳洲的了解不是很好。因为我看到她在一个正式的集会上，在发言的时候连自己的语言都控制不好，她的英语没达到一个很好的程度，语言是最基本的政治素养。并且廖婵娥所在的自由党，它的基本理念也跟华人比较接近。

张荣苏：您是否考虑过其他的参政方式？例如，华人除了去竞选议员，是否也能够形成压力集团，对政党、政府政策产生影响？

王子明：这里面有一些具体的问题需要考虑，如 Lobby 这个集团是需要很多费用的，华人的经济能力不差，但是否能够团结在一起是个问题。并且华人对政治不是特别关心，这一步可能跳得太快。我们目前在自由党内部成立一个华裔党部，其实想做的就是 Lobby 的工作。

张荣苏： 澳洲是一个多元文化的国家，您是如何理解多元文化的？

王子明： 我认为澳洲主流文化就像一把大伞，多元文化，就是各个族裔的文化应该在这把大伞之下，所以一定要以主流价值观为主。主流文化并不是所谓的 Anglo-Saxon，它是白人的文化，我们讲的是 Australia Values，它是移民的融合，更具包容性、更宽阔。在这个 Australia Values 之下，我们可以保留一些我们各自民族好的文化。比如，中国的生肖，澳洲本地人比我们还了解，还有像过年的时候舞狮子，这些在澳洲社会都是广泛地被接受的，并成为一种习惯。

粟明鲜： 再如风水，并不是现在的华人带来的，是一百多年前华人带来的，经过这么多代之后，澳洲的富商们也接受了这个概念，那么风水就可以推广。所以他（王子明）这个观点就是华人必须把自己的理念告诉那些能够主导社会，制定法律的人，让他们知道有这种东西和存在，他才能够上心，不然华人无法突破自己的圈子。

张荣苏： 有很多人说海外华人社会不团结，您怎样看待这一问题？

王子明： 华人在文化上、传统上有很多的共同点，但我们来自不同的地方，包括来自中国大陆不同地方的华人，也会有不同的想法和观点，所以我从不认为华人社区大家所有的看法都应该一致，我们也没有办法达成一致。但我们有一个共同的特性，也能够团结在一起，如我们昆士兰州、布里斯班的华人比其他一些州的华人要更团结一些。我们希望在自由党内部成立一个全国范围的华裔党部，这是我们努力的方向。我想通过这个事情说明，华人正在越来越团结，能够互相支持和帮助，这样对华人社会的发展，不管是在政治上，还是社会的各个方面，都会有很大的促进。之所以有这样的意识，所以大家才能够走到一起。

粟明鲜：这个我也有感触，20 世纪 90 年代中期中国人协会成立，来自台湾的华人社团和我们关系非常好，我们共同推动中华文化在这个地方的发展，2000 年之前，我们做的几个活动，他们（如台湾人创办的世界周报）对我们都非常支持。

（访谈整理：张荣苏）

编者按：王子明先生是一个非常有使命感的人，也是昆士兰自由党华裔党部的核心人物和军师。

澳洲保健品 Natures Naturals 董事长
孙健访谈录

访谈时间：2019 年 5 月 30 日
访谈地点：布里斯班 Natures Naturals 办公室
访谈方式：面对面
访谈人：粟明鲜、张荣苏
受访人：孙健

受访者个人资料：

孙健：男，出生于上海，1987 年毕业于上海交通大学，1990 年年初持学生签证来澳大利亚，主要从事保健品行业。2009—2010 年任慈善组织布里斯班华人狮子会会长，2011 年参与并捐助布里斯班华裔退伍军人纪念碑筹款活动，2017 年组织并促进了昆士兰圣乔治区华人纪念碑的落成。

访谈记录：

张荣苏：请简单介绍一下您为何会选择移民澳大利亚？来澳洲早期主要从事哪些工作？

孙健：1987 年上海交通大学材料系毕业后留校工作两年，1990 年年初来澳洲，当时主要是看到布里斯班是澳洲第三大城市，人口只有八十万，离黄金海岸比较近，就来布里斯班了。来到这里后进昆士兰大学读书，当时虽说是读书，但为了还从国内出来时借的钱，主要时间就用来打工。刚开始在老外的餐馆做清洁工，还有老外的酒吧，这对我的语言提高很有帮助。来了四五个月后，和朋友一起找工作，因为英语优势，我找到了一份在一个工厂的实验室调饮料、香精配方的工作，这也为我后来从事保健品行业提供了机会。

工厂老板是个白人，他对我帮助非常大。干了一年之后，因为老板年纪大了，想退休，当时他已经60多岁了，因为他认识的中国人都很富有，所以他就想把工厂卖给我。他带我去参加 Brisbane Club、United Service Club，这都是当地有钱人参加的俱乐部。我运气比较好，通过这个白人老板，我接触了澳洲当地主流社会，参加了一些活动，但我没钱买工厂。

过了两年，从悉尼来了两个人，一个是澳大利亚非常有名的营养师，另一个是慈善机构的传教士，他同时也是一个工厂的董事，这个工厂属于教会资产。他们来了两次后决定买下我白人老板的工厂，我也就继续在这个工厂干活。新老板觉得我很能干，一个人可以做几个人的工作，这两个人买下工厂后，就把工厂交给我管理，让我做工厂经理。后来工厂扩建，主要工作就是加工产品，一是这两个新老板有品牌和配方，我们这个工厂将他们原来委托给别人生产的环节转由自己生产；二是帮别的品牌做代加工。我们当时就相当于合股入伙，两个老板提供技术配方和资金，我就负责管理。1996年，我前妻也加入进来，她是学化学的，主要负责工厂生产的技术方面，我就负责跑市场、销售，这样来利润分红。

张荣苏：您什么时候创建的自己的品牌？

孙健：我一直在原来工厂做管理，但后来发生了几个比较重要的转折，一是在 1994 年的时候我们收购了悉尼的一家工厂，并在 2000 年悉尼奥运会以后将悉尼的工厂搬到了布里斯班；另一个就是在 1998 年时我们自己注册了品牌，就是 Natures Naturals，在 2000 年的时候获得政府批准。但当时主要精力还是在管理工厂、研发、生产，帮人家贴牌，没有立刻去做我们自己的品牌。真正意义上去营销这个品牌还是在 2003—2005 年。2006 年左右两个合伙人退休，我们把这个工厂卖掉，我从工厂中退出来后，开始专门经营自己的这个品牌。

张荣苏：也即是说 Natures Naturals 这个牌子 2000 年就注册了，但真正开始营销要到 2003 年之后。请您谈谈品牌的营销是如何运作的？

孙健：Natures Natural 的中文是澳芫慭，主要是澳洲本地市场，通过澳洲药房来销售，像 TerryWhite Chemmart 这样的大药房，还有华人礼品店、免税店都有销售。我们现在是有自己的配方，将配方交给工厂，委托别人代加工，就像我们之前做的那样，但现在我们自己只负责营销。

张荣苏：您的产品在中国和其他国家或地区有销售吗？销售情况如何？

孙健：在中国有销售的，主要通过跨境电商、代理经销商、澳洲直邮来做。中国的销售市场很好，但是中国还没有真正意义上放开市场，销售没有增长到我们想要的量。澳洲这边产品负责人的责任很大。我们的产品在德国、日本、斯里兰卡也都有销售，现在正在与印度尼西亚一个大的药房谈合作。

张荣苏：澳洲的保健品行业很发达，您觉得做这一行有什么困难？是如何解决这些困难的？

孙健：困难也比较多，刚开始的时候资金困难，这个主要是向银行借款解决，还有就是吸引私人投资者。另一个问题就是要考虑怎样采取多样的营销方式来扩大市场和客户群，主要渠道就是我参加社会活动比较多，如赞助社区活动，扩大人际网络，人家就认识我，还有就是别人在药房看到我们的产品，然后找我们合作。

张荣苏：同样是保健品，Natures Naturals 与 Swiss、Blackmore 这些大品牌相比，它的优势在哪里？

孙健：我们的优势主要在技术和配方上，他们在名气和资金投入上比我们更有优势，我们在营销上还需要提高。我们只能坚持技术优势，希望以质量取胜，另外就是在未来希望与营销能力强的人合作，通过营销方式多元化来扩大市场。

张荣苏：在这边您也积极参加社会活动，请您谈谈您主要参加了哪些社会活动？

孙健：我来澳洲之后，在 2005 年左右加入布里斯班华人狮子会（Lions Club of Brisbane Chinese，1996 年成立），之后在 2009—2010 年做会长。我加入狮子会学到很多东西，它运营机制非常制度化，有 board of directors（董事会），有专门的 fundraiser，很正规。狮子会原本有很多会员，但碰到了组织规模缩小的问题，会员中很多人的年纪都很大了，在他们退休或不在了之后，新老接替不够，导致很多地方狮子会会员在减少。我加入之前布里斯班就是这样的情形，在我加入之后，跟大家一起努力拓展会务，吸纳新生代会员，让布里斯班华人狮子会的会务有了很大发展，与别的地区的狮子会比较，现在只有我们布里斯班华人狮子会会员人数在增加，已经有四十多名会员了。

狮子会是个很大的国际组织，华人狮子会中主要是来自中国香港地区、新马的华人，大陆来的华人参加的很少，我参加的时候里面没有大陆华人，后来又招了不少大陆来的华人，主要是留学生。我们有非常详细、明确的组织章程，我不仅参加狮子会，我还付出了很多的时间和精力去组织和参加活动，还会去参加别人的活动，这样我们有活动别人也会来参加。我花了十年时间参加这些活动，现在会员里年轻人居多。

张荣苏：布里斯班华人狮子会具体是怎样运作的呢？您任会长期间做了哪些慈善活动？

孙健：狮子会就像或者说就是一个 running company，但只不过是个 Charity company。我们有个 board，每年都选会长，会长只能做一届。我们这个协会比较民主，决定一个项目要由会员提议，然后讨论，有两名会员附议即通过，然后即可投入运行。我们会根据实际情况或某一事件来进行筹款，这个款项也只能用于这件事情，也就是专款专项。我在担任会长期间主要做了以下几项：中国教育助学计划苗圃行动——为云南省云县忙怀乡高井槽村出资人民币二十多万元重建地震灾后小学；为狮子会医学科研项目募捐；为海地地震筹集灾后抚慰金；筹办多次澳大利亚公民入籍宣誓仪式；为残障学校关怀捐款；红十字会募捐；等等。狮子会无论是在组织结构还是目标上与中国传统社团组织有很大差距。狮子会还帮助很多年轻人扩大交际圈，帮助他们找工作，如现在有几个在政府里面工作的年轻人，我们狮子会就曾帮忙写过推荐信，政府看他们有Lion club 的推荐，对他们的印象就会很不错。

张荣苏：除了狮子会，您还参加其他社团组织活动吗？

孙健：我还参加了 Brisbane Business Forum（BBF），这个协会很好，我 1998 年就加入了，会员都是当地白人，而且是澳大利亚各行业的领军人物，我们有二十多个人。可能我英语比较好，主要参加白人一些社团和社区活动，也和他们做一些生意，但主要向他们学习。

张荣苏：我看到您办公室里有很多圣乔治社区活动的照片，请您谈一下这个活动。

孙健：两年前，也就是 2017 年，有个出生在圣乔治（St George）的联邦议员 Graham Perrett 给我说圣乔治曾经有一些华人墓碑，这些墓碑在 20 世纪 70 年代的大火中都毁掉了。这批华人是一百七十多年前，也就是 1848 年从厦门来澳洲的，主要是契约华工，来这边做苦力，也没挣到钱。当时那边都是土著，华人就与土著生下许多混血后代。我听到这个故事后，就去圣乔治这个地方看看，觉得很有意思，回来后就想可以在那里建一个华人纪念碑以纪念我们华人曾在这块土地上生活过，他们为澳大利亚多元文化社会的发展做了贡献，于是就邀请了几位这边的社团领袖搞了个慈善晚会，成立了圣乔治华人墓碑纪念委员会（St. George Chinese Community Memorial Committee），我担任主席，开始募捐筹款，就这样开始做起来了。

张荣苏：您认为圣乔治社区纪念碑活动有哪些意义？

孙健：圣乔治是一个现代农业非常发达的地方，我希望通过圣乔治地区华人的故事来架起一座桥梁，吸引更多的中国人去那里投资，帮助当地发展农业和旅游业。同时，也想通过这个活动来让澳洲人更多地了解华人，华人对当地也是有贡献的。

张荣苏：之前听您说的华裔退伍军人纪念碑活动似乎和这个活动类似，您能否谈一下那个活动您的参与情况？

孙健：在新利班老兵俱乐部那里做了一个华人老兵纪念碑，让主流社会承认澳洲华裔对澳洲军队、参战做出了贡献。在这个俱乐部建碑的动议比较早，华人狮子会联合其他社团成立了一个筹备委员会，2009 年开始筹款建碑，我是第一个捐钱的人。之前没有澳大利亚总理来过 Sunnybank 的，但为此事澳大利亚前总理 Julia Gillard 来了四次。2010 年纪念碑建好，2011 年落成典礼的时候她也来了。我现在是澳洲公民，但也希望澳洲人能记得华人的故事，我们要（用各种方式）把澳洲华人的故事说出来。

张荣苏：您参加了华人社区很多活动，请谈一下您对布里斯班的华人社团和华人社会的看法。

孙健：华人不团结，华人社团太多太乱。我们要做正规的社团，也就是要按照规则去做，由决策层中的三五个人根据决议，去组织实施就可以做成很多活动。同时，我们要多去参加别人的活动、捐款，别人也就会来参加我们活动，要有付出而不是简单的吃吃喝喝。华人在主流社会地位真的很低，也不团结，华人出了事，政府也不重视，就像现在南区治安不好，上次游行也没见到显著效果。我们华人在警务系统中没有人，只有一个联络员。

张荣苏：您认为当地政府为什么不重视华人？

孙健：华人本身不团结是一个问题，还有就是语言问题，语言不好，我们没办法反映我们的情况，和人家主流社会沟通。现在华人用我们上海话说"要拿点腔调出来"，不要让你捐钱你就捐钱，让你支持你就支持，要给政府、议员一点压力。还有就是当地政府问题，像这次南区治安越来越差，与政府、警察局腐败、不作为有很大关系。

张荣苏：在两大主流政党中，您为何支持工党？

孙健：我 2008 年以前支持自由党，但现在因为和南区 Moreton 选区的联邦工党议员 Graham Perrett 私交比较好，也就支持工党了，虽然工党现在很有问题。当然，这次工党在联邦大选中失败与工党本身做得不好，特别是与昆士兰工党政府不得力有很大关系。

张荣苏：您认为现在华人参政有哪些困难？

孙健：最大的问题是语言问题，我们很多华人语言没有熟练到可以和当地主流白人社会对话的程度，这样就无法真正了解和融入当地社会，让他们了解我们，向他们表达我们的诉求。我现在做的社区活动，如圣乔治、华裔军人退伍俱乐部就是想向主流社会展现我们华人也是这个国家、社会的一部分，让他们认识我们华人社区。现在很多人，像我们现在南区一些华人，如庄永新、王子明他们成立自由党华裔党团，积极参加政治，为我们华人社区服务，这都是非常好的现象。现在华人参政不缺资金、资本，把语言关过了会更有帮助。

（访谈整理：张荣苏）

编者按：访谈结束后，孙健先生联系了我几次，希望我能帮助他挖掘圣乔治区华人的历史，他计划在那里开发农业和旅游业。但是我认为这个项目很困难，从我自身来说我对那段华人历史并不很了解，目前保存下来的资料也很少，不足以支撑建立一个陈列馆。另外，圣乔治市是西部内陆小镇，距离布里斯班要六七个小时的车程，交通非常不方便，对游客的吸引力还值得商榷，便婉拒了此事。在布里斯班期间，孙先生还介绍我参加了昆士兰州政府财政预算案说明晚宴，近距离感受了华人社区的政治活动，对此向孙先生表示感谢。

布里斯班开能菇业董事长唐佳威访谈录

访谈时间： 2019 年 7 月 29 日
访谈地点： 昆士兰 Park Ridge South，开能菇业蘑菇工厂
办公室
访谈方式： 面对面
访谈人： 粟明鲜、张荣苏
受访人： 唐佳威

受访者个人资料：

唐佳威：男，福建福州人，1986 年毕业于复旦大学，1990 年持学生签证来澳
洲。目前从事蘑菇种植业，现任开能菇业（Kenon Corporation Pty Ltd）董事长、
昆士兰福建同乡会会长、华人商务联盟创会会长。

访谈记录：

张荣苏： 请您简要介绍一下自己的经历以及为什么选择移
民澳大利亚。

唐佳威： 我是 1990 年来澳大利亚的，拿学生签证来这边
读语言班。1986 年我从复旦大学毕业后被分到了福建电子研
究所，主要做一些科研项目，一直干到 1990 年出国。当时想
出来的时候所里还不放我，因为项目做到一半，后来交接好了

就出来了，这个项目做得不错，还获得国家科技进步二等奖。那时候我也没想太多，就是想出去看看，当时还是停薪留职出来的，也没想待很长时间。出来后感觉反差特别大，我那时候国内工资一个月八十块人民币，来澳洲一小时是五十块澳币，在澳洲做两小时等于国内一个月的工资，我到现在也没搞清楚为什么会差这么多。经过一段时间后，我就想留在这边不回去了。我们那时候其实对澳洲一点儿都不了解，我读的那个语言班学费是三千块，记得我当时拿到了三四个学校的 Offer，其中悉尼的那个没去，昆士兰这里也有两三个，还有不要钱的，我们当时想不要钱的肯定是骗子，来了之后才知道不要钱的是教会办的。因为有朋友在这里，通过他拿到了布里斯班的申请书，可以说来布里斯班完全是巧合，如果有朋友在悉尼，那可能去的就是悉尼了。现在我还是更喜欢布里斯班，后来也去过悉尼和墨尔本，觉得布里斯班无论是气候还是城市都更好些。

决定留下来后，因为学生签证要延期，所以就去读了个商学院，读了一年，遇上 1992 年澳洲政府移民政策调整，我就留在这里了。我 1993 年拿到 PR 后就想做些事情，我们那时候来的都比较辛苦，也很穷，很多刚来的华人都去做洗碗工、delivery、cleaner，这些我们都做过，我觉得那个时期来澳洲的人都有类似的经历，没有什么区别。我们不仅要赚生活费还要赚学费，不像现在的孩子来这里很舒服，那时候就是拼命打工。我 PR 拿到后蛮高兴的，因为这样就可以做下一步的人生规划了，买车、买房、做生意，当时就在考虑要做什么行业，那时候我在一家做字画的工厂里上班，正好老板有一家店面要卖，我就和一个朋友合伙把店面买下来了做字画生意，生意一直不错，我也做了好多年。

1997年年底我回国，在上海浦东开了家字画店，主要做一些日本客户的订单，日本人对风水画、浮世绘这些非常感兴趣，这个在日本卖得很贵，我们的东西一般就出口到日本，也接国内的订单。从1997年到2005年，我一直在上海，2005年的时候我的孩子出生了，当时想不可能不回澳洲的，早晚都要回来，就这样2005年的时候我又回到布里斯班了。

张荣苏：您之前一直做字画的生意，为何会转到蘑菇种植业？

唐佳威：2005年回到布里斯班，那时候考虑到做字画已经好多年了，想换个行业去做。当时也是巧合，我在上海的时候有个在日本的朋友来找我，他在日本是做农产品的，我就开车带他去找上海周边的农场，有一个做蘑菇农场的是我们福建人，大家聊得挺投机，我就觉得这东西不错，可以到澳洲来做做，就这样做起来了。我以前对蘑菇也是一窍不通，就是觉得蘑菇很好吃，澳洲这边又没有，做字画也做腻了。当然其实还有另外一个原因，就是再回到澳洲做字画，大家都是同行，这样就会跟朋友竞争，我觉得也没有这个必要，就换个行业做。

回来后我就开始买地培植蘑菇，这个房子加上地当时是三十五万澳币买的，有1 acres（四千多平方米）这么大，但这边房子涨不了太多，现在可能也就是六十万左右。我的蘑菇工厂现在有十一个员工，他们大部分都是华人，来自香港、台湾地区的都有，来自大陆的华人比较多一点儿，只有一个老外。

张荣苏：您的蘑菇主要供应市场是哪里？市场份额大概有多大？

唐佳威：从 2005 年开始，我们已经做了十四年了，供应市场主要是昆士兰，我们向布里斯班和黄金海岸的华人超市、水果店供货，还有 Brisbane Market，这是昆士兰唯一一家批发市场，里面的店面都是经营好多年的，父亲做完传给儿子。像 Coles、Woolworth 里面卖的蘑菇不是直接从我们这里拿货，他们很多都是贴牌，如他们可以在 Brisbane Market 供货商那里取货，然后贴上他们的标牌在店里卖。蘑菇配送的话，大部分都是我们配送过去，也有一些人是上门来拿的，park ridge 附近农场比较多，他们上门拿青菜、水果也会顺便过来拿蘑菇。

我们做的只是亚洲蘑菇这一块。在整个澳洲，亚洲蘑菇只占蘑菇市场的 5%，澳洲市场主要是 button mushroom，这种蘑菇他们吃了上百年了，我们的蘑菇只能说是给他们锦上添花，增加了他们的品种。我们在做的过程中也碰到了一些有趣的事，我们刚开始做的时候去袁氏行 ① 谈供货问题，老板对我说他很欢迎我的蘑菇，但是不知道我能做多久，因为之前也有两个人做，但半年就做不下去了。一是因为市场比较小，很多人不认识我们的蘑菇；还有一个就是消费面很窄，我们刚开始也碰到类似的困难，但幸运的是我们和袁氏行合作，一直做到现在。不过袁氏行老板说的也是对的，但他没有预计到昆士兰华人人口会增加这么快，这是我们市场扩大的一个主要原因。比如，现在新利班这么多家火锅店，吃火锅的时候大家都用的亚洲蘑菇。我们自己品尝过，其实 button 不如我们的蘑菇口感好。现在未来市场需求还是很大的，但蛋糕大了，竞争者也多

---

① 袁氏行是布里斯班南区新利班的一家华人经营的大型亚洲超市。

了，在三四年前只有我们在做，我们是独家的，但现在可能有四五家在做。

张荣苏：随着做这一行的人越来越多，竞争也会越来越激烈，您怎样保持自身优势？

唐佳威：我们有自己的优势，最明显的就是我们有自己的蘑菇农场，而其他人是做贸易的，他们的蘑菇主要是从悉尼进货，这和我们就存在差距。如果我们想打开悉尼的市场也会采用这种模式，他们那边就要从我们这里进货，其实这也是有难度的，很多人做得比我们早，虽然我们是昆士兰第一家做蘑菇的，但在悉尼有人比我们早两年就做了。另外，因为悉尼市场大，从规模来讲，他们也都比我们大，从各方面来说都不比我们差，所以我们要跑到悉尼和他们竞争，也是需要克服很多困难。

我们做的是亚洲蘑菇，针对的还是亚洲市场，很多老外都不懂，不会和你形成竞争，要说优势的话这也算是一个优势。劣势就是市场，亚洲蘑菇的市场是需要我们自己去扩充、扩建的，在整个澳洲的市场占有率也才占5%，就像非洲人不穿鞋子，你到那里做鞋子能有多大市场，这个原理是一样的。现在市场占有率是5%，未来十年是否能达到10%？那蛋糕会不会越来越大？我相信这个是一定会的，但是十年还是五年的问题，这个对我们来说就非常有影响了。我发现欧洲人、美国人吃蘑菇的都很多，澳洲人相对来说比较保守，吃的人反而少，还是要靠移民，移民过来的同时也把饮食文化带过来了。

张荣苏：昆士兰这边从事蔬菜水果种植的华人多吗？

唐佳威：这一行里老外和来自台湾地区的华人都有，不过更多的是越南人，他们种黄瓜、南瓜，这些品种以前在澳洲都没有。我们周边有几个华人做得蛮好的，有一家种植蔬菜的农场直接给 Coles 供货，他应该是华人里面做得最大的，他的地也很大，有 50 acres。最近十年澳洲市场变化蛮大的，以前 Asian vegetable 很少进 market，后来他们专门打了一个表格出来，配了图片，标明这是什么菜，图片和文字都对应好。现在老外都开始这么做了，说明现在老外吃青菜也开始多起来了。其实这个很正常，人口多了，市场也就大了，再加上亚洲蔬菜吃起来口感也不错。

张荣苏：为了增强竞争力，您有没有考虑过要扩大经营种类和范围？

唐佳威：我们已经开始着手扩展了，我们在 North Mac Lean 买了一块 12 acres 的地，重新盖了一个蘑菇工厂，投入也蛮大的，我个人已经投进去一百万了，还会陆续投入，可能预计最后投入会达到一百八十万左右。新工厂盖好后，产量会是现在的三倍，那肯定要考虑到销路，想到悉尼、墨尔本销售。至于其他方面我们没有打算做，因为我们讲深挖才能挖出金子来，也没有这个精力做，更多的是说把这个行业做好就不容易了，毕竟蘑菇是个产业链，我们只是做鲜货这一块，后续的干货、深加工，包括蘑菇相关的食品、药品都没有做，这些都做不完了，现在觉得把这一块做好就已经很不容易了。

张荣苏：我看到您也参加了很多社会活动，您现在担任昆士兰福建同乡会会长和华人协会商务联盟的创始会长，请您谈一下您参加的这些活动。

唐佳威：其实我们做这些工作都是很偶然的，没有谁说

刚开始我就想好要做什么，很多情况下都是在做的过程中，
根据自己的意愿也好，被人推着也好，就慢慢继续往前走了。
我现在有两个头衔，一个是福建同乡会会长，另一个是华人
协会商务联盟的会长。华人协会商务联盟是我目前花时间多
一点儿的社团活动，我们这个协会是 2017 年成立的，是由昆
士兰二十五个社团共同组成的一个以商业为基础的联盟。之
所以成立这个商务联盟是因为我们发现各个社团都缺少资金，
如果我们自己印一本书介绍各个社团，这个是没有人看的，
而且一个社团拉两三个广告也撑不起什么东西，我们就想干
脆把各个社团联合在一起，成立一个商务联盟，这样就会增
加我们的影响力，拉的广告就会多一点儿，各个协会也会有
资金分配。现在联盟运行得还不错，持续在发展，今年 10 月
27 日到 11 月 5 日，我会带一个二十五个人的团，包括昆士
兰这边两位州议员 Peter Russo、Duncan Pegg 在内，到中国
广西南宁、河南郑州和浙江杭州访问。这个商务联盟是从商
业角度来帮助各个社团的，只要与商业有关的我们都可以做，
农业、地产、教育等各领域都可以，我们希望通过这个平台
各个社团能获得收益，这样它们也会有资金来源。我们去国
内几个城市考察也是去寻求合作的，如我们希望把布里斯班
一些比较好的企业带出去，第一步就是和国内的相关企业互
相了解，像我们这次就突出强调教育，昆士兰有五六个 TAFE
学校的代表会加入我们团，跟着我们到国内去寻求合作伙伴，
先进行交流才能有后续合作。比如，国内的技术学校，他们
的毕业生可以送到澳洲培训一年，这中间会有多种合作的条
件与模式，如果双方达成共识就可以合作。我们商务联盟下

一步的筹划是做个商业平台。

另外一个社团工作是福建同乡会。福建同乡会是 2011 年成立的，当时成立同乡会也很偶然，我们说来澳洲这么多年，悉尼、墨尔本都有同乡会，我们也可以成立一个，有这样一个组织把大家聚在一起也挺好的，这个理念我觉得也很对，就这样做起来了。我是创会人之一，刚开始在前两届里是做秘书长，我们会里有规定，一个会长只能做两届，到第三届的时候上一任会长退下来之后，我就做会长了，今年也是我的第二届会长任期，再过两年，到了 2022 年我就卸任了。

还有一个是大中华狮子会，我是创会会长。2017 年他们做了这个狮子会后，我就挂个名做了第一届会长，其实没有什么特殊的事情做，主要就是筹款，所有会长都是一年一届。狮子会是个慈善机构，现在全世界都有分会，是个国际性的组织，每个人都可以成立狮子会，只是名字上有区别。在昆士兰有七十多个狮子会，我们华人社区里有四个，分别是布里斯班华人狮子会、亚太联合商务狮子会，还有一个就是我们大中华狮子会，去年又成立了一个。这些都相当于我们的兄弟协会，大家都是国际狮子会的一个 Branch。

张荣苏：请您结合自己的经历，谈一下做社团和社区工作的感受和认识。

唐佳威：做了社团后才知道有些事情还是需要有人去做的，不做不知道，其实确实很多事情需要我们跟不同的族群去沟通。这边族群很多，越南、马来西亚、斐济、印度的都有，我们做了同乡会后就有机会和他们沟通，有活动请他们来参加，他们有活动也请我们过去，增加族群之间的交流。我觉得交流是一种隐性的资源，一时半会儿看不到，但是会影响到很多方面，像反对亚裔的波琳·汉森这样的人出来，那我们就可以召集所有的亚裔族群过来，因为这个事情和我们都是有关的，我们要联合起来反对，这样声势就比较大，我们必须发出这样的声音。我觉得这个是它最根本的用处，在平时大家就是聚一聚、吃吃饭、聊聊天，增加一下感情。但这也是需要的，你不做这些事情，在关键的时候就没有人帮你出来讲话，这是我自己做的时候的感受。我觉得我们每个人的力量都非常有限，有一个合力的问题，就像大家都来关这一扇门，那情况就会有所改善。

另外社团工作给我的一个很大的感触就是要与议员搞好关系，他们的工作就是体察民情、下情上达，如果连他这一关都过不了的话，那么我们的很多问题就进入不了他们的决策层中。我们现在跟很多政客也比较熟悉，要通过我们社团来表达和传递民众的心声。例如，上次南区治安的问题，像这样的事情确实要通过各个社团的努力，我们与警察局、当地政客去沟通，还是有一定效果的，这是起到实质性的作用。还有我们去年在圣乔治做了个华人纪念碑，我是组委会之一，我们这个纪念碑的发起人之一是国会议员 Graham Perrett，他把圣乔治的故事讲给国会议员听，至少说了三次，我们声音就这样通过他传出去了。还有昆士兰州议会，州长、市长都捐了钱，这样的事情就非常有意义。你的一些声音通过社团活动，告知议员，他们去宣传，这要比我们自己去讲效果好多了，因为他的身份不一样，在联邦议会里也好，在州政府、市政府也好，大家都会看到那里有华人纪念碑，说明当时有多少华人来到这里为澳洲做贡献，这就是一个非常积极正面的形象。

张荣苏：您通过做社团活动增加了与其他族群交流的机会，您认为与越南、印度等其他族群的社团相比，我们这边的华人社团有哪些特点？

唐佳威：华人族群还是有一些特点的，如和希腊人比较，他们希腊人整个族群就一个协会，我们华人有七十多个协会，三四个人就可以成立一个协会出来。希腊人只有一个协会，他们就会更认同这个协会，很团结，做起事来也比较统一。但这也不能说好坏或者对错，毕竟我们中国本来就地广人多，说的方言都不一样，这也可以算是华人族群的一个特性吧。

张荣苏：在澳洲这种多元文化社会中，各族群相互交流，是否有助于我们华人融入澳洲社会？

唐佳威：按照我现在的理解，我们和外国人的交流其实还是很浅显的。就像我和你们交流，没有任何障碍，但和老外交流的话，在文化的根底上还是有很多不便，至少我们第一代移民华人会有这样的问题，到了第二代我们的孩子那一辈可能没有。比如，一个老外和我谈工作，我们可以谈得很好，但如果谈足球，我可能就不懂了，再谈到酒吧、棒球的问题，那我就更不懂了。毕竟我们的文化背景不一样，不是和他们一起成长的，文化生长环境不一样，对那段历史、氛围不了解，根本无法理解那些东西。另外，我觉得人的思维方式最难改的就是偏见，偏见比无知更可怕。现在从整个西方来说，整体偏见大于无知，中国在这么短的时间里崛起，而西方人的思维还停留在过去，这个时候让他去改的话我觉得难度很大。但这也不能怪他们，就像我们个人一样，对某个人有意见我就一直对他有意见，很难改变这种观念，这是一种惯性思维。有这个矛盾存在，我觉得这是可以理解的，因为这是人性。我觉得你想让他改变的话，只有通过慢慢地交流，这是一个很长的过程，不一定能做到。所以融入这个社会需要时间，这是一个观念的转变，就像我刚说的，外国人对我们的看法是比较陈旧的，这种观念的改变需要时间，甚至可能他这一辈子都改不了，需要下一代才能改变。

张荣苏：您在和其他族群交往过程中，认为他们会不会也出现融入困难的问题？

唐佳威：我觉得应该都有，其实这也不是一个很难处理的问题，因为我们毕竟是第一代移民，是创业者，是最辛苦的。到第二代、第三代的时候就会好很多。比如，我的孩子，他们都是在这里出生、接受澳洲的教育，英语说得比我好多了，他们与当地人都有共同的生活、成长经历。但话又说回来，他们对中国的认同感就比我们差很多，这个真的没有办法，我每年都会带孩子回国参加夏令营、冬令营活动，就是为了增加他对中国的认同感。

张荣苏：您在培养孩子的时候会有意识地增加他对中国、中国文化的认同吗？

唐佳威：这个是肯定的，但是经常难以做到，我算是做得好的了，我有些华人朋友的孩子连中文都不会说，这不是糟糕透了？但这也有难度，因为其实这就是一个圈子的问题，如果他的朋友圈子里都是老外的话，这确实会很困难，因为他们之间没有关于中国的可谈的东西。但如果圈子里有华人朋友，他们就会谈到这些话题，这个就很好。我每年都会带孩子们回国，效果就很好，他们会跟朋友分享，会谈论中国，我觉得这个其实就在相互传播中实现文化认同的过程。

在培养孩子方面我蛮有感触的，就是觉得澳洲的孩子很幸福。不要说跟我们这一代比了，我们这一代是很辛苦的，他们跟现在国内的孩子比也是很幸福的，他们在这里压力很小。很多人开玩笑说，我们的孩子回到国内去，他们一眼就能看出来这不是吃中国水土长大的，生活也好，对未来的感受度也好，澳洲孩子的生活压力比国内孩子轻很多。国内孩子压力很大，未来怎么办？没有工作怎么办？买不起房子怎么办？这些澳洲孩子都不需要考虑。我觉得出现这种状况的原因有好几个，第一点就是价值观，我们说三观问题里价值观很重要，国内成功的价值观只有一点，就是你要出人头地，你要成为老板、知名科学家才算成功，这种价值观会让人焦虑。但是在澳洲这种价值观是失之偏颇的，不会向孩子灌输这种价值观，如我的孩子在 Grammar 读书，这是很好的私立学校，但也没说要培养你做什么，我们国内孩子的价值观太单一了，我觉得这是国内外在教育孩子上一个比较大的区别。还有就是从人生观来说，澳洲就比较多样化，在澳洲你做艺术家也好，做水管工也好，这种人生观不是以你的价值观为取向的，而是以你的快乐度为取向的，这个是非常好的，但这个东西是需要社会层面的支持，澳洲有比较完善的福利制度，所以它能支持你，中国没有这种福利制度，所以父母特别焦虑，你一旦从现有阶层掉下去后，谁来扶你上去呢？我觉得这也是造成他们焦虑的原因。当然还有一个文化上的差异，中国文化里成功的标准与西方不同，在中国，一个公司的老板不会和清洁工成为朋友，中国的阶层差异非常明显，在亚洲文化里等级制度相对比较森严。但在澳洲这个就很淡化，比如总理退下来了就什么都不是了，四年后和普通人一样。

张荣苏：作为一个在海外的华人，您是以什么样价值观培养孩子的？

唐佳威：我对孩子培养是这么想的：第一，我必须尽我的能力给孩子提供最好的教育，所以我送孩子到Grammar读书，这个是在我能力范围之内；如果我的资金不够，那就进次一点儿的学校，只能说尽我所能吧。第二，他未来学什么专业我不限制，随便他干什么都可以，只要他开心，因为我不需要他养活我。第三，我不要求他们今后在社会上取得多大成功，但必须自己养活自己，不要去领社会救济金，这是我的底线。澳洲一些年轻人在大学毕业后就去领社会救济金，我觉得这样做人生就废掉了，你不要给社会添麻烦，要靠自己的本事去做点儿事情。第四，在澳洲，我会给他们提供一些最基本的财富，如我给你首付买房子，给你买辆车子，这是最基本的。我会把这些底线告诉他们，至少不会让他们有很大压力。

其实思想的形成受到很多约束和局限，就像刚才讲的文化的差异、社会保障都会对你的思想造成影响，其实还有一个很重要的因素就是相对的公平制度，我觉得这是澳洲做得比较好的地方。比如，在澳洲有最低时薪标准和很多行业的标准，在澳洲做水电工、泥瓦工，他们的工资一点儿都不比大学教师低，甚至会更高一点儿。所以如果从人生成功的标准来讲，如果我的孩子以后做电工、泥瓦工我不会有羞耻感，他赚的钱也不少，时间也很宽裕，爱去哪里去哪里，会是很happy的人生。

张荣苏：您刚刚谈到不久后会与这里的州议员、市议员一起到中国寻求商业上的合作机会，在当前中澳关系比较紧张，澳洲社会又不断渲染中国影响力渗透的情况下，对您和这边的华人社团有没有影响？

唐佳威：目前中澳关系紧张我觉得这是跟国家利益冲突相关联的，这个目前来讲是不可避免的。现在是一个经济全球化的时代，在过去是互补性的，就像澳洲是发达国家，中国是发展中国家，中国提供的产品对澳洲来说是补充的，他当然会持欢迎的态度。但现在我们中国经济体量上去了，就会形成一种冲突。美国也是这样，中国是制造业发达的，美国是航空、电子之类高科技的东西，现在中国在这方面和他是一种竞争关系，不仅是美国，全世界的发达国家都在担心。因为你对他领先的东西造成冲击，以后他们怎么办？他们也面临着内部的压力，工人失业、财政赤字等。这样的问题产生后怎样解决？就我个人来说，我看到了问题，但我不知道问题怎么解决。好像也没有很好的解决模式，只能说大家修修补补，缓和一下，看能不能双赢。

中澳关系这个大环境对澳洲的华人社会一定是有影响的，因为澳洲的政治精英在这个时候会对华人社会产生一种警惕，我只能说是警惕，过去可能不存在，但现在在很多方面都会警惕起来。比如，两个月前 Logan 市整个市政府全部解散了，要到明年 3 月份重新选举，现在是空窗期，没有市长，什么都没有。起因就是市长在竞选中接受了华裔的竞选资金，大陆的、台湾地区的都有，但没有申报，就被人告发了，紧接着就开始调查，这样一个萝卜带出泥，整个团队多多少少都卷入这个事件里面，所以整个团队就全部解散了。其实这里在选举中接受政治献金很正常，但是就是因为大环境不好，所以澳洲政坛上对来自中国大陆的资金、对华人的政治捐献有了警惕。

现在澳洲已经有明确法律规定所有开发商的资金都禁止进行政治捐献，如果我是一个开发商，没有议员敢接受我的资金。因为现在房产开发商的影响力是很大的，就像 Logan 市那个市长，有个华裔在做一个五个亿的项目，澳洲这边做事效率很低是一方面，除此之外还要有规划，如这个地方只能做农业用地，那他可能就会以两百万的低价就把这块地买下来了。但是他买了后想改成商业用地，一旦改成功了，两百万就会升值为两千万，所以他会花很多钱游说政府。这是经济上的，还有政治方面的，如我支持这个市长，我的一些政治理念可能会对他造成影响。所以我说他们对华人是警惕的，他们就怕你这样做。

张荣苏：在这次联邦大选中您支持哪一个政党？

唐佳威：我投了工党的票，我还专门组织福建同乡会为 Graham Perrett 筹了五千块的款项，这也是感谢他，因为一百五十年前来到圣乔治的华人都是福建人。澳洲政治民主相对比较成熟，就我个人来讲，工党和自由党各有千秋，我这次偏向工党是因为觉得自由党相对来说比较保守，自由党和美国的关系比较好，上台的话就会和中国关系差一点儿。我看到一个数据，澳洲的矿业收入占澳洲 GDP 的 60% 以上，在昆士兰这个比例要达到 70% 以上，澳洲经济主要就是靠矿业、留学、旅游和农业，矿业是澳洲经济的支柱产业。很多人不了解，都说自由党在经济发展方面做得很好，我是做生意的，把大客户得罪了，经济能好到哪里去？就像我这个蘑菇工厂，70%的产品都是供应一家公司，如果现在对方说我不跟你做了，那我还赚什么钱？强调政治，忽略经济，这个大方向就错了，再去修复都没用。很多人都没看过数据，只凭感觉认为工党经济搞得一塌糊涂，他们还是选自由党，但他不知道这个大前提都错了，还怎么去修复。所以你看澳洲经济最近已经差得不能再差了，碰到任何人一谈经济都认为一塌糊涂，我几个在 shopping centre 做生意的几个朋友都说撑不下去了，没有客人。

张荣苏：您为什么会认为工党执政的话会和中国关系好一点儿？

唐佳威：因为工党是比较缓和的，不会是极左、极右，也比较体恤民情。自由党就比较偏激一点儿，但我觉得，不管你的价值观和美国是如何一致，摆在领导人面前的应该是一个非常稳妥的策略，就是你既要和美国搞好关系，但同时也要协调和中国的关系，至于怎么协调，我不是政客，我也不懂。但我觉得你要是和中国搞好关系，至少澳洲的经济会比较稳健、持续地发展，因为你是跟着中国这个最大的贸易伙伴在走。

另外，从历史上来说，和中华人民共和国建交的澳洲总理惠特拉姆是工党的，后面几位工党总理做得也不错，包括我们那时候能留下来，也是基于工党政府的政策。澳洲工党执政时期中澳关系不会差到哪里去，现在几届自由党政府把中澳关系搞得比较僵。过去几年投票我都是投自由党的，我也认为他们在经济上会做得更好，因为自由党内专业人士比较多，工党就是乱花钱。但现在就我个人来说，在联邦层面我会倾向工党来做，但是在州和市层面，我会倾向自由党来做。联邦是政治、经济和外交都糅合在一起的，州和市的话你只要搞好经济就行了。

（访谈整理：张荣苏）

编者按：蔬菜种植是华人在澳洲从事的传统行业之一，华人种植的蔬菜丰富了澳大利亚的蔬菜品种，也是华人对澳大利亚的一个重要贡献，但目前在布里斯班主要还是亚洲超市在出售亚洲蘑菇。随着当地华人数量不断增加，布里斯班的火锅店也越来越多，希望唐先生在扩大亚裔市场的同时，他的亚洲蘑菇也能打开并拓展到白人市场。

澳大利亚昆士兰浙江商会会长周明湖访谈录

访谈时间：2019 年 9 月 6 日

访谈地点：昆士兰黄金海岸周明湖家中

访谈方式：面对面

访谈人：粟明鲜、张荣苏

受访人：周明湖

受访者个人资料：

周明湖：男，浙江温州人，毕业于北京体育大学，1991 年获全国武术散打冠军，1995 年技术移民澳大利亚，主要从事酒店、物业、房地产项目的投资，现为澳大利亚昆士兰浙江商会会长。

访谈记录：

张荣苏：请问为什么选择移民澳大利亚以及来澳初期主要从事哪些工作？

周明湖：我是 1995 年从日本来澳洲的。我在国内毕业于北京体育大学，1991 年拿到了全国武术散打冠军，当时国家想把武术散打这个项目列入亚运会里，就需要我们国家派一些教练去国外教授别人这个新项目，1993 年我被派去日本，在北海道大学教他们散打。1995 年下半年我来澳洲旅游，觉得这里不错，而且当时移民也容易，就以技术移民的方式来了这里。

来到这里之后，刚开始也很困难，英语也不懂，就在唐人街、新利班教功夫、做保安，大概四五年以后，2000 年就回中国了。当时我有个表哥在上海做生意，他说中国发展不错，我就去了他那里负责招商管理。在我表哥那里待了五年，2005 年因为他们公司在青海投资煤矿，那里条件比较艰苦，我年轻、身体好，就去了青海管理那边的事务。2009 年，因为国内环保治理，煤矿也停了，我就又重新回到澳洲了，主要投资物业、房产和酒店，目前大部分时间都待在这里。

张荣苏：您在这边评估和选择项目投资的时候主要考虑哪些因素？

周明湖：因素很多，一个是圈子人脉，我在上海是做商业地产的，圈子里面很多人也做这个自然就会投资地产。还有银行贷款问题，以前外国人能在这里贷款，现在不能了，这样地产就不好做了。中澳关系、中国国内政策也影响大家这里的投资，因为中、澳两国经济联系密切，国内经济好、政策好，华人在这边投资也会多一些，现在中国国内限制外汇流出，这边地产投资就会差。另外这里法律比较严格，特别是在矿产投资领域很难，像中信集团在昆州开矿，每年要赔给这里的矿业巨头帕尔默 2.7 亿澳币，即使这样每年还是要开采，否则亏得更多。不过采矿利润很大，它赔那么多钱还是在赚钱，否则早就关掉了。

中国人在这里投资地产的比较多，主要原因一是地产前景比较好；二是昆士兰的地便宜、风险小，做矿业风险很大，能够让一个亿全赔进去，但是地产风险小很多，花钱盖了房子卖不出去还可以出租。这边很多华人都很有钱，政府有时候也会忽悠华人过去投资，但其实也没规划好，如果华人本身实力不强，很容易就会破产。像我们是自己买地，然后自己盖，不想叫别人投资。买了地放在那里，政府批准我们开发建房，我们就自己盖，批不下来地就放在那里还可以升值，并且我们买的还是旧房子，出租收益也可以。除了房产，在昆士兰北部也有很多华人投资矿业，在黄金海岸投资旅游业也不错。

我的投资范围主要在昆士兰，我觉得现在昆士兰的投资机会要大于墨尔本和悉尼，那边已经到顶了，这里还有很大空间。我有很多住在墨尔本的朋友移民来这里，以前很多人不知道昆士兰布里斯班，只知道悉尼、墨尔本，这几年大家都知道了，昆士兰气候很好，比较适合养老，还有就是这里不像那两个城市那么拥挤。另外从投资角度来说，这里地产相对来说便宜，只有悉尼的一半，现在布里斯班在申奥，如果成功了地产上升空间很大。但是这里的人还是比较保守，重视环保问题，环保主义者比较多，不能进行大开发。前段时间政府在黄金海岸海岛上搞了一个超级赌场项目，政府规划都出来了，但是因为环保主义者抗议，议会没有批下来。

语言沟通也非常重要，在这里语言不通发展很难，一是很多法律条文不懂，另外就是他们这里也有一个圈子，你语言不通的话进不了这个圈子。我的圈子还是华人，因为语言问题和这边白人接触有限，和这边白人公司主要通过合作伙伴接触。我在这边遇到的挫折太多了，如物业投资，因为英语不好，就雇人去做，但是到了审计的时候发现雇的人私扣了很多钱。这种情况能私下解决最好，如果打官司，这边律师费很贵。

张荣苏：您怎样克服这些语言、文化和制度障碍？

周明湖：你生意如果做得很大，这些都不是问题，你是大企业、资金实力很雄厚，翻译天天跟着你，人家会找你做生意，这些障碍的影响自然就小了，甚至是不存在，像王健林来这里，带了大批人，市长天天陪同，他有自己的团队，团队是非常重要的，有了团队才能做大。但你如果是处在创业期，这就比较难，创业时资金量不大，请个翻译每天要付几百块钱。我是属于中等规模，因为法律问题打了不少官司，这个没办法只能自己吃亏。

张荣苏：现在澳洲很多媒体报道华人通过金钱影响政府政策，华人在这里投资会不会很敏感？

周明湖：这是肯定的，在这里做生意和政府的关系很难把控，稍不注意就容易越界。我在 Logan 和 Garden City 买了地，准备在 Logan 建中国城和浙江大厦，当时提出这个项目的时候 Logan 市政府很欢迎，因为 Logan 市没有一个标志性的大楼或大厦，我们这个项目其实也是给他们做广告，类似于他们招商引资，我们给 Logan City 做了个门面。但是现在 Logan 市政府都解散了，市长因为另一个受贿案件遭到调查，我们也受牵连，项目自然也停滞了。

张荣苏：您现在担任昆士兰浙江商会会长，能否介绍一下浙江商会？

周明湖：中国浙江商会总会是全球的，世界各地华人要成立浙江商会要经过总会同意。商会在国内就是为浙江人提供帮助，如果有合适的项目投资，大家可以合作，还有浙江人在这边有遇到困难，商会也会帮助解决。商会就是一个互助机构，分享信息。我们有浙江总会，总会下面有商会和同乡会，整个澳洲浙江商会总部在墨尔本，我是昆士兰浙江商会和浙江同乡会的会长。商会与同乡会不同，比较商业化，每年聚会一次，大家讨论商业投资问题，同乡会就比较友情化，家庭聚一聚。商会有三百多人，昆州浙江人挺多的，杭州、绍兴、嘉兴人比较多，因为他们在这里留学多，以年轻人为主。

浙江商会对我们做生意有很大帮助，举个例子，我这里如果有合适的项目，但资金不够，可以通过浙江商会这个平台在全球融资。我之前买了一块五千多万澳币的地，但不是澳洲人就不能在这里开公司，这样其他人出20%，我们出80%就可以成立公司。我们这几年接待其他国家的浙江商会也不少，像阿拉伯联合酋长国、欧洲那边如意大利等国的浙江商会都来过，他们过来看看有什么投资项目。

我现在准备做一个俱乐部，浙江商会必须有一个大家固定集会的场所，这不仅方便我们交流，还有助于加强浙江人的凝聚力和认同感。像这边潮州商会大家都认识，如果可以合作做生意完全没有问题，他们没有资金我们可以提供融资帮助。有了一个固定的场所不仅可以促进浙江商会内部交流，而且还可以加强商会之间的交流。浙江商会也代表了我们浙商的经商之道和文化传统，我们浙商在做生意的时候非常看重信誉，这是无形的资产。我们投资者在投资的时候要兼顾小股东的利益，这点很重要，这样人家才能相信你，才能跟着你走，以后生意才好做，这是个信誉问题。我们温州人做生意，即使自己亏了，也不能损害小股东的利益。

张荣苏：您很看好在澳大利亚的投资市场，您未来准备在哪些领域投资？

周明湖：很多人说在澳洲做生意很难，但是其实澳洲机会很多，不少人生意做得都很好，规模也很大。澳洲市场还是有的，它的发展虽然没有中国这么快，但是发展比较稳健。中国和澳洲关系好的话，农业很值得投资，我现在就计划聘请一些人去买地，准备发展农业。现在中国可以从澳洲进口活牛在国内屠宰，这里屠宰场很贵，运输成本高，如果我们能够在中国弄个屠宰基地，把澳洲的牛、羊运到中国，这样中国普通百姓也可以吃到澳洲的牛肉、羊肉。我之前还想做中澳海鲜贸易，在布里斯班和杭州之间开一条航线，把这里的海鲜运到杭州，一天时间就够了，但是航线很难批，可能以后会做。中国人口多、市场大，澳大利亚东西好，地产这个投资以后总有到顶峰的时候，但是食品流水线如果做起来了，就能做得很好。

我们浙江商会去年组团回浙江，去浙江几个大城市看看有没有可以投资的，我们可以在这边募资回国内投资，还有扶贫问题，这次水灾我们也捐资了，为家乡做点儿贡献吧。墨尔本那边浙江商会回国内投资挺多的，现在回国内投资也没有大的优惠政策，主要靠实力。我们在国内主要投资领域是矿业和电商，像我在绍兴柯桥就投资了电商。

（访谈整理：张荣苏）

　　编者按：通过对周明湖先生的访谈，我对浙商及浙商文化有了初步了解，他们以浙江商会为平台在全球进行融资。另外，澳大利亚，特别是昆士兰房地产、物业等领域都有很大升值空间，值得投资。

下 篇

21 世纪以来移民澳大利亚的华侨华人

昆士兰"一国党"党员张冠声访谈录

访谈时间：2019 年 11 月 16 日

访谈地点：布里斯班 Sunpac 咖啡厅

访谈方式：面对面

访谈人：粟明鲜、张荣苏

受访人：张冠声（Victor Zhang）

受访者个人资料：

Victor Zhang：男，祖籍广东，2005 年留学澳大利亚，2008 年技术移民，布里斯班公交车司机，曾于 2017 年代表"一国党"参选昆士兰州议员。

访谈记录：

张荣苏：请问您为什么选择移民澳大利亚？

Victor：我 2005 年从国内来澳洲读书的，我在国内是在华南建设学院读的土木工程专业，这个学校的两部分后来分别与广东工业大学和广州大学合并了。当时国内很流行合作办学，我爸爸一个朋友的孩子读了中澳合作办学，就问我要不要也过来读，那个年代国内建筑行业也不景气，不像现在基建很厉害，我就想既然工作也不好找，就继续念书吧，刚开始是继续在国内的华南师范大学读会计，上到一半的时候，学校有个来澳洲读完剩下课程的机会，家里面也挺支持的，就这样来了澳洲，在图文巴的南昆士兰大学继续学会计。

到了图文巴我没有想到这是一个很小的地方，生活非常不方便，整个城市只有六条公交线，每条公交线一小时一班。我们大学还在图文巴边缘，有两趟公交可坐，所以一般就住在学校附近。刚开始的时候我很不喜欢这里，一是生活上不方便；二是从来没有离开过中国，独自一人背井离乡在另外一个地方生活，出来后需要自己去适应的东西非常多。我之前计划是来这里一年多再回家一次，结果我在一个学期结束后就买机票迫不及待地回去了，但是也就是在那个假期让我感觉到了中、澳两国的不同。澳洲大学假期比较长，特别是圣诞假期，国内身边的朋友都在上学、工作，我觉得他们的生活非常忙碌，生活环境非常压抑，但澳洲就是很放松的状态。所以第一个假期结束后回来，之前那种不适应一下子就没了。

我之前不知道自己的专业可以移民，来了这边之后身边的同学对我说我这个专业达到条件后就可以移民，当时移民条件比较宽松，再加上我是在偏远地区读书，把课程念完后，很轻松地就办了移民，感觉很顺利。办完移民后，我就在 2008 年来到了布里斯班。

张荣苏：您移民来澳洲后做过哪些工作？

Victor：我一开始还是想找到对口的专业，想着做个办公室的白领，但是现实很残酷，虽然移民时雅思考了 6.5 分，但是与工作上的英文还有很大差距。我当时身上也没什么钱，为了生活下去，就在一个汽车配件公司里做助理，这个工作做了近三年。在这三年里，我把自己原来的专业耽误了，就更找不到对口的工作了。因为是小公司，福利待遇有限，当时我国内的女朋友，也就是现在的太太也过来了，如果继续待在那里，生活的压力也会更大，所以就换了一个工作。正好有个朋友在市议会里面工作，给我看了一下 bus driver 的工作待遇，我看挺好的，毕竟是政府的雇员，比私人公司好很多，所以就干下来了，从2012年一直干到现在。

张荣苏：这边绝大多数华人都是在两大主流政党中选择站队，但无论哪一方都坚决反对"一国党"，您为什么会支持"一国党"？甚至以"一国党"党员的身份参加2017年州议会选举？

Victor：我与生活在这里的华人一样，一开始也没想从政，对政治都不敏感，就想好好过日子，感觉政治是华人碰了也没有什么意思的东西。但是当时发生了一件事，我们家附近要建一个宗教场所，它的规模在澳洲可能都是数一数二规模的，选址就紧邻居民区，住在那里的居民反应比较大，大家都觉得应该做一点儿事，就成立了一个南部居民委员会的团体，反对在附近建宗教场所，我是里面比较积极的成员。

我们大家组织起来反对这件事情，就去寻求一些政党的支持，但是西方社会充满了政治正确，政党对这类事情都比较小心和敏感，不会轻易许诺支持一方。当时工党和联盟党两大党我们都找了，但是联盟党态度比较冷淡，工党州议员直接表示对这个事情没兴趣，我们就去尝试一下别的党派，除了两大党外，昆州绿党和"一国党"的影响力比较大。正好2017年昆州要进行州大选，各党候选人都在进行拉票活动，我们就尝试去找"一国党"谈这个问题，并把材料交到了"一国党"

总部，但是迟迟都没有收到答复，直到有一次我们开居民大会，一个"一国党"的候选人来到了现场并留下联系方式，大家就选派我去和"一国党"交涉，这样我就和"一国党"有了联系。

当时一直都没有对外公布我们找了"一国党"，大家都清楚华人对"一国党"没有好印象，认为这个党非常排斥华人和少数族群，我开始去接触的时候也不太舒服，一是不知道对方是什么人，只是电话联系，心里有些忐忑，但是见面聊开了以后，觉得"一国党"，至少和我接触的那个候选人不是大家印象中的那样，他向我介绍了自己的状况，也没有排斥当地少数族群的言论，只要是当地居民的诉求他都愿意听，并且表示如果大家觉得这个项目不合适，他愿意帮助我们。虽然后来他们也没有能力帮我们做什么，毕竟在议会中一个少数党派是没有办法做成事情的，只能给我们提供建议，认为这个事情要向政府部门哪些人写信申诉，但其实政府部门回复的信件都是打发性的用词和内容。

我在接触了"一国党"的人之后，就去进一步了解他们，去关注他们党员的 facebook，去看他们对政治的解读，如这次联邦大选热议的 safe school 项目，以前华人圈里面就说这个会教坏我们的孩子，但我们了解到的信息都来自反对这个项目的华人，而我在搜索到相关信息后，发现有很多人反对的人对这个项目发起的背景、由哪些人主导、主导人的信息等都做了详细的梳理。当我看到欧洲的相关情况后，我会想我辛辛苦苦留在澳洲就是因为我喜欢这里的生活方式，如果这种生活方式被改变了，那我的努力都白费了，这个国家就不是我想要的了。

那个时候我就有了一点儿政治觉悟，再加上看了不少"﹒国党"党员在社交平台上发表的政治观点，就觉得他们并不是什么洪水猛兽，事实上也没有什么人提种族问题。

我后来加入"一国党"并参选，私下有人问我为什么要代表这个党去参选，因为波琳·汉森上台后，有许多人公开对亚裔进行骚扰，但是做出这些行为的人并不一定是"一国党"的人或者受到了波琳·汉森的煽动，每个地方、每个时代都有种族歧视者，种族歧视者和"一国党"并没有必然的联系，但是当时华人并不这么认为。再加上我了解了"一国党"的纲领和政策，觉得它确实是为澳洲人好，也并没有明确表达只对澳洲的白人好，而是所有澳洲人都受益，如果真把自己当作这个国家的一分子，国家好就是我好，那我为什么不能去支持它？所以我并不认为我代表"一国党"参选有什么问题。

张荣苏：请谈一下您对"一国党"的纲领和政策的理解。你认为大家为什么会将"一国党"看作是一个种族主义政党？

Victor：我当时和那个"一国党"候选人聊开了之后就觉得"一国党"和大家口中传开的"一国党"是不一样的，原来的印象是"一国党"以排斥少数族群作为主要纲领的政党，除了这个就没有别的了，但是了解之后发现他们其实更多的是关注两大党缺位或者忽视的社会问题。"一国党"对自己的定位就是少数党，是来督促政府的，他们也不认为反移民就能长久下去。我看了他们的竞选纲领，发现他们说的东西很多都是两大政党都没有涉及的领域，如有降低电费一项，希望通过多建煤电厂来降低电费；还有修建水库，在原有大坝上加高，但是因为环保主义者和政治正确，两大政党都不敢提这个议题，现在西方政党就是我宁愿不做事也不要做错事。

波琳·汉森在 1996 年第一次当选的时候，当时的政府和华人社会都把这个当作澳洲极端种族主义的反映，她在议会的第一次演说提到了亚洲入侵的问题。我去做了关于波琳·汉森的功课，也看了她当时的演讲，里面是提到了亚洲人，但没有说亚洲人就是垃圾，只是指出亚洲人有很多坏习惯，我们现在看她说的话真的是污蔑吗？我不是说白人都是好的，他们也有很多问题，虽然我不赞同她"一刀切"，把所有人都挡在门外，但是我能够理解人家因为你有不好的习惯而排斥你。

还有波琳·汉森的个人经历，我听一位印度裔的"一国党"候选人说她以前经营鱼薯店生意的时候，去鱼市场买海鲜受到越南人的轻视和欺负，所以她对越南人存在敌意。当时越南人势力很大，特别是在中学里经常发生校园凌霸，欺负其他族群的学生，甚至拿刀捅人，警察也不过问。结合当时越南人在这边的行为，再加上她自己的经历，就能理解她为什么会反亚裔了，她当时也没有反华人。

我也去研究了波琳·汉森的演讲，发现她讲的都是人们生活里面最需要的东西，不是想象中的她大呼"我们反亚洲人"，然后就有很多人附和，而是我们要建多少基础设施，我们要保护澳洲人的权益，这就是一个搞政治的人宣传的改进社会的口号，跟族裔有关的东西一点都没有。

波琳·汉森在当选之前和之后都很受欢迎，就是因为她讲到的问题大家有共鸣，但是媒体的报道并不是这样，他们不会报道除种族以外的其他议题，而这些议题恰恰是大家支持她的地方，媒体只会说波琳·汉森受到支持是因为她提出种族主

义，所以支持她的人都是种族主义者，这就已经定调了，把
"一国党"变成种族主义党。这样一来，即使联盟党和"一国
党"在很多问题上意见是一致的，但是他们也不敢达成协议，
在选举中联盟党甚至主动拨票给工党或者绿党。

张荣苏：您是否认为"一国党"其实是在找一个反对的目
标或对象作为议题，利用社会上很多人对他们的不满，来引起
很多人的共鸣，加强它的社会动员能力？

Victor：我不能说它是预设好的目标，只能说在这个时期，
正好有一个这样的群体，"一国党"就把它作为反对的目标了。

每次澳洲政党说移民和族群问题的时候，其实它想说的只
是其中一部分，但每个族群都会有一种代入感，像现在澳洲媒
体说中国政府问题，那么很多华人就会带入政府或政党说的是
华人社区。现在政府已经意识到了这个问题，所以在演讲的时
候会明确区分中国政府和华人社区。

张荣苏："一国党"在昆州一直都有较高的支持率，您认为
原因是什么？

Victor："一国党"在昆州支持率能达到10%左右，应该比
澳洲其他地方都高。除了昆州是"一国党"的发源地这个原因
外，另一个原因就是昆州偏远地区比较多，"一国党"在这些
地方的支持率远高于城市。从整体来看，"一国党"在昆士兰
中北部地区要比昆州东南部高很多。也可以这么理解，在工党
支持率低的地方，"一国党"支持率就高。自1996年以来，华
人的诉求主要通过工党来表达，他们对波琳·汉森进行打压。

偏远地区居民支持"一国党"的原因很简单，他们认为这
才是真正去听他们诉求的政党。那里没有几个亚洲人，种族问

题与他们基本没什么关系。联盟党由自由党和国家党组成，国家党负责乡村地区的事务，但现在两党合并后，国家党的声音已经完全被自由党压制了，所以联盟党已经无法代表偏远地区的居民并为他们谋福利。"一国党"看到这个空缺，我们就要代表他们去发声，填补国家党的空白。说一个很实际的问题，作为一个政党肯定要有人支持才能干一番事业，但在城市里你的议题不能说多少的时候，肯定要去寻找其他途径，看还有没有社会上其他问题我们可以去解决和发声的。例如，"一国党"是支持合法持枪的，因为对在偏远地区的居民来说，持枪是非常有必要的，但是现在两大主流政党都是禁枪的。

现在"一国党"在昆州议会只有一席，2017 年州选举的时候，大家都很怕与"一国党"扯上关系，如果联盟党与"一国党"达成拨票协议，工党肯定会出来指责说联盟党与极端种族主义者勾结，最后在票站外面，工党拉出来的横幅、标语都在抹黑这两个党。2017 年那次大选"一国党"民调还挺高，一直保持在 9%~10%，按照这个比例推算，"一国党"在大选中会起到一个很大的调节作用，因为在出现悬置议会的情况下，工党和联盟党就要拉拢小党派，通过条件交换来组成联合内阁。如果当时联盟党和"一国党"达成默契胜选很有希望，但是因为联盟党怕被骂，导致工党选举获胜。

张荣苏：现在澳洲关于种族主义和环境保护都存在政治正确问题，最近布里斯班环保主义者闹得很大，您怎样看待澳洲绿党和环保问题？

Victor：环境问题在澳洲很严重，已经困扰澳洲半个多世纪了，从 20 世纪 90 年代开始工党就强调要修水利，但是因为绿党和环保主义者力量非常强大，最后都不了了之。虽然绿党在议会里的席位非常少，但是影响力很大，因为他们的议题从大方向及其终极目标上来说都是正确的，大家都知道要环保，要改善地球环境，不过他们的做法太极端了。

绿党和环保主义者在昆州的影响力只能算一般，他们在塔斯马尼亚很强大，绿党大本营就在塔州，之前在塔州执政的也是绿党政府，绿党在维州势力也很大，有不少市政府的市长是绿党的。澳洲绿党和环保主义者影响力之所以那么大，以我的了解，我们以前读书的时候说物质文明决定精神文明的高度，澳洲是一个很幸运的国家，从它建国以来大家就有很好的生活条件，没有经历过战乱和饥荒，也没有像很多发展中国家对前途和未来担忧，澳洲人生下来就认为世界就这么美好，追求的是怎样把这个国家变得更好。我有很多白人同事也在为生活琐事操心，但是确实有很多人，不仅是年轻人，还有很多上了年纪的人已经跳出了物质、财富的欲念，很认同绿党的理论，也能理解为什么他们会支持绿党。像最近几个月环保主义者在游行、封路，造成交通系统拥堵，我个人是不认同他们这种行为的，但我有一个同事就很支持，他从另一个角度去解释他们的追求，觉得不去追求钱财就不会认为它很重要。

我的工作可以让我了解到这个社会更多的问题，我们每天上班接触很多客人，公交车在布里斯班不同区域跑，可以对这个社会了解得更多。很多华人生活在南区，他们的视野和活动范围就是南区，认为南区就代表了整个布里斯班，而布里斯班又代表了整个澳洲，这是非常片面的。如果多接触不同的人群，多看看不同的地区，就会有不一样的了解。包括这次非常有争议的 safe school 项目，这个项目要我们教孩子接受不同性取向的人，虽然选举中的民调显示这个问题不被人们接受，但是也要看到即使是华人的孩子，在这边长大的第二代、第三代对这个项目的接受度非常高。

张荣苏：您参加了 2017 年昆州议会选举，你认为当时工党获胜的原因是什么？

Victor：在选举期间，我在投票点待了两个星期，从我个人经验来说有几个原因：一是可能以前联盟党在移民和福利方面都比较苛刻，很多华人觉得工党福利待遇好；二是工党宣传能力很强，工党竞选经费充足，资金实力雄厚，这点非常重要。比如，我在投票点看到一些年老的华人由养老机构统一送到投票点，下车后负责人就对他们说选工党。我们是小党派，"一国党"也没有给我们经济支持，竞选费用都是自己掏的，我能撑下来是因为我决定参选的时间比较晚，要是早几个月我也没有钱撑下去。但是工党很厉害，选举前的晚上，大家要去布置票站、拉横幅、发宣传资料，这些都是要钱的，由于经费充足，他们的宣传可以覆盖每一个票站。

另外就是工会的支持，选举法规定投票前一天晚上 6 点钟之后才可以在票站附近宣传，我都是身边的支持者和朋友帮忙，但是工党有强大的工会去做这些事情，他们下午 4 点钟就可以进去，不仅能够占据最大、最好的位置，而且还把抹黑联盟党和"一国党"的横幅悬挂在上面，票站 80% 的空间都让工党占领了。除此之外，还有工会的人在票站外面专门值守，在一些大票站外面这些人都是通宵在看管他们的材料。在澳洲选举不是选候选人，而是选政党，工党有充足的经费，能够动员工会帮他们布置票站，进行宣传，自然就比其他党派有优势。所以在澳洲参加竞选，党派的支持非常重要。

张荣苏：现在西方政党政治似乎陷入一种困境，由于民粹主义和政治正确，政党为了选票要不断迎合选民，您怎样看这个问题？

Victor：我觉得西方这种政治制度是可以自我调节的，当问题达到一定程度的时候就会改善，就是我们中国人说的物极必反。澳洲现在也出现了一点儿转变，政客一开始不知道选民要的是什么，所以宁愿不做事也不要做错事，以免得罪人，但最后发现讨好了一小部分人却引起大多数人的不满，像这次联邦大选联盟党的胜选来得很突然，与民调有很大的反差，我觉得原因就是大家都认为绿党和工党原来奉行的政治正确是行不通的，不管莫里森被骂得如何厉害，但选民还是用选票告诉工党他们的不满，同时也给联盟党底气，认为大选期间提出的政策是对的，从而可以把竞选纲领实施下去，我觉得这就是一个调节过程。我们常说左、右，我觉得这是一个错误的概念，从左到右，如果政策太右了，这种政治制度又可以把它调回来，不会一条路走到黑。

（访谈整理：张荣苏）

编者按：对 Victor 进行访谈之前，我已经访谈过工党的 Michael Choi、昆州自由党华裔党部的几位华人以及一些华人社团的领袖，无论是工党还是自由党的支持者，他们参政、组织和参加社会活动的一个重要原因就是当年波琳·汉森及其领导的"一国党"在昆士兰和澳洲的崛起，他们认为华人要团结起来反对种族主义歧视。我很好奇为什么有华人会加入这么一个"声名狼藉"的政党，因此，倾听华人社会中不同政见的声音非常有必要。在访谈中，Victor 讲述了他参加澳大利亚"一国党"的原因以及参选州议员的经历，虽然在某些观点上我并不认同，但这次访谈让我对澳大利亚"一国党"、澳大利亚的选举制度和政治生态都有了进一步的认识。

昆士兰桂林米粉"粉库"连锁店创办人
杨俊访谈录

访谈时间：2019 年 9 月 10 日
访谈地点：布里斯班 Sunny Park 购物中心咖啡店
访谈方式：面对面
访谈人：粟明鲜、张荣苏
受访人：杨俊

受访者个人资料：

杨俊：男，广西桂林人，2013 年投资移民澳大利亚，在布里斯班创办中国特色饮食桂林米粉店"粉库"，并在昆士兰黄金海岸中国城、Harbour Town、Garden City 等地开设分店。

访谈记录：

张荣苏：请问您为什么选择移民澳大利亚？

杨俊：我是 2010 年通过朋友介绍来布里斯班的，当时朋友正在办理移民，他觉得布里斯班很不错，我们就来布里斯班旅游，顺带考察一下，觉得这里的气候、人口密度都比较适合，看到很多建筑感觉像回到了中国 20 世纪七八十年代，再考虑到孩子教育、成长环境等问题，我们就决定要移民布里斯班了。我们回国后就开始办理移民手续，2013年拿到签证，这个过程还是很痛苦的。

张荣苏：您来到这边之后从什么时候开始做生意的？为什么想到开个米粉店？

杨俊：我2015年开始做生意，我是163投资移民，按照移民类别要求，我们到这边后必须做两年生意，雇用多少人，这些都有规定。至于为什么做米粉，第一我是桂林人，在这边没什么喜欢的东西吃，所以我就想开一个店，这样既能满足自己的食欲，又能造福乡邻。第二个原因就是我有一些情结在里面，我是我们桂林米粉的第四代传人，我们家族里我太公、外婆、舅舅都做过桂林米粉，到我这一代已经是第四代了，对桂林米粉有一种很深的情结。我创业的初衷很简单，觉得我们在国内可以做得比较成功，到了国外是不是也可以凭着自己的实力做出一番事业来。我们在国内借着改革开放的东风，凭着政策、关系成就了一批富豪，也就是所谓的成功人士，但这在很大程度上与国内的经商环境有关系，我很崇拜资本主义市场经济这套理论，想凭着自己的实力，而不是通过关系等其他因素取得成功。所以在国外，我想做自己最熟悉的产品，想凭着自己的实力创造一个奇迹，想告诉大家在西方这种体制框架下我们也能取得成功。我比较喜欢挑战这些东西，所以就做桂林米粉这个中国传统小吃。

现在很多走出桂林的米粉都不正宗了，更不要说走出国门了，我们考察过新西兰、美国、加拿大，这些国家都有桂林米粉，黄金海岸、布里斯班也有，但都不是正宗的桂林米粉。考察过后，我就想我一定要做正宗的桂林米粉。在最初的时候，很多朋友都建议，在国外做餐饮要符合当地人的口味，但是我坚持一点，我做的东西是一个在中国非常有名、家喻户晓的传统小吃，桂林米粉为什么能够走遍全国？就是因为它是地方小吃，有地方特色，这点不能动摇，所以我就准备坚持原汁原味的路线，将桂林米粉的制作过程原封不动地照搬过来，整个创业过程还是非常艰苦的。2015年的时候我的店铺开张，地址选在华人比较多的新利班袁氏行，这是华人最集中的地方。我想先在这里打造知名度，树立口碑，像前两天的中澳摄影节，他们已经连续两年订我们的米粉做会议的中餐了。

目前在昆士兰这边有四家店，袁氏行这个是总店，另外三家店分别在黄金海岸中国城、Harbour Town、Garden City。我们差不多一年开一家分店，因为刚开业的时候很火，很多人过来找我希望加盟，最初的时候我们在国外不知道怎样建立加盟体系，所以就让一个朋友先加盟试试看，他在Garden City做得很成功，所以接着2018年6月份，黄金海岸中国城店开业，2018年12月Harbour Town分店开业。我们分店采用加盟模式，我在这边几年看到很多华人对创业感到很茫然，特别是最近十几年来的华人，他们基本上都是带着钱过来的，不用像老移民那样奋斗，但是他们也没有太多的资本，中产阶层比较多。很多出国的人，如果是财团的话可以做房地产，但这些人凤毛麟角，大部分人还是有点儿钱但又不是很有钱，他们不会去打工的，一是很辛苦，二是他们也放不下身段，这是很多新移民的心态，他们在国内一般是个老板、白领，来到这边后如果英语不行的话，只能去餐馆、货站这些地方去做苦力，他们肯定是不愿意去做这些工作的。我们加盟店的设计就是在昆士兰一家分店总投资不会超过二十万，夫妻俩能有事情做，一年赚个十几万，这就非常好了，大概投资成本一年就能收回，按照这样一种模式打造的加盟体系。所以我们"粉库"的加盟模式就给那些不想打工，又想谋生的新移民找到了一条出路。

张荣苏：加盟店应该会严格控制产品的质量，否则做不出同样的味道，您怎样控制和管理加盟店品牌质量？

杨俊：我们建立了自己的中央厨房，所有原材料都是八成熟，每天新鲜配送到各个加盟店。比如，米粉我们是做熟的，只要在店里烫热就可以了，汤也是熬好的，只要烧开就可以了。我们自己的投入很大，因为前期试验摸索、建立加盟体系、申请专利、请律师做加盟合约，这些都是很大的花费，再加上买厂房、设备，基本上投入了两百多万澳币。

我们的费用相当大，特别是库存的损耗太大了，每年库存里没有按时销掉的食品很多，首先是我们不只是一个固定的店，我们是做加盟的，要随时为加盟做准备，加盟周期是三个月，而我们订货的周期是半年，所以我们永远要备着一批货。但是有时候很多事情不可预测，如我们一直想在悉尼和墨尔本开创市场，那边人多、市场大，所以发源地可以在布里斯班，但是要想做大做强，想赚钱，还是要去悉尼和墨尔本，而且我们市场反响很好，悉尼的朋友来吃过米粉后就想认识老板，特别是广西的老乡，他们吃过后都感觉很好，所以悉尼、墨尔本很多人来找我，希望能够加盟。但因为各种各样的原因都没有成功，有的是因为找不到店面，有的是签了合同后又由于各种原因退出了，中间很多插曲。像上次墨尔本那个准备加盟的华人，他在2017年年底投资了七十多万在中国城买了个店铺，下定决心要做米粉了，也装修好了，准备订货的时候才发现他自己是188A类别的移民签证，这个类别的移民有个要求就是必须创新，这就意味着他不能做加盟，就在圣诞节那天要进货、开业的时候，他的律师提醒他是这个类别的移民，不能从一个供货商那里进货，必须创新自己的品牌。这不仅造成他自己的损失，也给我们带来很大的损失，因为我们预计他那一个店的销量是我们这里的三倍，所以就备了大量的货，原材料都是从国内过来的，大概有十几万澳币，提前半年订的货，当时那些货已经在到澳洲的海上了，结果他做不了了，这一笔损失就很大。当时没有约定，他也没有下这么大的订单，因为加盟店是每天下订单，我一次性帮他进了半年的货，所以我自己要承担这笔很大的损失。

　　库存损耗另外一个原因就是我们掌握不了海运的时间，像圣诞节、春节这两个大的假期是停运的，在那几个月拿不到货，我必须提前几个月拿到一年的货。除此之外，我们要不时推出一些新品，如果没有足够的货，我们又不敢推；但是万一我们进了足够多的货，但是新品又没有推起来，这些货就又浪费掉了。所以在这几年，我们一直在做试验，希望寻求一个平衡点，我们的菜品也经常更新，除了1号招牌粉不更新，一直都在做新的尝试，希望做出所有华人都喜欢的"粉库"。

　　张荣苏：在您创业和拓展业务的过程中，您认为最大的困难是什么？

　　杨俊：我觉得最大的问题是缺少团队，我必须有一个固定的、长期的员工团队为企业服务，不能走马灯式地换人。我在国内做景区开发管理，有自己的团队，我国内的企业已经做了将近二十年，员工有一百多人，正因为团队的成功，我们才能走出国门，有条件移民出来。到了澳洲后，社会体制不一样，他们所谓的团队和我们的团队是不一样的，我们要的是狼性团队，大家团结一致，创造奇迹，分享成功，对澳洲人谈这种理念是没有用的；对老移民谈，他们也不会相信你；跟学生谈，他们更不会信你，他们两三年之后就离开了，所以建立一个稳定的管理团队非常困难。现在"粉库"员工总部和分店的团队是分开的，总部有十个人左右，主要是制作、会计、巡视、管理，我现在的核心团队就是总部这一块，其他店面都是加盟的。

我觉得在国外的话，企业必须有一个十年、二十年的规划，前期两三年是一个不断完善管理、适应外国市场、建立自己团队的过程，所以我们现在不急于宣传，因为我还没有打造好自己，现在我只有产品，至于怎么大批量的制造产品，怎样很好地卖出产品，我们还在探索，现在缺少打造品牌的专业团队。

张荣苏：在澳洲做餐饮的周期很短，一般三四年店面就转让了，您认为这一现象的原因是什么？"粉库"怎样避免出现这种状况？

杨俊：我年轻的时候在香港、深圳转过，觉得香港、广东和内地其他地方有很大不同，这两个地方保留的中华传统文化精髓还是比较多的，特别是香港，我定期都要去香港住酒店，品尝美食，感受一下那里的社会和文化氛围，给人的整体感觉就是很沉稳、文化底蕴比较深厚。我30岁回桂林创业的时候，给自己树立的目标，一是凭自己的实力创业；二是不找关系。

我的初衷是这样的，但是我的小公司在创业第一年就失败了，中国的国情让你必须去找关系。我的内心还是非常向往那种百年老店的，但在国内很难成功，因为国内一般都是五年规划，要跟着领导走，我拿到一个项目后是自己把它做好，而不是转手卖掉，这跟我性格有关系，我希望把事情做到最好。到了澳洲后我的这种想法又萌生了，我想在自由市场经济下能否实现我的初衷，用投资最小的成本来做一个小企业。我的心态很好，我觉得在澳洲无论是生意还是事业，都是沉淀出来的，我很看重这个，必须静下心来去做，每天去打磨自己的东西。我的店为什么能够生存这么久，因为我没想着靠它赚钱，我觉得现在还不是赚钱的时候，现在还处在打磨的阶段，只有产品，还没有完善的管理和品牌。所以我认为第一个五年是建设时期，还不是发展时期，我觉得现在无论投入多少都是应该的，不要马上赚钱。为什么很多企业两三年就消失了？因为他们的期望值都太高，以为买下店面，装修完投资就完成了，后面就开始赚钱了，但是我认为的投资阶段最起码是五年，我已经做好了这种心理准备。我觉得越能守候越能成功，因为最后会沉淀出很多东西，现在90%以上的老板都太急功近利、太浮躁了，所以很容易失败。

张荣苏：您刚才说到制度问题，您在国内的事业也很成功，请您谈谈在中、澳两国营商环境和制度理念有什么不同？

杨俊：正是因为国内外体制的不同，我才要做"粉库"，因为这是有几千年文化的东西，我既然要做一个有传统的东西，那我就要传承。我太公在桂林挑着担子卖米粉，我外婆在桂林闹市里卖，我舅舅到武汉去卖，到了我这一代，我拿到国外来卖，这是一个传承，我也非常有信心做好这个产品。在澳洲这个社会体制之下，也非常适合百年老店的生态环境，如果把中、澳两国的经商氛围进行比较的话，我觉得中国是非常疯狂的，出现了一个赚钱的东西，千百号人立马都来做这个，出现一个畅销品牌，立刻就会有很多仿造品，没有多少人做研发，没有多少人沉下心来老老实实地去做生意。现在香港也已经没有了，之前的美食都被药店、金店、名牌店代替了，所有的小吃都不见了。虽然我文化不高，但是在这点上我感受很深，中国社会变得越来越浮躁，很多传统的东西都没有了。我觉得在澳洲还是有让传统的百年老店生存下去的土壤，所以我就有心去打造这个品牌。我研究过肯德基、麦当劳、subway的历史，我觉得我们米粉的操作比它们还要简单，而且我们味道的固化比这些店还要强，去我们任何一家加盟店吃米粉，只要按照我们规定的方法操作，味道的统一性比肯德基、麦当劳的产品还要高。为什么中国人做不了这么多连锁店，这也是我在这边遇到的一个最大的困惑。

但是另一方面，澳洲虽然是市场经济，从大的社会氛围和经商环境上来说与中国有很大差异性，但传统小吃这个行业无论是客户群还是加盟商都是华人，具体执行和操作的也是华人，所以在本质上和在国内经营没有什么区别。而且有时候比国内更加困难，一是一些人可以钻制度像税收制度的漏洞；二是很多人都是短期停留，如我在桂林做生意我不能太过分，要受到道德、宗族、社区、人际关系、圈子的约束，在这边却没有。

张荣苏：听了您的创业经历和经营管理理念，感觉您是一位非常具有匠心和匠人精神的创业者，其他的加盟商是否和您的理念一致，毕竟大家加盟是想收到经济效益的？

杨俊： 现在我所有的加盟店都做得不成功，因为在利益面前，契约不值一分钱，你们去加盟店吃的米粉基本上都被克扣了，这是我比较伤心的地方。我们的原料都有规定的克数，比如葱花、黄豆、加粉，如果加粉要放多少葱花和肉，很多步骤他们都省略了。从他们加盟开始，我就一直在和他们强调，大家要沉下心来做事，要诚信经营，但他们只想赚钱，能赚一点是一点儿，反正客人又没有提意见。比如，我们规定所有外卖的米粉不管客人有没有要求，我们都要加粉，这是标配，但是到了加盟店那里，没有一个店愿意主动加粉，除非客人主动要，因为加粉要多一块钱的成本。

张荣苏： 您对这些问题有没有解决办法？加盟契约是否可以用来约束和规范加盟店的经营和管理？

杨俊： 世界上没有完美的合约，只有契约精神，从精神上去遵守合约才能成功，但是有些人就认为偷工减料，而不是遵守游戏规则才能成功。所以我就觉得这些加盟者都违背了自己的初衷，既然加盟进来就要服从管理，而不是按照自己的经营模式去做，但当经济利益摆在他们面前，他们就"投降"了，这是最让我伤心的地方，我有经营百年老店的想法和精神，但我没有办法把这种精神灌输给其他加盟商。我现在有计划回广州去做，因为国内做这个的呼声也很高，市场也很大，如果我现在有十几个店是自己直营的，我就可以把整个城市覆盖了，每个区都会有我的旗舰店作为标杆，你们吃的就是最正宗的桂林米粉了。肯德基、麦当劳他们成功的重要原因就是产品的同一性和执行力，我们中国人为什么做不到呢？我们这个米粉是完全可以和这些品牌争一争的，除了人心比较浮躁，中国社会人与人之间的信任、契约都稀缺，大家都要赚钱的，希望投资之后就立刻赚钱。

我要做的只能是：第一，我们还是要坚守自己的店面，加盟店不成功把它划掉就可以了，我们要守好自己的店和中央厨房，随时可以提供加盟服务，把我们加盟手册，文字上的东西再进一步完善；第二，改变一些策略，提高对加盟者的考察和要求，在加盟之前就能深入了解加盟者，必须和我们保持一致的心态和思想才能加盟，虽然这个很困难；第三，扩大直营店，用自己培养和吸收的人去做直营店，这个可能会成功。我们这个和酒店管理团队还不一样，酒店管理团队全世界的酒店他们都可以管理，因为有一套固定的模式和标准，但是我们食物这个东西有一部分看不见的，有一点儿小小的误差都会导致味道丢失，如烫粉的时候多烫几秒钟，味道就不一样，有 10% 到 20% 的空间是掌握在店面具体操作人手里的。

张荣苏：我了解到这边很多华人都参加了社区、社团活动，您有没有参加这些活动？

杨俊：我很少参加这边的社团、社区活动，我经历了一些事情后觉得这边华人社会太复杂，比国内社会还要复杂。我们在国内这些年很辛苦，在这边的生活算是真正地回归平淡，无论是社交还是生活都很平淡，有个小生意做，每天接送孩子，也很充实，这也是我追求的。我已经四年没有回国了，自从做了"粉库"就没法回国，国内的生意有团队打理，我们只要制定政策、发展方略就可以了。我们来这边就是想清静一下，最大的愿望就是给孩子一个好的教育环境，把自己的生意打磨好。

（访谈整理：张荣苏）

编者按： 空气环境、孩子教育、人际交往简单是近年来国内许多中产阶层选择移民海外的重要原因，但我在布里斯班与华人社会深入接触后，发现移民过来的许多华人为了生意和工作，需要经常参加各种社会活动以扩大社交网络和人脉关系，杨俊先生在访谈中也表示，由于他的客户群主要是华人，所以在澳洲的营商环境与国内并没有太大的不同，并且在海外华人社会中人际关系有时候比国内更加复杂和困难。我经常光顾杨先生在布里斯班新利班的"粉库"店，没有想到这样一家小店面需要这么大的投资，杨先生是比较幸运的，国内仍在正常运转的事业能够为他在澳洲实现自己的理想提供资金支持，但人是社会性动物，有多少华人在移民海外后人际交往真的变简单了？

老板电器昆士兰总代理曹军访谈录

访谈时间： 2019 年 12 月 21 日
访谈地点： 布里斯班 Underwood，老板电器厨源体验店
访谈方式： 面对面
访谈人： 粟明鲜、张荣苏
受访人： 曹军（Jack）、Jenny①

受访者个人资料：

曹军：男，毕业于南京大学历史系，2008 年与妻子 Jenny 一起通过技术移民来到新西兰，2016 年从新西兰基督城来到澳大利亚，现为老板电器昆士兰总代理。

访谈记录：

张荣苏： 请您自我介绍一下，您为什么会选择移民新西兰？

Jack： 我 1988 年在南京大学历史系读书，1992 年毕业后到了福建一家新闻单位做记者，2001 年又跳槽去了一家银行做行长秘书、办公室主任，在 2008 年移民新西兰。那时候出国也是受多方面因素影响，内因就是当时感觉国内工作压力太大

---

① 相关人名应受访者要求仅以英文名称出现在访谈记录中。

了，特别是应酬上感到吃力，希望过得清静一点儿；外因就是当时有朋友在国外，对国外的生活状况做了很多描述，觉得国外的生活过得比较惬意。我们在2008年办理移民手续，因为有朋友在新西兰，所以我们就移民去了新西兰。

Jenny：我们是通过技术移民到新西兰的，我是会计，全家就以我为主申请人移民过去。所有的签证都是我自己办的，在办签证过程非常幸运。其实是Jack想出来，我不想移民，因为他有工作压力而我没有。但是我们决定移民之后，就开始设计整套流程，我要先去读个办理移民需要的课程，我一年就把那个课程啃下来了，从学生签证换成工作签证，再去申请移民，从申请到批下来就花了三个月的时间。因为我的职业背景有优势，所以整个过程非常顺利，移民局连面试都没有就给我发信了。我到布里斯班才几个月，2017年Jack先来了这里，当时孩子在新西兰上中学，我也在那边，2018年孩子过来读高中，今年高中毕业，申请了昆士兰大学和昆士兰科技大学，目前还在等消息。

与20世纪80年代和90年代的移民不一样，我们出来的时候身上有一点儿钱，移民后可以拿一笔钱买个小生意，不用像上一代移民那样风餐露宿，去外面打工，但是我们最大的问题是要如何适应身份转换的问题。

张荣苏：身份适应是一个很难的过程，您是怎样适应身份转换的？

Jack：我的适应力非常强，到哪里都能活下来，并且能够很快打开局面。在国内有国内的生活状态，到这里生活状态完全不同，各有利弊得失吧，很难说好与不好。

Jenny：我从国内到新西兰很失落，在国内的时候 Jack 在银行工作，他做行长秘书，要给行长写东西，还要做很多打杂的事情，他做事风格就是要尽善尽美，所以工作很多，压力也很大，也是这个原因促使他想出来。我在国内会计师事务所工作，负责上市公司审计，工作都是技术性的，全国各地都有客户，会经常出差，我还蛮喜欢这个工作的。但是出来后完全都变了，从我的角度来说有点儿不得不为之。我们出国后所有东西都是从零开始，但我们十年前移民和那些出来读书然后留下来的学生心态又特别不一样，因为我们是放弃了国内的东西出来的，所以出来后那种转变、适应的过程很痛苦。我在新西兰的时候也接触了不少像你这样公派出来做访问学者、做博士后的人，他们学历很高，但是移民留下来后开个小店谋生，那些人的失落感我真的看得到，这些人太多了，他们来这边什么都做不了。

从我个人感觉，在国内一个单位里面，进了这个单位你就是这个团体的一分子，归属感比较强，但是在这边你进到任何性质的单位，无论是公司还是自己做生意，或者在大学，你始终觉得自己是独立的个体，那种归属感非常弱。这个跟文化差异有很大关系，中国文化讲究集体主义，这边更注重个人主义。洋人经常会说到"界限"，每个人都是独立的个体，不会无缘无故地侵入别人的边界，他们这个是非常分明的，而我们是非常融合的。最简单的如家庭，我们家庭成员是融在一起的，家庭成员彼此不分，但是在洋人家庭里每个成员都是独立的个体，家庭又是一个大的个体。我们都有同学会，多少年之后都有同学聚会，但在这里没有。

好在 Jack 心态调整得比较快，能够很迅速地适应当地的情况，这可能与他的经历有关，他出生、读中学和大学还有工作都在不同的地方，工作从新闻电台到银行都是一直在变化的。我很佩服他的就是到了一个新地方能够很迅速地建立起自己的关系和人脉。我从出生到工作都只在一个地方，一直都是很安稳，就理所当然地觉得我们应该待在一个地方，不会去拓展。但像他这样的人就会觉得自己是新来的，要迅速在这个地方扎根，所以他会有这种愿望去拓展。Jack 在布里斯班的时间很短，但认识了很多人，连老华侨也认识了。

张荣苏：您移民后从事了哪些工作？为什么会选择做老板电器的代理？

Jack：我们在国内各种条件其实还是很不错的，当时这个决定是人生中一个非常重大的转折。到了新西兰基督城之后，先后在各种行业里干过，自己开过超市，和朋友合伙做过房屋开发，开建材超市。后来一个偶然的机会，得知老板电器要在海外开发市场，其实他们在 2014 年的时候已经进入澳洲市场了，但是在新西兰他们一直没有找到合适的代理人，在 2015 年通过一些关系找到了我们，我觉得这个品牌很不错，就和朋友一起在基督城做了老板电器在新西兰的总代理。在那边做了一年多，后来因为家庭原因，我们决定从新西兰搬到澳大利亚，因为我太太的弟弟在布里斯班，所以就举家搬过来了。新西兰那边的生意我就交给了合作伙伴，昆州正好还没有人做老板电器，总部就让我来做这里的代理了。

张荣苏：我看到这边的抽油烟机和国内的不一样，老板电器进入新西兰和澳洲市场，怎样才能让它更符合西方人的生活习惯？

Jack：一方面要按照这边的市场标准对产品进行改造，国内是 3C 认证，产品到了海外要符合当地的一些法规，如在澳洲和新西兰要 SAA 认证，澳新电工安全认证，这边的电压是二百四十伏，国内的是二百二十伏，这些都是有一些差别的，插头也不一样，都需要进行一些改造才能进来，但像吸力、清洁程度这些都是和国内一样的。另外一方面我们还会针对国外开发一些国内没有的机型，如国内的机型一般都是九十厘米宽，但是这里至少有一半都是小型抽油烟机，并且这边的主流就是把抽油烟机放在柜子里面，我们为了适应这个市场就要开发六十厘米的小型机器。

张荣苏：您来这里做老板抽油烟机代理之前是否要做市场调研？具体怎样调研的？

Jack：调研肯定要做的，虽然我在新西兰已经做了一年半，但是下决心做澳洲市场之前还特地在布里斯班做了几个月的调研。我记得我是 2016 年 8 月 3 日到澳洲的，在这里待到了 11 月份，这两个多月的时间我就在观察、考察，跟各种人打交道，询问他们对厨房电器的需求，我觉得市场很大，所以才下定决心做这边的市场。

因为我只负责昆州市场，所以调研范围主要在布里斯班。但是我知道悉尼、墨尔本做得不错，那边华人是这里的 4~5 倍，他们本身也有现成的经验，我还专门到悉尼、墨尔本去过，跟着他们看安装、市场等，我这边情况主要是看车流量。新西兰那边地广人稀，到了这边我就觉得车流量很大，直觉就是有人的地方就有生意做。而且昆州是一个比较有潜力的州，很多基础设施都在建，机场扩建之后吞吐量会和中国香港、新加坡一个水平，其定位也是新兴的国际城市，未来也会有很好的发展。但悉尼、墨尔本发展已经比较成熟了，房价也贵，我现在一些客户就是从那边过来的，卖了那里一套房，可以在布里斯班买两套。从华人移民方面来说，黄金海岸属于偏远地区，将来华人数量肯定会越来越多，人多了市场自然也就好了。

张荣苏：目前老板电器在澳洲的市场状况如何？

Jack：绝对有市场，这个东西是刚需。厨房是一个家庭的核心，西方人做饭油烟不是太大，很多都是开放式厨房。现在老板电器在澳洲五个城市有代理，悉尼、墨尔本、阿德莱德在 2014 年就有代理商了，珀斯是 2017 年年初开店的，我这边是 2017 年 4 月份开始做的，现在这个展厅刚开业，在此之前我在布里斯班还有一个小一点儿的展厅，在那边明显感觉到店面已经无法跟上我们生意的发展速度，所以就换到这里了，这个店有二百多平方米，开业后确实比之前要好很多。这里地理位置很好，紧挨着 Bunnings（五金店），这一带都是建材市场，店面对着路边，广告招牌做了后，很多车子都能看得到。我们对这个品牌还是蛮有信心的，不然也不会在这个店投资这么多。

张荣苏：拓展市场非常重要，目前您有哪些推广、销售的渠道？

Jack：市场是一步步做起来的，老板这个品牌在国内已经是响当当的了，到这边来要让别人知道你来了，就需要很多途径。第一，广告是最直接的，报纸广告一定要做，第一市场定位是华人客户，因为洋人对你的品牌、对这类产品的需求有一个认知过程，但是华人对这个品牌认知度很高，你只要说你来了，他就很容易接受。

第二，参加各种社团活动。老板公司本身在国内就是一个有社会责任感的企业，我是延续了这种传统。企业要做大，利润要增长，更重要的是要成为一个受尊重的企业。我参加了很多社团活动，各种同乡会的活动我基本上都参与，还有各种公益组织的活动我们都赞助，像这边一年一度最大的华人活动中国节我们也赞助。参加这些活动效果还是很明显的，一是打开了知名度，大家都知道你来了；二是社会对你有一个很大的认同感，让人觉得这个企业是一个对社会负责的企业，对社区贡献很大。目前华人不能完全融入主流社会，华人社区还是需要发声的，我们作为一个参与者帮助华人社团去发声，帮助华人融入主流社会。这个参与过程本身就是让人认识你、认同你的过程。我本身是一个比较低调和内向的人，但无意之中把自己知名度搞得很高。

第三，利用微信等各种社交平台。因为我是做新闻出身的，知道怎样造势，如这个店开业的运作，一般店面开业就是聚餐、搞个小的仪式就结束了，但是我把它搞得很大，在不同微信群里推广。

通过这些渠道我们先做零售市场，可以很快打开知名度。在这边消费升级是一个比较大的零售市场，像我刚才接的电话就是一个客户要把老抽油烟机换掉，我刚做的时候百分之九十以上都是这种客户。我们有名气了，一旦有家庭厨房需要改造，他们就会用我们的老板抽油烟机，这种成交周期短，所以更新和消费升级的客户很重要，他们只要看中了，明后天就可以成交。另外就是与开发商建立联系，开发新市场，这边的房子与国内毛坯房不同，出售的时候是精装修，与开发商联系好了就可以批量上市，但是这种成交周期就比较长，要一两年甚至三年才能完成。这一两年我主要做的就是零售客户，他们对我们的品牌很认可，在盖新房的时候会告诉开发商，让他们配老板的厨房用具，那么开发商和建筑公司就会和我联系，我现在已经接到很多邮件和电话，通过这种方式我们已经和不少建筑商建立了密切的联系。

我现在的客户群，在初期的时候100%都是广告招来的，但是现在90%以上都是客人推荐，还有装修公司、建筑商、开发商推荐。我们服务也比较好，会手把手教你安装，根据客户厨房情况推荐机型，让消费者放心。

张荣苏：现在国内电商很火，有没有在这边考虑这种销售模式？

Jack：目前还没有做电商，如果做电商的话就不仅仅做昆州市场，会做全澳洲的。现在老板给我们的代理是每个州单独的代理权，而且不能跨州，州与州之间限制很严格，不能由一个州的代理商做，而是由公司总部来安排，所以电商这个不是我们现在考虑的。并且我们也是快50岁的人了，对电商模式、流程知识了解方面也比较薄弱，并且这边的人工很贵，做电商一个很重要的就是物流，成本很高，做电商对我们也没有很大优势。

张荣苏：老板电器也是我们的民族品牌，从您的经历来看民族品牌怎样才能进入西方主流市场？

Jack：民族品牌进入西方社会是一个过程，现在民族品牌在西方知名度最大的应该是华为，在华为之前是海尔。但是抽油烟机和电视、洗衣机不同，海尔的电视、洗衣机洋人用和华人用没有什么不同，洋人用的抽油烟机绝对达不到我们华人用抽油烟机的吸力，我们是有技术上的差异性和优势的。像 TCL 的电视，它没有别的优势，只能用价格优势把其他竞争者冲击掉，用价格占有市场。老板在国内的定位就是高端厨房品牌，这一两年它在拓展海外市场，在海外市场的定位也是高端产品，公司对我们要求就是不要用价格来换取市场。

老板公司开拓市场也不是这一两年在做，从 2010 年公司上市之后就一直在筹划了，最早的海外市场在东南亚，现在在马来西亚、泰国都做得很好，在中东阿拉伯联合酋长国也都做得不错，现在在做南非尼日利亚、南美巴西和北美市场。基本上都是先做华人市场，然后再做洋人市场，但是在墨尔本我们做洋人市场多一些，因为那个代理商是个 ABC，在文化上他可能更喜欢洋人市场。但是做洋人市场会稍微难一些，人家对品牌要有一个认知过程，从长远来说收益会更好一点儿，毕竟市场更大，所以一定要做。像这次开业我就请了一些洋人开发商、政界人士过来，就是希望他们认识这个品牌。

老板进入主流社会的途径还是要参加社团活动，我不仅参加华人的活动，还参加其他族群的，斐济、印度尼西亚的族群活动都参加，也参加和赞助白人的活动，像在 2017 年我就赞助了市长慈善基金活动，已经赞助两年了。融入主流社会非常必要，这不仅意味着你的市场更大了，同时也是一个价值感所在。这对于我来说可能比较困难，因为我的语言不行，我太太和我的员工英语很好，都是他们与当地的建筑商、开发商交流。我目前正在建立团队，现在规模不大，团队要是建立好了就不用这么辛苦，员工各司其职，负责销售、推广就更好一些了。现在洋人市场对我们的品牌也有一定的认知，但是我现在不急着去推广，因为投入太大，要有一个过程。

做产品我觉得还是要做企业形象，这两年要说从经济收益上得到多少，真的没有多少，因为我们一直在持续投入，但是我觉得这是一个很正向的过程，能够看得到未来，总有一天会爆发，产品品质肯定没问题，形象好了人家会来找你的。我的理念不是简单地做贸易和产品，更要做品牌，虽然这个品牌不是我自己的，是老板公司的。我觉得企业不应该是赚钱的机器，应该更看重企业的社会责任感和社会形象，成为一家受尊重的企业才会更长久。一个企业要想有生命力不光要有产品，还要有文化，老板在国内外都在推广这种品牌文化，这个厨源展厅就是老板旗下的一个文化品牌，厨源体验馆在国内已经有四五十家了，他们的运作方式就是通过体验让消费者更多地认识这个品牌和产品。像有一些社团需要活动的场所，我这里可以开party，开私宴，用这里的产品做美食，我这一个月已经接待了好几场，后面还有一些规划，如一些组织会在这里定期组织烹饪培训或者讲座，还有一些社团的聚会或者开会，都可以在这里。

Jenny：其实在国外做生意有两种模式，一种是把国外的产品拿到国内卖，做的是中国的市场；另一种就是国内的东西拿到国外卖，这是逆向的做国外的市场。我觉得更可行的是把国外的东西拿到国内卖，国内的市场太大了，钱也在中国，这个模式应该会更轻松。之前我一直让 Jack 走一条比较轻松的路，其实他最大的优势是人脉特别广，在国内语言和沟通都没有问题，去做国内市场是非常轻松容易的，但是到了这里受了很大的限制。Jack 最后选择了把国内的东西拿到这边卖，我觉得这样做最大的问题是洋人对"Made in China"的认知。刚刚Jack 说对品牌的认知，但是我觉得对品牌的认知包括两个，一个是对单个品牌的认知；另一个就是对"Made in China"的认知。比如，我们不会具体地去说德国的某一个品牌怎么样，而是一听是德国制造的自然而然就会对商品产生信任感，觉得有质量保障。我们毕竟是中国出来的，我真的对中国挺留恋的，中国的强大对中国品牌的提升会有非常大的影响。像华为，品牌的提升也是依托国家的实力。我们出国也十年了，能感受到这种差别，以前中国产的东西只能在 K-Mart，甚至比这更Low 的卖场出售，那里也不会有什么牌子，大家就觉得中国制造的东西便宜、质量差，因为便宜，大家也不会对质量抱有什么希望。但是这几年能感觉到中国制造的分量真的不一样了，能够进入更高端的卖场了。这个不仅是国内每个企业的努力，也是国外对中国国家形象认知的提升。这些都是大背景、大环境对企业的影响，但从另一个角度来说，不可否认的是每个人、每个企业的研发和努力，促进了中国制造形象的提升。现在回过头来看，为什么我们要做反方向的生意，Jack 也愿意投入这么大，做这个事情现在完全是负支出，就是因为他对国内品牌在国外发展很有信心。

张荣苏：中国品牌在打入主流市场过程中除了品牌认知，您认为还有哪些困难？

Jack：困难很大，主要是需要很大的资金投入。去年我们考虑在去机场的路上投放路牌广告，这样很多人都能看到，但投入很大，一个广告牌一年十几万澳元。还有门店建设，光有广告也不行，还要让人知道在哪里购买，所以需要电器店、连锁店等门面投入。

Jenny：我们现在有了展厅，但是最大的不足还是团队，Jack的长处是做推广和华人市场，但我们要想打入当地主流市场，就必须有一个洋人的销售，以后才能有一个大的爆发，否则只能是小打小闹。我们也在努力争取国内总公司的支持，但是它也要看你在这个市场里做出的成绩，要达到它要求的量才会给你支持，这就陷入了一个循环。

国内的老板是真的老板，但是在这里老板什么都要做，这边的人工成本太高了，雇一个人就会占用我们很多的利润空间。之前有人帮我们做规划，他说我们现在最多只能雇半个员工，这就是Jack做得很辛苦的原因，这也限制了企业的发展，毕竟如果团队没有建立起来，一个人的精力是非常有限的，Jack英文不好，这就限制了企业向主流市场的发展，要想做主流市场就必须雇一个本地人，但是雇一个洋人要比雇一个华人花费高很多。总公司对海外的团队建设也很关注，一直督促我们要把团队建起来，我们也知道，但是目前精力和资金都有限，至于投到哪里，哪部分是重点都还在考虑中。

（访谈整理：张荣苏）

编者按： 访谈完 Jack 和 Jenny 后，我觉得他们的移民经历以及移民后的生活可以和"粉库"的老板杨俊先生做一个对比。Jack 和 Jenny 的移民过程非常顺利，其中重要的原因是他们在移民之前做了充分的准备，并且两人在国内属于中产阶层中的知识分子，Jenny 英语好，她的会计职业又是新西兰、澳大利亚这些移民国家的紧缺专业，通过技术移民申请很快就拿到了签证。但与杨先生不同，Jack 和 Jenny 是放弃过了国内的一切移民国外的，所以到了移民国后一切都要从头开始，不仅要为生活谋出路，还要重新适应自己的社会身份。我第一次知道 Jack，就是他在布里斯班各个华人微信群和朋友圈里推送了很多老板电器厨源体验店的开业活动信息，后来又经常在朋友圈、社团活动上看到老板电器的广告和它赞助的社会活动。通过对 Jack 和 Jenny 的访谈，我们不仅可以看到一个中国中产家庭移民海外及其创业历程，同时也能了解中国民族电器品牌走向海外、打入当地主流市场的途径和存在的困难。

昆士兰《华友周报》老板沈毅飞访谈录

访谈时间：2019年7月26日
访谈地点：布里斯班 Sunnybank，《华友周报》办公室
访谈方式：面对面
访谈人：粟明鲜、张荣苏
受访人：沈毅飞

受访者个人资料：

沈毅飞：男，1981年出生于江苏无锡，2006年来澳大利亚读书，通过技术移民留在澳大利亚，现为昆士兰华文报纸《华友周报》老板。

访谈记录：

张荣苏：请问您为什么选择移民澳大利亚？您到澳大利亚初期有哪些工作经历？

沈毅飞：我是1981年生，土生土长的江苏无锡人，我选择传媒专业以及后来从事媒体工作与家里有很大的关系。我父母都是在报社工作的，从小我就在《无锡日报》报社大院长大，耳濡目染，对新闻、采访之类的都会有些概念。大学是中文系的，2003年毕业后进了电视台，后来台里把我送到中国传媒大学进修了一段时间。我在电视台工作了三年，在这三年

的时间里让我对新闻有了更多的认识，在工作差不多第三年的时候，我很幸运地接到了格里菲斯大学一个荣誉硕士的 offer，这样 2006 年我就过来这边了，读了两年大学。也是非常巧合，当时正好有一个毕业生计划，可以进这边本地的 ABC 电视台，当时我在这边的导师之前是在 ABC 电视台工作的，他就推荐我进去，我当时是台里唯一的华人。在 ABC 里面，也不能说有很深层次的认识，但眼见为实，我了解了他们具体是怎样运作的。ABC 里面有一个专门的新闻栏目叫 Frontage，主要报道昆州本地的时事，我在这个栏目里工作。后来正好当时有一家华文报纸，就是《移民镜报》的老板与我认识，他希望我去他那里工作，就这样我转做了平面媒体。2012 年，机缘巧合下，进入了《华友周报》的董事会，入资华友。

张荣苏：您成为《华友周报》董事后，有了哪些新发展？现在《华友周报》具体是怎样运作的？

沈毅飞：当时《华友周报》是一家老牌的报纸，在布里斯班办了很长时间，每周四十多页，但媒体渠道比较单一，通过几年内团队的不断努力，我们开发了新媒体。目前除了《华友周报》，我们还有《昆士兰淘生意和商业地产》，每天通过新媒体平台推送新闻、消息和视频。我们创办了华友微信公众号，有昆士兰很规范主流的华友群组，还有昆士兰目前最大的华人 Facebook 官方粉丝页和 Instagram，以及很受欢迎的抖音；我们也有人气很高的新媒体小编，很成熟的翻译团队，专门负责每周市政府 media release 的翻译；我们还有设计、采编、视频团队。所以整体来看，华友是一个多渠道的媒体运营模式。但我们也没有放弃传统的纸媒，大家看到的平台是《华友周报》，因为通过《华友周报》，读者们才信赖华友这个品牌。刚来的新移民会通过我们的微信公众号、Facebook，或者我们的在线报纸来了解华友。从内容上来说，纸媒和新媒体在广告方面内容是一样的，但具体表现方式可能会有一些区别，因为新媒体速度更快，文字会更欢快一点儿，但纸媒的文字我们要经过斟酌后才能写。

张荣苏:《华友周报》的新闻来源主要有哪些渠道?

沈毅飞：我们的新闻来源一是政府官方发布的新闻信息，如联邦政府、州政府、市政府 media release 的信息，这些都是官方发布的澳洲政府政策、法规新闻；二是中国使领馆、侨办的信息，他们有活动也会通过我们平台来宣传。举个例子，前段时间有个中国游客受伤了，总领馆就发了一个如何寻求领事保护和帮助，我们就在微信和报纸上转发给读者。除了政府发布的官方渠道外，我们还跟 Courier Mail、ABC、News Group 这些澳洲主流媒体有合作，但是我们可以自己选择决定刊登的内容。这些主流媒体没有社区媒体，他们会把资源分散给社区，我们从中选择自己需要的新闻刊登就可以了。我们也有自己的记者，他们主要做专访，如 Market Square 的升级工程，我们记者受邀去做一次实地的专访，让大家了解 Market Square 的工期进展情况。

张荣苏:《华友周报》在刊登新闻信息的时候有什么选择标准或要求吗?

沈毅飞：我们不能违反澳洲 Media Law，要有实事求是的公正新闻观。我们的定位是昆士兰本地的华文媒体，所以我们不太关注海外的内容，主要报道昆士兰本地的新闻。我们向昆士兰本地的华人提供本地生活的信息，让他们可以更好地在这里生活，所以你看到的新闻内容几乎都是本地的。我们每份报纸上都有出版号，我们每一期报纸都要寄到联邦政府图书馆作为保存。

张荣苏：作为媒体人，您怎样看待自媒体平台上不同的声音？

沈毅飞：我觉得媒体要有一个把关，自媒体因为学术准入门槛不高，所以新闻的质量就会参差不齐。本地的很多自媒体编辑以留学生为主，有时候对报道的侧重点还是拿捏不准或者表述不清，我个人觉得编辑团队自身还是需要有过硬的素质才行。

张荣苏：您刚刚介绍了依托《华友周报》平台的新媒体，请问《华友周报》通过哪一部分创造收益？

沈毅飞：我们有几类新闻信息是不收费的，一是当地政府的新闻，如我们每个星期都有市长专栏；二是关于华人社区的活动信息通告；三是非营利机构刊登的所有活动信息。上面三个我们都不收费，我们所有的收费都是商业类的，但不涉及非营利和公益性质的商业信息，如我想开个讲座，向大家普及插花知识，那这样的我们也是不收费的。但如果你是一个公司、企业，找到我们要宣传你的产品，那这个就要收费。我们主要靠广告营利，我们有不同的媒体投放计划，客户可以按照他们的需求和目标人群的年龄来选择我们线上和线下的媒体渠道。

张荣苏：《华友周报》可以说是新媒体和传统媒体相结合的运作，现在新媒体发展势头迅猛，您为何还坚持做纸媒？

沈毅飞：这点和国内可能不一样，这里的主流媒体还是纸媒，99%的客户会选择传统的纸媒。因为报纸会给人一种品牌的信任感，而且人在海外，看到纸质的中文会更有亲切感。这是其他任何媒体没有办法给的，我们每个星期发行一万五千份，一年就是七十多万份，这边的华人有十多万，商家只有在报纸上做了推广，消费者才会有信任感，才会建立一种品牌的概念。手机、网络属于快消媒体，也会很好地辅助纸质媒体，为客户带来更好的效果。就目前来讲，我看到海外报纸的生命力依然是非常的强。

张荣苏：据您了解昆州现在有几家华文报社？《华友周报》的定位和经营理念上有哪些特点？

沈毅飞：昆士兰现在大概有七八家华文报社，最早的华文报是《昆士兰华商周报》，还有《世界周报》《生活情报》《澳华时报》《镜报》等。我们《华友周报》的定位就是"拉近本地华人距离、向昆州发出华人声音"。我觉得在海外办报的社会价值大于经济价值，我们可以用这个平台帮助许多新来的移民，当地市政府也需要获得一些本地华人居民的诉求和反馈，我们是布里斯班市政府信任的华文媒体，所以我们作为媒体渠道，可以把华人市民的一些问题反映给相关部门。另外，《华友周报》有两份周刊，除了每周发行一万五千份的《华友周报》，还另外发行一万五千份的《昆士兰淘生意和商业地产》，后者主要是为这边高净值人群服务的，他们要投资昆州的shopping centre，要买生意，但在昆士兰没有这方面的门路和资源，我们就会把比较可信的信息和公司刊登在这本杂志上，是一份专业的商业周刊，这样国内的人过来，他们就可以看到这边好的项目资源，或者说本地的投资者也可以从中获得投资信息。

张荣苏：您作为国内的"80后"，又是新千年之后来澳洲的新移民，如何看待华人融入澳洲主流社会的问题？

沈毅飞：我觉得每个人融入主流社会的方式、方向和领域都不一样，我认为融入分两方面，一方面是融入这边的华人社区，这是自己的根；另一方面要多学习主流的文化，语言要过关，多看报，多听广播和电视，多参与主流的活动，了解他们的文化。融入是一个漫长的过程，也许需要一代人，或者两代人才行。

（访谈整理：张荣苏）

编者按：华文报纸曾在华人社会中发挥过重要的影响力，随着互联网的发展，新媒体对传统纸媒造成了很大的冲击，华文报业也在逐渐没落。但在澳洲很多购物中心，特别是亚超门口仍然在免费发放各类华文报纸。在访谈中，沈先生谈了在当前新媒体时代为何仍要继续坚持发行纸媒，以及如何利用新媒体平台进行多元化、个性化的传播。

昆士兰瑞达集团（BriStar）董事长
庄永新访谈录

访谈时间：2019 年 5 月 30 日

访谈地点：布里斯班 Macgregor，BrisStar 集团接待室

访谈方式：面对面

访谈人：粟明鲜、张荣苏

受访人：庄永新（Peter Zhuang）

受访者个人资料：

庄永新：男，山东济宁人，2005 年商业投资移民澳大利亚，主要从事房地产开发，现任昆士兰瑞达集团（BriStar）董事长、布里斯班山东同乡会会长、昆士兰自由党华裔党部主席。

访谈记录：

张荣苏：请问您为什么选择移民澳大利亚？请您介绍一下移民澳大利亚后的经历。

庄永新：我是 2005 年 1 月商业移民来到澳洲的，选择这里是老乡、朋友的推荐。我在国内毕业于山东科技大学，这个学校前身叫山东矿业学院，学的是矿业机械专业。来之前在山

东济南做房地产，属于家族生意，来到澳洲以后就继续做房地产了。目前国内家族的生意还在继续做，但是国内和这边的生意没有关系，国内的部分我也不太了解，没有时间管，都是我岳父和内弟负责。

刚来这里时很不适应，自己不适应，别人也觉得我不适应，无论是说话语气还是行为方式，但慢慢就有些改变，不过我觉得中国人还是要有中国人的特色。刚开始生意出现过失误，被一些人合伙骗了，后来接过来自己做，这些年来整体效益还不错，目前主要做公寓、土地分割、Townhouse。2015 年之后，以 Sunnbank Hills 的 Townhouse 项目为起点，就开始走跟别人合作的路子了。以前是自己家做，就是自己买地、自己开发和销售。后来跟别人合作，因为资金量大了，项目做得也多了，现在成立了瑞达集团（BriStar Group）。瑞达最初我们是只做销售，成立了自己的销售团队；后来随着合伙人增加，投资增多，成立了管理公司（BriStar Management）；有些买房的人有移民诉求，我们又成立了移民教育部门（BriStar Migration and Education）。这是三个主要的部门，但是仍以房地产开发为主，流程就是我们买地开发，请当地 Builder 建房子，然后招标请人销售。目前有七个项目正在操作，其中几个大项目还算不错，员工有二十八九个，我是集团的董事长。

张荣苏：根据您的了解，很多华人海外投资失败的原因有哪些？您接触到的人里，投资失败最多的是哪一个行业？

庄永新：内因、外因都有。外因就是项目选错了，没有经过周密调查，有时候是中间人夹杂自己利益在里面，另外就是选址选得不好。内因就是自己内部问题了，如税务问题、专业性不够，如果销售不畅，也可能是自己人脉不够。我认识的人里，海外投资不成功的应该超过一半，但我以为绝不能因为不成功就不做了。我接触的人里面投资餐饮行业失败的人最多，很多人办完移民就不做了，很辛苦。投资房地产失败的也有，通常是股东纠纷、经理人一些不恰当的行为都可能导致投资失败。

张荣苏：据我了解有不少投资移民拿到永居权后，仍长期在国内做生意，经常国内国外两边跑，您怎样看待这种现象？

庄永新：这种人很多，把老婆孩子放在这里，自己来回跑。在我看来这种现象好坏都有，好处是他们有机会把中国和澳洲经济连接起来，他来澳洲投资是看重澳洲政治和经济环境比较稳定，但国内生意丢了可惜，在澳洲重新创业比较不容易，是没有办法才跑来跑去；缺点是家庭方面，如果长期两地分居，对孩子、对家人都是很大的损失，所以移民是个双刃剑。

张荣苏：您的合伙人和投资人都是华人吗？投资模式是怎样的？

庄永新：我现在的公司是合伙人制，合伙人都是华人。投资人有几种，通常是投资人在项目投入之前我们要做可行性分析报告，回报率每年要达到20%以上我们才有可能放给投资人，我们自己投入一般要占到一半或一半以上，然后其他合伙人就放钱进来一起做，盈利一起分，亏了就一起亏。也有一部分投资人不入股，是以借钱方式进来的，但是要求保证回报。目前我这边的项目都很大，大多数人都是想合伙一起做的。当然我们资金来源主要是向银行借款，这边的 Westpac 银行是我们用最久的了，因为合作久了，批贷款比较容易，也比较熟悉。

张荣苏：扩大社会人际网络对您的生意应该非常重要，您在这边扩大人脉网络的渠道有哪些？

庄永新：人际网络很重要，通过人际关系，第一可以找到好的合伙人；第二能找到很好的员工；第三能找到很好的投资人，这些都非常重要。从行业内来说，就是我干的时间比较长，接触同行业的人和机会都比较多，人脉网络自然就大了；从行业外来说，我经常参加一些社会活动，如社团活动，党部活动等。

张荣苏：您公司开发的房产项目主要客户群是哪些人？是海外客户多还是本地人多？是以华人为主还是白人购买的多？

庄永新：我的理念是把利润放在品牌的后面，如我们做的开发项目 Parc 系列，都是高质量，用的都是好材料，好人工，销售对象基本上都是当地人。我们选址都不错，当地人的刚需基本上就差不多了，没怎么走投资渠道。当地人认可的东西一定是不错的东西，因为地理位置优越，所以保值比较好。如果体量比较大的话，短期消化不了，就需要通过其他渠道卖给投资人，但如果项目规模不大的话，就以卖给当地人为主。至于客户是华人还是洋人，这要看位置，如 Parc Sunnybank Hills 这个项目的客户华人比较多，我们其他项目不少都在西人区，所以客户也都是当地西人为主。

张荣苏：根据您的经验，您认为在澳洲做生意有哪些有利和不利的因素？

庄永新：有利因素就是这里的法律比较规范，不需要走一些灰色地带，所以应酬不那么多，可以有更多的时间给自己和家庭。缺点是市场小，由于人口比较少，消费力没那么强，所以大项目不敢做，怕销售慢。

粟明鲜：你说到大项目，昆士兰科技大学 Kelvin Grove 校区附近有家 building 三期几百套的 townhouse 销售很快，有什么原因吗？

庄永新：他们是卖得很多，但那是七八年前，那时候中国人购买力很强，很多华人公司帮他们卖，但现在卖得就很慢。

张荣苏：您如何克服这些不利因素？

庄永新：还是要拓展市场，主要靠一些渠道吧，销售慢的话就需要投资人去悉尼、墨尔本，去海外寻找市场和客户，加大销售量。因为利润是按时间算的，如一年 20% 的回报，拖成两年的话一年就只有 10% 的回报了，销售是核心。我很看好澳洲市场，也相信企业未来发展一片阳光，现在企业投资的几个项目位置不错，销售也看好，很多人愿意加盟参与，虽然现在短期内发展有点儿慢，但市场都是波动发展的，市场转好只是时间问题，我希望瑞达集团能发展为昆州房地产业的龙头企业之一。

张荣苏：上次布里斯班南区的治安问题游行是由您出面组织的，请问您为什么会组织这次游行活动？取得的效果如何？

庄永新：南区的治安一直是个问题，其实我去年就想组织一次游行了，可能在中国人印象中，游行对政府来说是个比较负面的东西，所以有人建议先跟警察沟通，如果能解决就不游行了。从去年年底到今年年初，警方在这里也增加了些警力，管了一些事，但这都是暂时的，没多久又恢复了原样，治安又不好了。今年 3 月，我们就想既然和警察的沟通不能解决实质性问题，那就通过游行来解决，这个在澳洲是最直接有效的方法。与其和警方反复沟通谈判耗时间，不如来次大的游行。我们 3 月开会决定组织游行，因为游行能够引起媒体的关注，向政府直接施加压力，这样是最直接的。后来 4 月发生曾医生被枪杀的事件，我们以为如果游行在枪击事件之前的话，可能曾医生这个事情就不会发生了。现在游行之后确实还是有些问题，我们的几个诉求还没有达到预期。刚游行完警局与我们开会，承诺了我们好多事情，但是承诺后来慢慢就弱化了。我们发现游行的作用是体现出来了，如警力有所增加，但是还没有从根本上解决问题。通过这次游行，我有一个地方特别满意，就是我们华人凝聚力特别好，当时一个西人对我说，你们百分之二十几的华人做了我们百分之七十几的西人该做的事，他们西人也是深受抢劫、盗窃之苦的，这次我们华人很团结。

张荣苏：您在这次游行中代表华人社区和当地的议员、警察部门进行了沟通，之前也通过自由党华裔党部与他们有了接触，就您个人来说对这边主流社会有哪些认识？

庄永新：我主要通过自由党华裔党部和当地政府进行沟通。在去年年底布里斯班 Moreton 选区一直没有出现候选人，我试了一试，虽然我后来让给了 Angela Owen，但通过这件事，我与我们州的党部都有了比较密切的沟通和接触，这个事让我觉得议员虽然是一个看起来比较高高在上的职业，但是你出来参选的话就要自然地把自己放在和大家平等的地位。这个过程还让我对自由党的管理架构、沟通方式都有了很多的了解，也学到了很多。所以要想和主流社会沟通，通过参选议员是一个很重要的途径。

另外就是要想融入这边主流社会一定要交流，从生意到文化上的交流，甚至包括婚姻。比如，我们做活动，就会邀请一些西人的社团或者其他族裔的人一起来，他们做活动也邀请我们去，有些情况下如果我们要主动去，他们是欢迎的。现在我们主要是缺少这样一种环境，所以虽然我的合伙人是华人，但公司尽量聘请一些西人员工过来，他们有自己的优势和特长，除了文化，他们在技术上也很优秀，收入要求也不高，我开发项目的咨询师大都是西人，他们确实做得比华人同行好。

张荣苏：您认为您和主流社会沟通最大的障碍是什么？这些困难对您的生意和生活有没有影响？

庄永新：主要是语言问题。总的来说这对我的生意上没有什么影响，澳洲是比较包容的社会，虽然澳洲有种族主义，但最起码表面上看不出来。英语不好不影响我做生意，他要跟做你生意，英语不好他也会努力和你做。在生活或政治上就有影响，有时候发音不好，虽然对方会纠正你，但态度不是太好。在政党内的话，去年的时候我就稍有感觉，如我是华人出来竞选联邦议员，有人就说怎么少数族裔出来竞选，英语又不好，有些人是否定的。这个其实我能理解，就比如我们中国以汉人为主体国家，突然来个黑人说参加竞选，中文说得又不好，这个是很正常的。如果我的英文更流利、他们对我了解更多的话，参加议员竞选应该是没问题的。这边肯定有种族歧视，不过我认为种族歧视原因还是因为你这个族裔不够强大，我指的是政治上的，不是经济上的。如果我们华人出了很多的议员，从联邦、州到市里都有议员，华人社区的影响就会很大，就不会出现种族歧视这个问题，他们会因为了解你而尊重你的族裔。

张荣苏：您现在担任昆州华裔党部主席，当初您为什么选择加入自由党？

庄永新：我是 2005 年通过投资移民过来的，来了之后与和我差不多年纪的人交流，他们说工党是花钱，自由党是挣钱，自由党挣的钱是工党花出去的。还有的说打工的投工党，做生意的投自由党。这当时都是非常粗糙原始的概念，其实工党和自由党都存在问题，工党一般偏左，自由党偏右。但其实工党里也有极左和偏左，自由党里面也有极右和中右，极左就偏绿党了。我是做生意的，自由党的政策是减税，发展经济，雇佣更多员工，所以我一直投自由党。后来成立华裔党部，就加入了。

粟明鲜：我投过自由党，也投过工党，对于我来说，不在乎哪个党，而在于那个人好不好。上次州议会选举，我没有投工党，但我也不喜欢自由党，尤其是上一届的州长 Campbell Newman，他是一个非常傲慢的人，对华人很不屑，华人里面只对来自台湾的华人好点。我做社团的时候请过他多次，但他一次也没有到位。

张荣苏：您还是这边山东同乡会会长，请您谈谈做同乡会的工作。

庄永新：山东同乡会是个平台，希望大家通过这个平台都受益，我是这个平台的主要维护者，任何人有问题，需要救助，在平台里说一声，会有一群老乡为他提供有偿或无偿的服务和支持。同时，这个平台也为大家提供了商业上的人际网络。比如，最近成立了山东商会，主要目的就是向大家提供商业机会，像投资、合作和就业机会。社团活动是纯公益的，没有碰到什么大的问题和困难。可能有时候某个人的角色，因为存有私心等原因，没有达到他的预期，会出现一些问题。

张荣苏：您积极参与了很多华人社区的工作和活动，请您谈一下您对这边华人社会的认识。

庄永新：与其他族裔相比，华人很勤奋，重视教育和家庭，这是很好的地方。缺点是比较封闭，很多人，包括我自己也存在这种情况，不愿主动和其他族裔的人沟通和交流。有时候可能是语言问题、文化问题，各种原因都有。所谓的华人区、中国城，包括同乡会，说好听是大家抱团取暖，但缺点是封闭。我们同乡会就是这样，好的方面就不用说了，坏处就是封闭了自己，我们都是中国人，但东北人、湖南人、江西人等又分成了一个孤立的团体了，我们应该都是一家人，我们有相同的语言、相似的文化。所以同乡会搞活动，既要打开壁垒，邀请其他同乡会的人过来参加，同时也希望其他人欢迎我们过去。这样就能保证抱团取暖的效果，也能保证相互之间的交流，因为人才不能只在你山东，可能人家在另一个行业更优秀。我希望中国城慢慢消失，这样才能说明我们真正融入当地社会了。

张荣苏：您是否有意参选下次昆士兰议会选举？如果参加竞选，您认为自身有哪些优势和劣势？

庄永新：我现在很纠结。首先，从我个性来说可能不适合参政，参政需要有政治头脑和政治觉悟；其次，就是我生意上还属于上升期，舍不得丢弃，因为要真的去从政的话就要与生意完全地切断。我还没有想好，但很希望培养一些英语好的、文化程度高的、愿意为社区做事情的、有意从政的年轻人出来。虽然从政是个有风险的职业，但很值得挑战，因为华人太需要这方面的人来代表我们华人发出声音，如果时机成熟的话我也不会放弃参政的机会。我认为我的优势就是有华人社区支持，劣势主要是语言和文化上的，特别是语言还需要提高，不过我对自己还是有信心的，如果参选，应该没有什么大问题。

粟明鲜：我们当年组建华联会一个最主要的目的实际上就是想培养年轻人参政。当时在筹备过程中把蔡伟民拉进来，就是为了鼓励和培养更多的华人参政，希望突破意识形态束缚，把从各地来的社团团结在一起，如台湾来的社团。华联会能够做到华人社团龙头老大当然是我们的目标之一，但现在宗旨和原来的已经有些不一样了。从我们个人角度来说，第一代的华人就算你有参政的决心，但是仍会有很多不适应、不方便的地方，所以更多的精力可以放在第二代，或者新生代身上。

（访谈整理：张荣苏）

编者按：在布里斯班华人社区中，Peter Zhuang 是一位非常积极参与社会和政治活动的中国大陆移民。2019 年 4 月，布里斯班南区著名华人医生曾路平在自家车库中遭枪击身亡，引发了华人社区对治安问题的担忧，5 月在 Peter Zhuang 的倡议和组织下，在布里斯班新利班举行了制止犯罪的抗议示威大游行。Peter Zhuang 现在担任昆士兰自由党华裔党部主席，有参选州议员的计划，在此次访谈中，Peter Zhuang 分析自己如果参选，将有哪些优势和劣势。2020年10月，Peter Zhuang代表自由国家党在Stretton选区参加昆士兰州议员选举，可惜在选举中落败。

澳中经贸促进会常务副会长钮涛访谈录

访谈时间： 2019 年 8 月 4 日
访谈地点： 昆士兰大学 St Lucia 校区
访谈方式： 面对面
访谈人： 张荣苏
受访人： 钮涛

受访者个人资料：

钮涛：男，江苏徐州人，2007 年在昆士兰科技大学留学，后移民澳大利亚，现从事地产开发、销售，现任澳大利亚江苏商会理事、澳大利亚经贸促进会常务副会长。

访谈记录：

张荣苏： 请问您为什么选择移民澳大利亚？

钮涛： 我是 2007 年 1 月 13 日抵达布里斯班的，在徐州一中读的高中。当时江苏省教育厅有个苏教国际在南京办了个预科学院，我 2006 年就去那里读国际预科，2007 年预科毕业后就来布里斯班了。我们当时一批有一百多人，来自徐州的就有三十多人，其中也有些人去了悉尼和墨尔本，我选择了来布里斯班，之所以选择这里一是因为当时觉得悉尼、墨尔本华人太多；另外就是有一些朋友在这里；还有就是国内来这里飞机飞的时间相对短些，布里斯班气候也比较宜人，各种因素都综合考虑了一下，最后选择来布里斯班。我来到后在昆士兰科技大学读商科，国际贸易和银行金融专业。

张荣苏：当时作为一个留学生来澳洲留学，现在回想起来有哪些困难？

钮涛：当时年纪小，我记得刚来到这里既兴奋又紧张，但更多的是充满了向往和期待。面临的困难一是语言和文化上的隔阂，另一个就是惰性，因为出来后没有人看管，如果真的是放飞自我，这样可能就会不太好，有些学生就拿着父母给的钱去赌场了，所以一定要约束一下自己。在这边经过一段时间后，学习生涯毕竟短暂，就会考虑是否要留下来，基本上大家都是这样的经历，也是后来要面临的一些选择。我在昆士兰科技大学读了四年，我读第三年的时候大家都开始考虑能不能留下来的问题，我那时候对这些也没什么概念，一些比我年长的朋友给了我一些建议，于是我在2010年上半年开始找一些能做的工作，因为如果要移民这边的话需要一个生意作为载体，通过这个生意你才能去雇人、发工资、报税，运营一年半后交给政府审核，他们觉得你达到标准，才能去递交移民材料。所以在2010年9月份，我就开始做贸易、零售方面的生意。

张荣苏：您为什么会选择做贸易、零售方面的生意？具体是如何经营的？

钮涛：我当时做这个也是出于几个原因：第一，我调查、比较过一些生意，像经营咖啡厅和餐厅这些我都去调查过，觉得开餐厅需要专业的厨师，而在调查贸易、零售类的生意时发现澳大利亚 99% 的产品都是中国制造的，我们都是中国人，对国内的东西也有所了解，这些产品在浙江义乌小商品市场或者广州的广交会上都可以很方便地采购到，所以当时就选择了做这个生意；二是零售贸易这个生意的模式好复制，容易做大，如果做得好的话我可以开很多家店；三是当时的汇率也比较好，2010 年左右人民币对澳元的汇率是 6~6.5，这个汇率从中国进货是很有优势的。这样 2010 年 9 月份左右，我们第一家零售店就在布里斯班南区的 West field 开业了。

我们的商品主要针对当地客户，商品种类比较多也比较杂，我们一个店里的产品有一千多种，从几块到几千块澳元的都有。我们当时的定位是售卖礼品和收藏品店，外国人对收藏品的定义与中国人不同，中国人认为几十万、几百万的一幅画或者艺术品才是收藏品，而这边的人觉得一个五块钱、十块钱的咖啡杯也可以收藏，如印有猫王、迈克尔·杰克逊头像的瓷杯，他们都会去购买。所以我们的商品从几块钱的咖啡杯到几千块钱的拳王阿里的签名手套、橄榄球运动员的衣服、杯子、玩偶等都有。有些东西我们也在澳洲本地购买，因为涉及版权问题，这边叫 License Product，如布里斯班有个足球队叫狮吼队，如果与狮吼队有关的产品从中国进口过来有可能就涉及侵权，所以有些东西可以从国内进过来，有些就不能。我们的雇员也都是外国人，因为我们的产品都是与澳洲文化沾边的，如果雇员没有澳洲的生活背景，只是会英语的留学生可能在和客人聊天的时候聊不到一起去，所以我们需要雇佣了解当地历史背景的白人。我 2010 年开了第一家店后，在 2012 年和 2013 年又相继开了第二家、第三家店，但到了 2016 年年初就不做了，把这几家店面都转手出去了。

张荣苏：您不继续做下去的原因是什么？

钮涛：原因也很多，从经济上考虑一是各方面成本都在不断上升，租金、人工成本都在增加，像这边工人每年都要涨工资；还有租金成本，在签合同的时候就已经写明租金要按照每年 CPI 的 3% 或 5% 上涨幅度上调。第二个原因就是澳币汇率下降，直接导致进货成本也在增长，所以我们就把三家店都关了。其实我们在澳洲同类型生意里面做得还是很不错的，像产品线之类的，当我关了店后，悉尼、墨尔本那边一些大的购物集团也给我发来邀请让我到那边去做。但是到后期因为很多方面都有问题，我就想先把这个生意放一放，觉得现在不是一个很好的时机，以后等时机成熟的时候再去做类似的生意，因为毕竟有这方面的经验和渠道。不过多少还是有一点点的遗憾，我当时的目标是把这个生意在澳洲做到二十家店面，想着自己持有几家，再有一家自己的仓库集中给下面几家配货。当时是有这样的想法，我从 retailer 变成 Wholesaler，但因为人工、租金上涨，汇率问题，再加上整个澳洲经济都不景气，大家更愿意把钱放在衣食住行方面，不想在这种可买可不买的东西上面花钱，所以就不再继续做这个生意了

张荣苏：您从这次的创业经历中有哪些收获？

钮涛：从这个生意上我也获得很多，在最初的时候什么都不懂，只是听人说这个能拿身份就去做了，当时准备申请 845 投资移民，这个签证要看你经营的生意雇了多少员工，交了多少税。我 2010 年开始经营这个生意，从不懂文化、管理、产品及产品背后的故事，硬着头皮做了一年多，到了 2012 年 6

月份准备好材料飞到阿德莱德把申请 PR 材料递上去，在当年年底圣诞前一天我就拿到了绿卡。因为我申请的 845 每年申请条款都不一样，在每年 7 月份的时候都会出现变动，而当时我的那个条款很可能在 2012 年的 6 月底被改掉，当时我拿到雅思成绩的时候已经是 6 月 27 日、28 日了，如果我寄过去的话可能就赶不上了，所以我就直接买了机票，把材料递到移民局，因为我的那个移民条款正好是阿德莱德那边分管的，所以就去那边及递交了，所以申请 PR 还是很顺利的。

张荣苏：关了零售贸易生意后，您又从事了哪些行业的工作？

钮涛：我关了店后，觉得不要让自己停下来，就直接去了一家地产公司，当时还同时做上一个生意的收尾工作，因为涉及一些和商场签的租金合约没有到期，我提前退出要考虑怎样将损失降到最低，同时也在学习做地产，还想看看有没有其他工作，如物业管理、邮政、餐饮连锁等。当时看了很多，就觉得现在的生意尽量要做一些前期投资不是特别大，用知识、服务，也就是一些轻资产的生意，后来觉得房产销售可以，一是觉得这一行不需要很多的资金量，入门门槛很低，这边很多公司会雇学生去做这个事；二是国内的人对澳洲这边的法律、政府政策、当地的投资资源、开发商信息这些不太了解，我之前做贸易的时候经常跑 west field 几家店面，和澳洲本地员工、客人打交道，这样我可以为客户提供咨询信息，所以就想着从房产这个生意入口，最开始是以销售为主，因为销售最能了解市场和客户的需求。

这个生意我从 2016 年 5 月开始做到现在，刚开始是在别人公司里做了一年，后来自己和几个徐州的朋友成立了一个公司，前一两年这个行业看不到希望，只能说要坚持下来，我们起步门槛低，大家都可以来做，但要想做得好不简单。前两年我也三十而立了，有家庭有孩子，也有了紧迫感。这个工作是没有底薪的，如果长时间没有业绩就坚持不下来了，很多人都想去做，但因为没找到正确的方式、方法坚持不下去。做这个的华人很多，特别是这几年实体经济不好做，很多人都来做这一行。2018年年初，因为看了很多实体的生意后就不想再继续做实体生意了，因为压力很大，我给自己定了一个目标，全身心地、一点一点地去做，去年基本上没让自己休息，早一点儿就凌晨结束工作，晚一点儿到两三点都有可能，从什么都不懂，让自己重新学习，现在在这个行业里做得也还不错。我现在自己公司大概有二十个人的规模，再加上澳洲本地和国内都有渠道与合作方，我们也和一些学校、当地的留学移民机构，还有一些基金、保险和投资的机构合作，他们的客户都有一些海外购的投资需求，我主要做海外房产投资咨询，有人喜欢公寓，有人喜欢别墅，有人喜欢联排别墅，有人喜欢学区、市区，需求都不一样，我们就为他们提供信息咨询服务。

张荣苏：您的客户主要来自哪里？这边很多人投资房产吗？

钮涛：我们的客户本地客人和国内客人都有，大概一半一半吧。本地客人有自住和投资需求，如本地客户因为工作变动等原因想换房子或换土地，我们就帮他们画图纸，去政府审批和建新房子。有些人是想投资的，这边很多人去投资房产，一是因为澳洲这边有负扣税，所有投资房都可以请专业公司出折旧报告，这样他们在贷款的时候有优惠。另外房子是不动产，是抗通货膨胀最好的产品，很多人都喜欢投资房产，在澳洲这边有个"七九定律"，7%的增长率九年翻一番，这边银行可以把房产增值的钱重新贷出来，举个例子，我五十万买的期房在交房的时候涨到了六十万，涨的这十万块钱，我就可以从银行里贷出80%让我去使用，这样我就可以拿出八万块钱，因为澳洲房产这块一般付10%的前期款，那我这八万块钱就可以利用银行的时间杠杆去做其他八十万的投资。很多人去投资，有投资股票、基金、期货，但这么多产品只有房产是银行愿意给你贷款的，所以投资房产是非常有意义的。海外客户买房产很多是有移民需求的，虽然买房不能移民，但对移民有帮助。除了移民需求，还有的客户有海外资产配置需求、子女在这边读书需求的，因为孩子在这边读三到六年书很正常，房租是一笔很大的费用，不如买一套房子，还可以租出去，最理想的状态是孩子毕业后将房子转手，那这几年的花费就都回来了，还有一些人是为了留在这边养老。

张荣苏：中澳关系、中国加强资本外流管控这些措施对您的生意有影响吗？

钮涛：中澳关系出现问题是在2016年左右，我的贸易零售生意在2016年一二月份就全部出手了，所以没什么影响。现在觉得有中澳关系对这边经济、贸易有一些影响，但也不是特别大，对我们在这里的生活也没有太必然的影响，因为澳洲这边主要资源是矿，中澳关系对澳洲贸易、社会影响比较大的话应该是Perth这种地方，那里淡、旺季非常明显，矿业繁荣的时候很多人都去那边工作，工资也高，城市就很繁荣；矿业不好的时候大家就都走了，房价也下来了。

张荣苏：除了房产销售、投资咨询，您还准备做哪些投资项目？

钮涛：现在我在考虑做房产开发，我和几个合伙人成立了一个地产联盟，从小型开发着手慢慢做一些事情。比如，我们目前在考虑昆士兰大学附近的土地，这边的土地大概都有八百到一千平方米，这种地就能分成两块，一块地里面建10~12个学生公寓可以出租，租金回报还是不错的。我们现在还在研究，再去看一些土地，准备去做一些类似这样的开发。在华人区二三十年的土地分割，都是一两千平方米，现在市场上我们能买到的土地能有三四百平方米都已经不得了了。我们也去一些老区去看更大的地，做土地分割，或者根据政府政策，能否改变土地性质，这些都需要很大的知识量储备，以及各方面资源的整合。另外，我还想以布里斯班为起点，形成整个澳洲房产销售网，因为我在悉尼、墨尔本那边也有合作渠道。除此之外，我还想做些多元化的投资和生意，把房产、移民、留学、旅游还有一些红酒的生意都慢慢涉及，再加上国内这一块，我每年还要回国做5~10场活动，在徐州、南京和无锡都有合作方，现在在徐州有专门的公司，因为南京和徐州是两个我最熟悉的城市，所以我主要想做江苏市场这一块，希望做他们对口来这边的投资服务。要想把这些东西做好，就要不断扩大客户群体和市场。

张荣苏：您的合作渠道很广泛，请问您是通过哪些方式拓展客户与市场的？

钮涛：在这边一定要多做活动，从五六年前我们成立江苏同乡会，到后来加入我们徐州总商会，前两年从江苏同乡会出来的一些人成立了澳中经济贸易促进会，也做一些社区活动，我们这些协会与当地政府、企业平时有很多往来，通过社团与社会活动拓展商业网络。公司也会赞助其他协会活动，如我们前段时间赞助了一个江南邓丽君模仿者的演唱会，有三百多人的活动，当时无锡市副市长、企业家代表团也来了。在国内就需要扩展渠道，我们和国内一些留学机构、移民公司、海外旅行社都有合作。例如，我们会帮旅行社出一些新的旅游路线；为留学机构制订留学、游学方案，提供咨询信息；等等。前段时间我们还促成了徐州技师学院与墨尔本一个 TAFE 弗朗特学院的合作，徐州技师学院每年会派商贸旅游专业的学生去弗朗特学院学习和交流，我们在双方合作的过程中主要发挥了一个桥梁中介的作用。

　　我想实际去做一些事情，而不仅仅是一些参加商业活动，特别是教育、移民这一块，现在做留学、移民的人很多，但服务参差不齐，我想做的是高品质的，定位是高端服务。比如，很多公司做留学、移民，但是等移民过来后，公司也赚到钱后就不再管你了，没有人去考虑这些人来到这边后怎样融入当地社会这些问题。我就想怎样帮助别人融入当地社会，在当地社会找到自己的定位，这是我愿意看到也非常想做的事情。

　　张荣苏：您现在拿到了这边的永居权，有没有考虑入籍？您觉得自己融入澳大利亚社会了吗？

　　钮涛：暂时不考虑入籍。我经常回国，虽然在这边时间多一点儿，但还是经常回国，我想回国做些东西，毕竟国内市场大、发展快。另外我也不想断了和中国的联系，自己是中国人，还是有些情结的，而且我父母和很多朋友都在国内。我觉得在一个地方，如果你没有融入这个社会，对这个社会没有归属感和亲切感的话会感到很孤独的，没有办法深切地体会到当地的一些东西，会感觉自己被排斥。所以我觉得来到海外，一定要找到一些东西，让自己感到亲切、有归属。一开始的时候，我跟朋友去教会，后来因为喜欢打篮球，通过打篮球认识了很多朋友；再后来做生意不久就参加同乡会，也创办了几个协会，去做一些公益性的东西，所以也有了自己的交往圈和朋友圈。因为有这样的经历，所以就想做些能够帮别人融入当地的一些事情。就我自己来说，我只能说自己一直在尽力去融入，但还没有真正融入，像西方人的生活方式，我们还是不能完全接受的，虽然我经常参加这边的一些舞会、赛马会和其他活动，但我们出来的时候已经十八九岁了，接受中国文化已经根深蒂固了，也没有办法和这边的人有太多共同的话题。

（访谈整理：张荣苏）

编者按： 钮涛先生是江苏徐州人，为人非常豪爽热情，和我交流后，得知我在昆士兰大学，他专程到昆士兰大学接受我的访谈。钮涛先生在布里斯班投资涉及的项目和领域很多，可能专心集中做一两个领域会更好。访谈结束后不久，钮涛先生邀请我参加布里斯班徐州同乡会在当月中旬举办的伏羊节活动，在聚会上我又认识了许多来自家乡的朋友，在异国他乡找到了一些归属感和亲切感，倍感温馨。

澳中经贸促进会会长谢大贤访谈录

访谈时间：2019 年 11 月 29 日
访谈地点：布里斯班 Sunnybank Plaza 麦当劳店
访谈方式：面对面
访谈人：粟明鲜、张荣苏
受访人：谢大贤

受访者个人资料：

谢大贤：男，江苏无锡人，在国内开办乡镇企业，2005 年通过政府担保移民澳大利亚。

访谈记录：

张荣苏：请问您为什么选择移民澳大利亚？

谢大贤：我是 2005 年通过政府担保移民到澳洲珀斯的。选择澳洲原因很简单，我儿子在澳洲读书，我也来这里旅游，觉得澳大利亚是个宜居的地方，所以就想移民了。我最初是选择堪培拉政府担保移民，但是因为我的律师与堪培拉在政府担保移民问题上没有沟通好，就选择了珀斯。正好我有一位老乡在珀斯，通过咨询后觉得那里也很不错，政府担保也没有问题，我就去了珀斯。到了珀斯之后，我做过砂岩石、木材加工，还和别人合作办了一个木具加工厂，我投资了一百七十万左右，占30%的股份。我在国内也是做与这差不多生意的，干得比较顺利，生意翻了一番，还解决了当地五个劳动力就业问题，两年以后很快就通过了移民考核。因为我儿子在格里菲斯大学读书，所以拿到永居权后就搬来布里斯班了。

张荣苏：您刚来到布里斯班后有没有做其他生意？

谢大贤：我移民这里后国内的生意一直都没有放弃，经常两边跑，到2010年我儿子大学毕业后，我就慢慢放手了，将国内的生意一点点交给他，到了前两年我就不问国内的生意了，现在90%的时间都待在澳洲。

我在国内企业是做供电设备的，原来想在悉尼开拓一个市场，但是这边做生意不容易，产品的标准、价格、政治制度和国内差距太大。我花了很多时间做了很多生意但都不太成功，我做过TCL开关在澳洲的总代理。但这边做生意和国内完全不同，像我在墨尔本还做过保健品生意，Blossom这个品牌的老板委托我做中国的总代理，也花了很多的钱，但都不成功。

张荣苏：您认为在这里做生意不成功的原因是什么？

谢大贤：我觉得不成功原因有两个方面，一是我英语不行，如果在华人圈子里做生意肯定不行，市场太小，一定要融入当地社会，而我英语太差；二是虽然这边保健品的价格很低，但是中国的审查很严格，药监部门的批准手续很烦琐，也很难成功。前段时间我还做了医美器械，但是因为两国标准不一样，也没办法做下去。

中国人在这里做生意不容易，我在国内也算是一个非常能做生意的人，从年轻的时候就一直是优秀企业家。我在国内做供电设备之前是做文具的，我办的文具厂在 20 世纪 80 年代"一包三改"的时候轰动全国，从承包集体企业、工人合同制再到计件工资，都是从我开始的，我是最早的典型乡镇企业家，获得了很多荣誉。2005 年到了这边以后，做了几次生意都不成功，从去年和前年开始我就不做了，转为为社会服务，通过澳中经贸促进会这个平台为社会和民众服务。

张荣苏：您和澳中经贸促进会举办的慈善活动在这边华人社区引起了很大的反响，请您简单介绍澳中经贸促进会及其活动。

谢大贤：澳中经贸促进会是去年 6 月 1 日成立的，2019 年我们已经搞了五六个活动了。其中一个活动就是通过澳中经贸促进会宣传中国文化和无锡文化，我们在 Sunnybank Plaza 举办了书画展和邓丽君歌友会，邀请了很多的政要，包括昆士兰州议员、布里斯班市议员还有许多社会名流和社团领袖，丰富了我们华人的娱乐活动。最近扬州副市长代表团来这边考察，我们也借着这个平台希望加强扬州和布里斯班双方经贸和文化交流。

另外我们的重点活动就是慈善之光。8 月 30 日，我们搞了一个首届昆士兰多元文化重阳敬老艺术节，邀请当地三百五十三位老人参加这个活动，这个活动为这些 60 岁以上老人提供免费餐食，这在澳大利亚很少见。我们还组织拍卖活动，筹得的款项捐给红十字会，善款统一交由市议会负责落实。我们还赞助昆士兰华裔退伍军人俱乐部的奖学金项目。这些主要是 2019 年的慈善活动，这几项活动在社会上引起了轰动和反响，其他族裔也跟着效仿，搞了相似的活动。我觉得自己带了一个好头，说明我们的活动得到了社会的认可，大家也都跟着做了，同时也得到了昆州政府的表彰，昆州议员 Peter Russo 为感谢我们澳中经贸促进会对昆州多元文化事业的贡献特地在州议会举办了 BBQ。

张荣苏：您在这里做慈善活动的初衷是什么？

谢大贤：一个是想扩大交往，做生意需要圈子。另外就是家庭原因，前几年我太太患了胃癌，很痛苦，我就想着也要去帮助那些无助的人，积善行德。

张荣苏：办慈善需要资金，您通过什么样的方式和渠道筹款呢？

谢大贤：我们筹集善款有几个渠道：首先，是我个人出资，我作为澳中经贸促进会会长出了一万澳元；其次，是我的家庭成员，我女婿和我太太都支持，分别出了钱、捐了物；再次，就是几位副会长也拿出了部分经费；最后，就是社会上一些公司和企业出资赞助。

张荣苏：从您说的善款来源看主要是自己及亲朋出资，这样很没有保障，您认为怎样能保证慈善活动的持续性？

谢大贤：我们想把这个慈善之光活动延续下去，申请了一个亚太慈善基金会，并且已经获得政府批准了，我们希望在亚太地区筹款，不局限于在中国和澳大利亚。这样我们 2020 年的经费来源就有以下几个：第一是澳洲各级政府的支持，目前我们已经获得联邦政府支持的七千多澳元，还有就是几位议员个人出资，如经过与 Peter Russo 协商，他愿意资助三千澳元，其他几位市议员也愿意出资，我们还争取了布里斯班市长的支持；第二是我个人和朋友以及从社会上的募款；第三就是希望在中国和亚太地区筹款，我认为要先舍才能得，所以在 2020 年我们准备了四个项目，其中一个是 4 月 20 日准备由联邦议员带队去中国，团队里包括中国初级卫生保健基金会的理事长，他是我们慈善基金会的荣誉会长，希望通过与国内慈善机构的交流与合作获得资金支持，至于怎么实施，目前还没有具体的方案。

张荣苏：您 2020 年的中国之行有哪些计划？

谢大贤：此行的目的有三个，一是赞助贫困县，与之建立合作项目，我们提供医疗设备；二是在扬州和无锡之间选一个与昆州某一个城市建立友好城市；三是在深圳设立一个慈善基金会的办事机构和联络处。

我们在 2020 年慈善的活动项目主要有三个：对贫困的、没有医疗条件的人提供资金支持；为昆士兰高校品学兼优的大学生提供奖学金；继续举办多元文化重阳敬老艺术节。我们澳中经贸协会成员有广东、福建等各地的商人，能够以在深圳挂牌的亚太慈善基金会澳中经贸促进会办事处为据点，通过他们的关系网络来进行跨国的慈善事业。我做这个基金会的目的就是为广大贫困的群体提供免费医疗，为我们社会提供更多保障，为学生提供奖学金。

张荣苏：您刚刚介绍了 2020 年的计划，有没有更长远、更具体的计划？

谢大贤：现在没有考虑，我们只考虑明年的事情，看明年情况到底如何再做长远计划。我们目前都只是大方向上的计划，还没有具体的实施细则，我现在的认识还很肤浅，要做的就是扩大名气和影响力，然后再进一步细化。

（访谈整理：张荣苏）

　　编者按：谢先生在国内家乡是知名的乡镇企业家，但移民澳大利亚后做的几个生意和项目都不太成功，他目前处于退休状态，国内的企业交给儿子管理。谢先生组织筹办的慈善活动在布里斯班华人社会中引起了很大反响，很多人猜测他是谁？为何要举办规模这么大的慈善活动？在访谈中，谢先生表示组织举办慈善活动的目的是为了扩大社交圈、提升知名度，他也谈了自己未来的规划，但他的规划很空泛，方案实施的可行性和慈善活动的持续性皆有待商榷。

中澳翻译中心（Aus China Translation）
社长张亚云访谈录

访谈时间：2019 年 9 月 11 日
访谈地点：布里斯 City，Aus China Translation 办公室
访谈方式：面对面
访谈人：粟明鲜、张荣苏
受访人：张亚云（Rona）

受访者个人资料：

张亚云：女，江苏南通人，毕业于南京师范大学，2005 年通过配偶移民的方式来到澳大利亚，主要从事翻译、教育，现任中澳翻译中心（AusChina Translation）社长。

访谈记录：

张荣苏：请您介绍一下自己的移民经历。

Rona：我是 2005 年年初以配偶身份移民来澳洲的，我在国内毕业于南京师范大学，学的英语教育专业，在大学期间因为各方面表现都还不错，我拿到了学校唯一一个出国名额去泰国留学，大学毕业后就留在了南通市第三中学。幸运的是江苏省和昆士兰州第一个合作教育项目就放在这个学校，当时昆士

兰把澳洲这边十年级的课程放在中国教，我刚进去校长就找到我做这个项目，我差不多参与了整个项目的创办，主要是以翻译和项目协调人的身份参与了项目的全过程。也是在这个项目里我认识了我先生，他是我们当时招去的一个老师。我和我先生是在中国结婚的，结婚后我们先在中国生活了四年多。那个国际教育项目先在南通做，后来又在上海做，女儿在上海出生后，考虑到我先生的长辈年纪比较大了，想让小孩子和他们多接触，享受天伦之乐，所以就来到了布里斯班。本来想着在这边待一两年就回去的，因为我们在国内的事业发展得还不错，当时我从那个教育项目出来后，自己在上海学了同声翻译，做了一个自由职业者，但是没想到来了之后就一直待下去了。

张荣苏：您在国内学的英语，在找工作方面有没有优势？

Rona：来到澳洲后，我先生很容易就找到工作了，他是从事教育和音乐方面的，但对我来说，虽然我在国内有教师和翻译资历，但在澳洲不承认这些资质，所以来这里完全是从头开始，很难找到工作。而且除了我先生的家人外，我也不认识其他人，自己也不会开车，所以我觉得在这里第一年还是很辛苦的。我后来也是找了一个兼职，当时看报纸，上面在招聘一个保险经纪人的临时秘书，这是我来澳洲后的第一份正式工作，这个公司是个很大的国际性保险公司（AIA），老板是个华人。虽然这份工作不是最理想的，但我从中学到了很多，如客户服务，澳大利亚企业文化，跟上司、同事之间的沟通等各方面。在做工作的同时，我也没有放弃我的翻译专业，因为保险公司的工作毕竟是短期临时的，我还是想从事自己最喜欢的翻译工作，所以就一边考澳大利亚国家翻译局（NAATI）的翻译证书，一边报考了昆士兰大学的翻译硕士课程，另外还做了很多志愿者的工作。当时了解到 80% 的口译都是在医院里或者与医学相关，所以就到公立医院做志愿者，虽然没有工资，但接触到的人以及这段经历对我后来的工作都非常有帮助。

张荣苏：所以来到这边后也是一切从头开始，请您谈谈在这边的创业经历。

Rona：在我来这边的第一年，翻译硕士课程还没开始的时候，我就拿到了 NAATI 二级证书，接着去中介找工作，面试时中介虽然觉得我二级证书不占优势，但看了我的履历，觉得我整体素质还是蛮好的，就接受了我的档案。在第一个客户工作结束后，可能客户反馈比较好，从此之后公司有事情就会优先选择我。所以在我来澳洲的一年，在我没有拿到 NAATI 的三级翻译证书，也没有开始读昆士兰大学翻译硕士的时候，我已经进入这边的翻译领域工作了，开始了这个职业生涯。可以说来澳洲的第一年主要是为我以后的翻译事业做准备，我在中介公司做的是社区口译，主要在医院、法庭做翻译，所以我跑了很多医院，也参观了很多的法庭审理，看各个法庭有哪些不同的流程、制度，坐在旁听席上听法官、律师的术语。这样到我第二年自己开公司的时候就有了很多的经验，虽然当时我只来澳洲两年，但是我觉得这种积累可能是大部分澳洲人都没有的，一定要不断提高自己，不进则退，这个需要平时的积累，对每个行业都要懂一点儿，在真正做笔译或口译的时候，还要事先去做很多词汇、专业背景知识方面的梳理，并就客户给的主题做更深层次的准备，特别是做一些非常专业的会议翻译的时候，我记得在堪培拉做一个关于中澳政治关系研究的论坛，像这种会议要提前了解很多的术语知识。

之后我开始读昆士兰大学的翻译硕士课程，因为一周只要上两天半的课，所以时间比较充裕，只要有翻译的工作，我都会先去做翻译，因为我觉得这个课程只是为了拿到一个这边社会承认的资质，从实践来看我已经超过课程教授的水平了。另外澳洲的大学和国内完全不一样，在国内跟着老师、跟着课本还能学点儿东西，在澳洲课堂上学到的东西非常少。所以我在昆士兰大学的时候只要有时间基本上都泡在图书馆，图书馆里与翻译有关的书籍和杂志我几乎都看过，因为我们做翻译要涉及各行各业，对每个行业都要懂一点儿，所以当时就看了一个系列丛书叫 For Dummies，其实这个是针对各个方面初学者的一系列书籍，如 Marketing for Dummies 是市场销售领域里初学者的入门书，这为以后我从事各领域翻译工作的积累了知识。所以等我两年后毕业，拿到证书的时候在职场上已经非常熟悉了。当时我还在一个琴行做兼职，虽然我不会弹钢琴，但是却能把钢琴卖掉，同时我还要做办公室的秘书、市场之类工作，这是一家小公司，自己什么都要干。但也学到很多，慢慢也接触到了主流社会，也学到了营销技能。我觉得在大学里学翻译只是学到技能性的东西，任何人进入职场都必须学习交流、销售、办公室文件处理各种技能，这些都是我在那时候学习和积累的。

张荣苏：您在创业之前已经积累了非常丰富的经验了，Aus China Translation（中澳翻译中心）是什么时候创办的？主要业务范围有哪些？

Rona：我在 2007 年 5 月份创办了中澳翻译中心，刚开始是一个人做，因为我本身翻译已经做得很熟练了，客户感觉我做得不错，他们一个个地推荐下去，所以很快就建立了自己的客户圈。开始我还是在家里做，2009年，我被昆士兰大学返聘做翻译硕士课程的老师，这其实也可以长期做下去，但我对教学不是特别感兴趣，教一年还可以，我不喜欢重复性的工作，比较喜欢可以不断学习新东西、有挑战性的工作。2009年，中国上海世博会澳大利亚馆在招翻译，我对照了一下条件，觉得我都符合，所以就义无反顾地去申请了，也很顺利地拿到了这份工作，然后我就在世博会工作了七个月。那时候我的公司还在运营，中澳翻译也越做越大，工作多，自己也忙不过来，我就找了几个contractor来做。在世博会期间很多事情都忙不过来，我就把工作介绍给了我的一个好朋友，等我从世博会回来后她就加入了我的公司。2010年年底我回来后把办公室搬到了Sunnybank Time Square，这样我就从在家办公发展到有了自己的办公室，有段时间招的全职员工也挺多的，后来公司慢慢发展起来了，但我们发现新利班那边客户主要是来翻译驾照、毕业证书、结婚证之类的，这不是我们的主要客户群，大部分客户还是在市区，当时我加入了澳大利亚工商业委员会（ACBC），成为他们的理事，所以在2014年左右就把办公室搬到了City。

我们的业务范围很广，刚开始我们做了很多矿业方面的会议、安全手册翻译，后来是农业、房地产方面的，现在有很多是关于养老方面的翻译，行业在不断地发展，我们从事翻译工作也要相应地学习和积累。当然，我们也要做突击准备，要想达到各行业的专业水准还是有差距的，但作为翻译，我们要做的是一个交流沟通的基本功能，让双方的交流信息能够正确传达就可以了，我们也不需要成为他们这个领域的专家。我记得去年做了一个关于生物医学方面的讲座，里面有很多字母，这些就根本不需要我们翻译，双方专家都知道这是什么意思。

我有两个主要市场，一个是商业翻译，这个涉及各级政府，我公司翻译的客户里联邦、州和市各级政府都有，曾经为布里斯班、阳光海岸和Logan市政府做过环境方面的翻译，当时做翻译就是多远我都不怕，只要有工作我就做；另一个是法律方面，这个是我的特长，对很多翻译来说，法庭口译是个难点，我有几个同事做了十几年都不敢做法庭口译，主要因为一是它对准确度要求很高，另外就是法庭庭审过程都是要被录音的，如果有任何差错，客户后期可以要求上诉，但我认为这个是我擅长的方向，我后来还做过很多有关法律方面的翻译培训。如果仅凭考过了翻译证书就去做法庭口译非常困难，翻译证书包括硕士学历都只是进入这个行业的通行证，我不仅看了澳洲各类法庭，还看了很多相关网站，上面有很多背景资料，我都去学习过，如果没有相关背景知识，去做法庭翻译很难。

张荣苏：您的这个翻译社现在有多少员工？有固定的团队吗？

Rona：我现在不雇全职员工了，以contractor为主，之前员工比较多，但影响我的工作效率，五六个人在一个办公室上班，经常有员工跑过来问问题，我就没办法静下心来工作；另外我们的工作性质不需要员工全职上班，所以我利用几年时间把我的团队培训到可以不到办公室上班。我们主要是口译和笔译，我对每个人的特长都非常了解，可以通过微信、E-mail联系，安排他们谁去接这个 case 就可以了。以前业务多的时候还不敢让员工加班，都是自己加班，因为澳洲加班费很贵，公司利润就降低了，现在公司成熟了，就把员工的工作运行调整到一个更理想的状态。我现在觉得我的工作非常自由，以前更多的时间待在办公室，和员工交流、培训，但现在更多的时间是出去和客户接触，我觉得这就是 21 世纪的工作状态。我的观念也在慢慢转变，前几年我是在不断扩大公司，结果发现自己越来越累，后来有次参加华联会活动，我突然没办法说话，觉得呼吸困难，而且觉得半边脸瘫了，当时那个症状和小中风特别像。后来就觉得公司做得再好也不如身体重要，所以就不再以把公司做得多大、多成功作为目标，我觉得做自己擅长和开心的事就很好，现在这种工作状态非常适合我。

张荣苏：您非常努力，并取得了事业上的成功。之前了解到您也参加了很多社会、社团活动，请您介绍一下这些活动。

Rona：我参加的社团活动最初是中国人协会，后来就是华人联合会，再后来我和一些朋友一起创办了阳光商会，我现在是江苏协会的副会长、江苏商会的执行会长。我来澳洲后不久，就很幸运地认识了当时中国人协会的陈帆先生，所以就加入了中国人协会，后来认识的人越来越多，我还担任过一段时间中国人协会秘书长，同时也是第一批进入华联会的理事。我在 Sunnybank Time Square 工作的时候，我们当时也是个 Service Office，本来大家不是很熟悉，但后来一次喝咖啡的时候发现大家从事不同行业，有会计师、律师，有做营销的、有做地产的，各行都有，大家觉得我们可以成立一个商会，大家相互帮助，因为大家在一起就像一个公司不同的部门，我们之间的客户可以相互推荐，如我的客户可能也需要会计、法律服务，我就推荐给他们，所以我们就成立了阳光商会。我们有八个创始人，刚开始就是想分享一下客户资源，因为大家都是小生意，都没有很多的背景和资源，所以就想通过这个平台大家一起学习、一起提高，后来有很多主流社会的公司也加入了，目前有两百多个正式会员。前五年我担任会长，后来接受了IES和Sun PAC的董事职位，就把阳光商会会长职位辞掉了。现在商会主要活动就是搞一下讲座，如帮助大家学习税务、企业法律等各方面知识，大家想学习哪方面，我们就去找这方面专家过来做讲座。我们还一起在报纸上做广告，举办一些户外活动，每年还会有一次大的联谊活动。

张荣苏：请您谈谈IES（International Education Service）和Sun PAC董事的工作。

Rona：2016年的时候有两家公司找到我，让我做他们的董事，其中一个就是昆士兰大学的预科IES，他们学院里开发了许多教育、培训方面的软件，数字技术很强，从2021年开始将做IB课程，现在学校在Spring Hill有三个校区，有一千多名学生，两百名左右的员工。当时IES董事会有一个人退休了，需要找一名新的董事，因为他们现在招的大学预科学生70%以上都是华人学生，所以列出要求就是年轻、来自亚洲、女性、懂教育，正好我之前在昆士兰州地方法官的年会上见过这个董事会里的一个董事，我们交流也不是很多，但我们有共同的朋友，他就从朋友那里了解了一些我的信息，可能他认为我符合这些要求就向董事会推荐了我。开始他们请我的时候我没有接受，那时候我在做阳光商会的会长，还是很多会的理事，像华联会、澳大利亚翻译协会、澳大利亚工商联合会等，我觉得自己睡觉时间都不够为什么要接这项工作。后来问了Michael Choi（蔡伟民）几个人，他们都告诉我像这样的工作一般都是资深的退休部长、CEO才会有机会，这么好的工作为什么要推掉？当时我也想挑战一下自己，就接受了，后来和董事会见面发现他们都是一些非常资深的顾问，年龄都比我大，当时我三十几岁，还是觉得自己资历不够。这个董事会是每三年换一次，现在我已经做了快四年了，他们续聘我，说明对我的工作还是很认可的，其实就是第一年要慢慢熟悉情况，因为自己经营公司和作为一名公司的董事还是完全不一样的。

另一家公司就是Sun PAC。Sun PAC是三年前才落成的一个表演艺术中心，它的母公司是新利班的橄榄球俱乐部（Sunnybank Rugby Union Club），但政府想把它作为一个社区性的活动中心，所以也为这个项目的运营投资了一半，这样在Sun PAC董事会里就可以有两名市政府的代表。当时政府到处在找能够参加董事会的两名董事，因为市政府的议员有政治背景，他们不可以参加，所以就推选了两个社区代表，要政府和Rugby Union Club双方都认可才可以，当时我也不清楚谁推荐了我，我就做了Sun PAC的董事。

张荣苏：担任董事主要负责哪些具体事务？

Rona：董事会主要负责一些策略、方向、预算这类大的运作方向，以及公司遇到一些情况的处理，像在IES里，如果发生与中国学生相关的事情，董事会会来咨询我的意见。比如，最近学校里标语"欢迎光临"用的是繁体字，有人就提意见为什么没有简体字？还有一些与学生家长沟通上的事务，最近他们给学校老师进行了一次中国文化的培训，我也去参加了，也会代表学校参加一些活动。我差不多用一年时间熟悉学院，了解董事会运转流程，我后来还为此专门去读了个董事的课程（AICD）。

张荣苏：从担任IES和Sun PAC董事的经历来看，是否可以说您已经融入了澳洲主流社会？他们也认可和尊重您对这个社会的贡献？

Rona：我觉得可以从我事业上的角度看这个问题，我来这边后不久就加入了澳大利亚翻译协会昆士兰分会，认识了很多资深翻译，就这样找到了专业组织机构，认识了很多同事，不久之后就担任了翻译协会的秘书长，很快又担任了会长。我觉得在UQ（昆士兰大学）的两年翻译硕士课程的学习还不够，所以在昆士兰，甚至澳洲任何一个与翻译有关的职业培训和会议我一般都会参加，从2007年开始参加了在悉尼的一个国际翻译会议。我们翻译协会每两年会搞一个全国性的大会或者颁奖晚会，2011年的时候我拿到了一个全国性的大奖，它不只是中文翻译，还是全澳洲所有语言的翻译，这算是对我职业生涯的认可。后来我还参加了主流社会举办的各种讲座，像如何做营销、如何与客户交流，政府有个small business forum，我几乎每一场都去。再后来我们自己创办了阳光商会，自己想学哪一方面，我们就请这方面的专家来做讲座。在一个几千人、几百人的会场上经常会看到只有我一个亚洲面孔，我有时候也感到很自豪，愿意去参与和学习，这其实就是融入社会的一个方面。我先生是琴行的经理，我之前都是以他夫人的身份去参加各种社交活动，当时都不敢一个人出去应酬，不知道该和别人说什么，但现在我是冲在第一线的，他是以我先生的身份出席活动的，这就是主流社会对我的认可。

张荣苏：您的交际范围很广，这对您融入主流社会是不是有很大帮助？

Rona：我觉得圈子对我的帮助很大，这是一种归属感。比如，在华人社区这边我加入了中国人协会、华人联合会，包括现在的江苏协会、江苏商会，后来按照自己的方式成立了一个自己可以左右方向的阳光商会，这其实就是自己在主动地建立这样一个圈子。从澳洲主流社会方面来讲，因为翻译专业，我有一个很大很大的圈子，不仅是在昆士兰州，我现在是翻译协会全国理事会的会员，也参与组织了 2017 年的世界翻译大会，我是组委会的成员，这是一个更大的圈子。另外澳大利亚工商业委员会也是一个圈子，这就跟我的客户群就很像了。我也比较喜欢健身，还有健身的圈子，我还打排球，从 2005 年一直打到现在，这也是一个朋友圈子。这些圈子让我有一种归属感，让我感到这就是自己的家，反而有时候回到中国，虽然还和以前的同学、朋友保持联系，但觉得这种圈子已经不存在了，我觉得这才是融入的一个重要表现，因为我的圈子很多，不可能总待在一个圈子里，每进入一个地方就像在家里一样，能很自然地融入进去，包括进入各种社交场合也是这样。

要说我有什么特长，我觉得有两点，一是学习的能力；二是适应能力。在任何场合我都觉得很舒服，而且很愿意去接触新的人，觉得从每个人身上都可以学到东西。我觉得我们的知识一是从人的身上学到；二是从书籍、网站各种信息资源学习到的，因为有这样的观念，我在一个全新的环境中就不会感到害怕。像我们做翻译的时候，所有人都是这个领域的专家，只有我一个人是外行，那我用什么方式融入进去，让他们觉得我也是他们其中的一员？这其实就是一个很大的技巧，我觉得自己在这方面做得还不错。

张荣苏：您觉得英语专业背景和跨国婚姻对您很快适应、融入澳洲社会来说是不是一大优势？

Rona：我觉得这方面还是很有优势的，会让我适应和融入这个社会稍微快一点，但我觉得除了语言还有对文化的相互尊重、包容也很重要。每个人都有自己的文化和成长背景，大家需要彼此之间相互包容、学习、尊重和理解。我对任何人的政治看法、价值观都会给予尊重，虽然我不一定赞同或者说和别人的看法保持一致。虽然我在努力地融入这个社会，但我也想保住作为中国人的某些特质，因为在一个完全澳洲化的环境下，我虽然永远不可能做100%的澳洲人，但可以把自己变为80%的澳洲人，同时我还是想保持自己的Identity，因为我觉得中国人也有很多优秀的特质。如果和华人在一起的话，我又可以把自己变成一个华人，融入大家，我觉得在华人社会就是给自己一个家的感觉，在那里会有很多好朋友。正是因为我对两种文化都很熟悉，所以可以自由切换自己的身份。

我一直有一个观念，就是要做一个国际公民，把我扔在世界的任何地方，我都能够生存下去。我对我女儿就是这个要求，把她培养成"世界公民"，我女儿现在15岁，我觉得她现在想去任何地方，我都完全不用担心她的安全问题、自理能力。我不赞成中国的虎妈式教育，我们完全鼓励孩子自由成长，除了告诉她要保护好自己和对别人友好外，我们都没有对她进行严格的教育，我觉得父母要言传身教，让孩子自己去选择要走怎样的路。我先生是澳洲人，他可能比我更喜欢中国文化，而我可能比他更喜欢澳洲文化，所以在他的生活中融入了很多中国好的东西，在我的生活中则融入了很多西方的东西，像我们家完全是一个中西合璧的文化，我们把自己觉得更适合、更好的文化融合在一起。所以我们的孩子在这样一种环境下长大，完全没有必要用家长的观念去限制她去做什么，让她自由自在的成长也是对这种文化的融合和认同。

张荣苏：非常感谢您接受我们的访谈，最后请您谈一下未来有什么目标或规划吗？

Rona：我以前希望自己是一个非常成功、非常优秀的人，而且以前追求的成功是公司有多大、资产有多少，要做到某个职位，但现在已经不一样了，每天只想快快乐乐的就可以。如果说有什么目标的话，我觉得每天只要做到两点就可以了，一个是做更好的自己，不管每天接触到什么人或事，如看书看到了一个好的内容、每天有一个小的发现或者去过一个新的地方，哪怕每天只提高了一点点，这就是做到了更好的自己。第二个就是努力让世界变得更美好，这是我以前经常手写一句话，这个好像是大话，我以前都不敢说出来，只敢写出来，但我现在觉得这个很简单，你偶尔做一件事情可能就会让别人很开心。比如，今天这个访谈，我以前会觉得为什么要浪费时间做访谈，但现在我觉得如果能帮助到你做研究，或者对别人有些启发，我觉得这就是在做一件好事。或者有时候和别人分享一件事情，就像我上周在爬山的时候不小心把水瓶滚到山下去了，但当我爬到山顶看到一个澳洲白人男子背着二十四瓶水到山上，给那些没带水或水不足的人喝，我当时就非常感动，这一瓶水肯定不是关乎生死的事情，却让人感到很温暖，所以我也拿出月饼和山上的人一起分享，对那些未曾尝过月饼的人来说也会感到幸福和温暖。我觉得每天睡觉之前反思一下，能把这两件事情做好了就可以了，因为很多目标永远都是无止境的，但这两件事情是每天可以做到的。

（访谈整理：张荣苏）

编者按： Rona精力充沛、非常善于学习，她来澳洲后通过进修不断地提升自己，开拓了广泛的社交网络，拥有了自己的事业，家庭生活也很幸福美满，是一位非常励志的女性。

后　记

　　2019 年 4 月，张秋生教授带着他的江苏师大澳大利亚研究团队前来昆士兰大学参加与该校黎志刚教授合办的一场研讨会，就澳大利亚华商历史及其相关的问题进行探讨。在此之前，张荣苏博士已经以访问学者的身份来到昆士兰大学进行为期一年的访学，也是上述团队与会人员。早在 2016 年，我已获张秋生教授之邀，加入他的研究团队，成为一名兼任研究人员，参与相关的研究课题。因此，我也出席了这次的研讨会，听取各位学者的演讲，与他们交流，受益良多。

　　澳大利亚华商的历史发展与延续，与华人在澳之兴衰密切相连。而在 20 世纪 80 年代之后，亦即通常所说的华人移民澳大利亚的新时期，大批来自中国及东南亚各国的华人涌入，不仅使其人口数量超过百万，也使得华人经商的领域更加宽广，囊括了商业、生产和服务的方方面面。由是，对新时期澳大利亚华人的经商活动及其相关问题进行研究，就极具历史和现实意义。而在此之前，包括在上述昆大举行的研讨会期间，张秋生教授就跟我探讨过如何更好地开展这方面研究的课题，希望我能协助和配合团队开展这方面的研究。我虽然接触过很多 20 世纪上半叶之前的华商档案资料，自己也已来澳三十年，也曾经营过几年的旅馆，但对于新时期华商的形态和整体状况也并不十分了解，尽管黎志刚教授曾说过我此前也属于这个华商群体，是他们中的一员，只是我自己接触方面还是不多，也非常需要学习。而张荣苏博士在访学期间，其中的一个任务就涉及这个课题，希望通过对相关华商的访谈，了解他们在澳的经商和社会活动，以及由此而产生的认同问题和政治参与问题，因为后者反过来也会作用于其商业的发展。而这样的访谈记录，将会给进一步研究新时期华商的状况提供依据，为相关问题的研究打下基础。因此，协助张荣苏博士进行这样的访谈，不仅仅是履行职责，配合研究团队的工作，对我也是一个学习的过程。

我自1992年年初从悉尼转来布里斯班定居至今，曾经参与过许多社区活动，与许多不同时期从不同地方移民到这里的华人相熟。为此，访谈的对象基本上都属于我认识和熟知的这个群体。我的设想是，访谈对象尽可能地囊括来自中国及东南亚等国家和地区从事不同行业的华侨华人，并据此予以联络沟通，安排合适的日期和时间进行访谈。而内子杨弘因工作和交往圈子等原因，与上述群体中的一些人士有更多的交往，比我更为熟悉他们，由是，通过她的沟通联络，使访谈对象的人数达到二十多人。

访谈从2019年7月开始，历经半年时间完成。非常感谢这些受访对象在百忙之中拨冗接受访谈，没有他们的耐心包容和热情接待以及不厌其烦地回答相关的提问，要想完成这样的访谈和记录是不可能的。在此，谨对接受访谈的蔡伟民、曹军夫妇、陈帆、陈楚南、黄文毅、李孟播、Dony. Liu、钮涛、沈毅飞、施伯欣、孙健、唐佳威、谢大贤、杨俊、杨弘、游淑静、王子明、张冠声、张亚云、庄永新和周明湖等人，表示衷心的感谢。还有一些华商朋友，经多次联络已经接受访谈的要求，最终因他们生意繁忙及时间不合等其他原因而最终未能达成访谈。尽管如此，也仍然需要借此机会对他们的合作表达衷心的谢忱。事实上，本书所整理的访谈文字，就是他们所从事的不同行业在不同时期的一个真实记录。他们的社会活动和政治参与，也是这一时期华侨华人积极融入主流社会及共同建设他们澳华家园的实证，他们活动的足迹是在澳华侨华人历史进程的一个缩影。尽管上述访谈仅局限于昆士兰东南部地区，但这些访谈记录与那些官方档案材料一样，共同构成了澳大利亚华侨华人宏大历史叙事框架。

整个访谈期间的记录和文字整理都是由江苏师范大学"华侨华人与'一带一路'沿线国家发展研究中心"的张荣苏博士完成的。相信通过这些访谈，她对澳大利亚华侨华人的方方面面会有更深入的了解，此后会有更多的相关研究成果问世。

最后，要特别感谢墨尔本大学的高佳教授对这个访谈项目的支持。高教授是澳大利亚学界华商研究的先进，在新时期澳大利亚华商的发展和商业网络及相关领域的研究上有极高的造诣。在得知我们进行上述访谈项目时，他就大力鼓励，给予很高评价，并在这本访谈记录完稿后，慨允作序。由是，本书所具有的史料价值是毋庸讳言的。

粟明鲜

2022 年 1 月 21 日